Monika Markgraf für die Stiftung Bauhaus Dessau

von MM
Anke Falivalio (?)
Berlin, Januar 2022

Archäologie der Moderne. Denkmalpflege Bauhaus Dessau

jovis

Vorwort 7
Einführung 13

Das Gebäude 19
1926 bis 1932. 21
1932 bis 2021. 27

Gebäudehülle 81
Glasfassaden 83
Putzfassaden und Dächer 107

Material und Konstruktion 115
Beton 119
Kristallspiegelglas 123
Torfoleum 127
Fußböden 128
Triolin 132
Steinholzestrich 135

Raumstruktur 139

Farbe und Oberflächen 149

Ausstattung 175
Einbaumöbel 177
Haustechnik 185

Außenbereich 195

Nutzung 203
Ausstellungen 207
Büroarbeitsplätze 208
Veranstaltungen 208
Tourismus 215

Langfristige Erhaltung 217
Denkmalpflegerische Konzepte 219
Denkmalpflegerische Zielstellung 221
Conservation Management Plan 245

Quellenverzeichnis 250
Bildnachweis 252
Impressum 256

Vorwort

Im Sockelgeschoss des Bauhausgebäudes stellt sich das moderne Denkmal in zwei Erzählsträngen seinen Besucher*innen vor: Ein Fries historischer Fotografien von 1926 bis 2003 bildet die Gebäudebiografie ab. Er dokumentiert den Zeitpunkt seiner vielfach beachteten Errichtung 1926, er zeigt dessen politische Verunglimpfung mit skandierenden Nationalsozialisten 1935, und im Foto von 1945 ist die Zerstörung des Werkstattflügels mit der zersplitterten Glasfassade festgehalten. Für die anschließende Notnutzung wurde der transparente Kubus durch einen mit Ziegeln ausgefüllten Baukörper ersetzt. Der Reparatur der Fassade mit Fensterbändern im folgenden Foto folgt schließlich die Neuinwertsetzung als Denkmal in der DDR 1964. Die Gründung als „Bauhaus Dessau. Zentrum für Gestaltung" im Jahr 1986, dem die Sanierung 1976 vorausging, ist hier dokumentiert. Die Fotografie von 2003 verweist auf die Generalsanierung zwischen 1996 und 2006, deren Beginn mit der

Aufnahme in die UNESCO-Welterbeliste zusammenfällt, und schließt die Bildfolge ab. Im angrenzenden Raum, in der Ausstellung *Archäologie der Moderne,* stellen Materialfragmente aus unterschiedlichen Perioden der Nutzung des Gebäudes der medialen Repräsentation die materielle Zeugenschaft gegenüber. Putzreste, Leitungsrohre, Betonsteine, Fenster, Lichtschalter, Bodenbeläge etc. haben den Charakter archäologischer Befunde; ausgestellt mal als Artefakte, mal als Materialassemblage. Dieses Kabinett der Materialität ergänzt nicht nur die Wahrnehmung des Bauhausgebäudes, die von medial verbreiteten Bildern geprägt ist. Es führt auf Spuren, die dessen eindeutige visuelle Ikonizität etwas verkomplizieren.

So sind Fragmente des Fußbodenbelags Triolin nicht nur Ausweis der Experimentierfreudigkeit am Bauhaus, sondern geben auch Einblicke in die wirtschaftlichen und geopolitischen Kontexte der Zeit. Die Linoleumproduktion war abhängig von ausländischen Rohstoffen, was zum Zusammenbruch der Branche in Verbindung mit dem Ersten Weltkrieg geführt hatte. Eine andere Historiografie wird hier sichtbar: Sie zeigt auf, dass sich gegenüber den strahlenden Bildern zeitloser Modernität in der Welt der Materialien ein langsamer Wandel vollzog, der eher von Koexistenzen denn von Brüchen geprägt war. Mehr noch: Die verrosteten Abflussrohre und porösen Steine machen die Einflüsse von Wetter und Umwelt auf das Gebäude erlebbar, dessen Alterung sich in das Material eingetragen hat. Beide Zugänge – der visuell bildhafte wie der materialbasierte – bilden eine unerlässliche Grundlage für den denkmalpflegerischen Umgang mit dem fast 100-jährigen Baudenkmal Bauhaus Dessau.

Sie sind so etwas wie die Ouvertüre für den Rundgang durch ein Gebäude, in dessen wechselvoller Nutzungsgeschichte sich die Turbulenzen des 20. Jahrhunderts eingeschrieben haben. Zugleich manifestieren sich im Umgang mit dem gebauten

Monument die jeweils unterschiedlichen Bezugnahmen zum Erbe des Bauhauses. Dass mit diesen beiden Präsentationsformaten die Besucher*innen empfangen werden, gehört zu den Besonderheiten der Denkmalpflege am Bauhaus Dessau. In unserem Selbstverständnis muss diese, will sie stärkere öffentliche Akzeptanz gewinnen, auch kulturell vermittelt werden. Von dieser Haltung ist der vorliegende Band geprägt: Hier werden nicht nur die umfassenden denkmalpflegerischen Maßnahmen zur behutsamen Pflege und Bewahrung des Denkmals Bauhaus Dessau, ihre Leitlinien, Zielstellungen und ihr methodisches Instrumentarium dokumentiert, sondern die Publikation bildet auch eine wichtige Grundlage für weitere disziplinenübergreifende Forschungen zum Umgang mit dem Erbe der Moderne. Die Stiftung Bauhaus Dessau hat sich in den vergangenen Jahren eine besondere und international anerkannte Expertise im Feld der Bauforschung und Denkmalpflege zu Bauten der Moderne erarbeitet. Das Bauhausgebäude wurde im Lauf dieser Maßnahmen zu einem Lernprojekt für alle beteiligten Akteur*innen und Institutionen, Netzwerke und Organisationen, das inzwischen als wegweisend für die Sanierung weiterer Bauten der Moderne gilt. Dies ist vor allem der Denkmalpflegerin Monika Markgraf zu verdanken, ihrem beharrlich kritischen Engagement für den Erhalt eines einzigartigen Baudenkmals von Weltgeltung, dessen wechselvolle Geschichten in den Steinen auch für kommende Generationen erfahrbar bleiben müssen. Zu danken ist zudem all denjenigen, die diese Arbeit nachhaltig über viele Jahre unterstützt haben, indem sie an der Erhaltung des Gebäudes durch finanzielle Förderung, Recherchen und Gutachten, Planung und Ausführung oder auf andere Art und Weise mitgewirkt haben.

Prof. Dr. Regina Bittner, Direktorin a. i. der Stiftung Bauhaus Dessau

Einführung

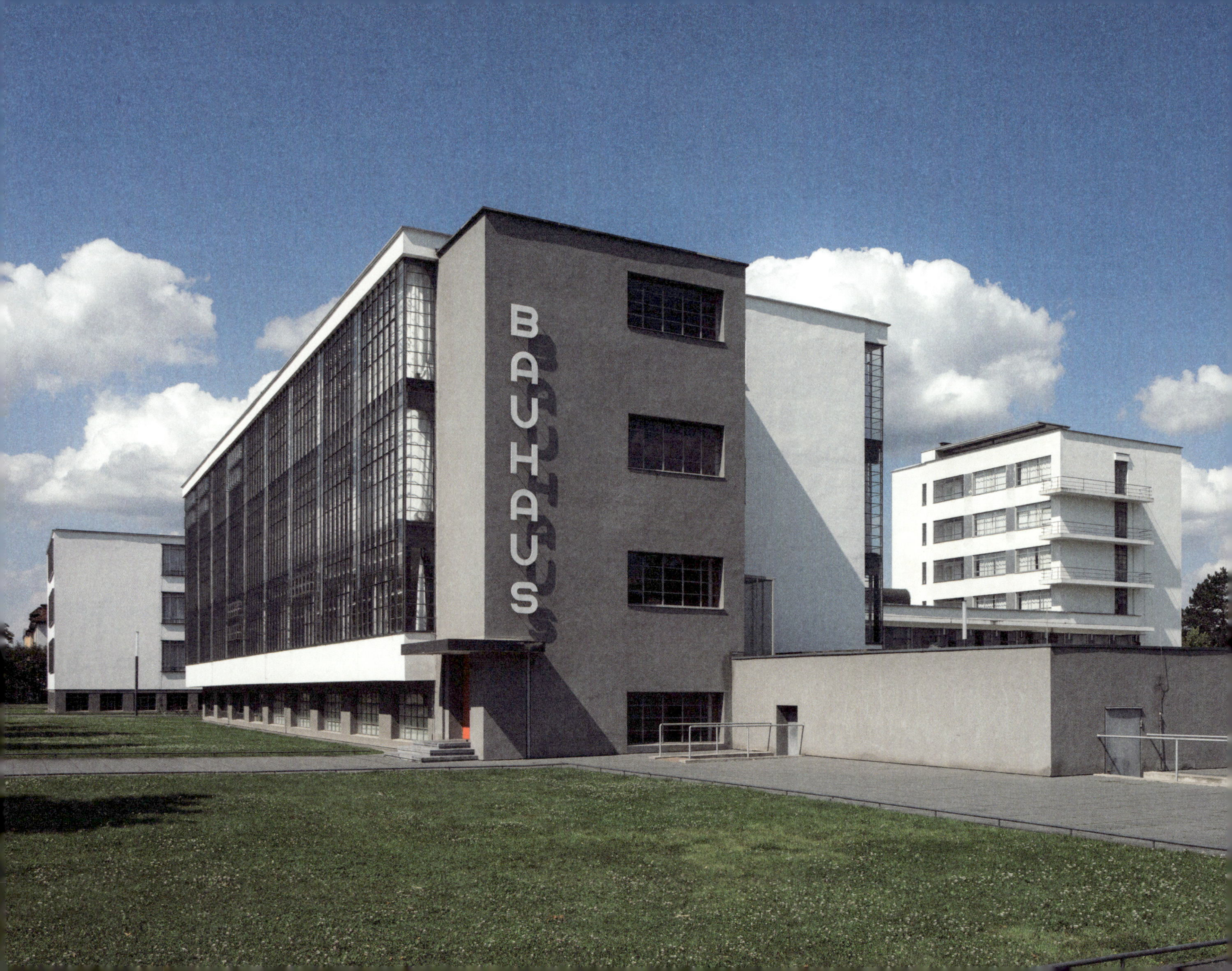
BAUHAUS

Es ist jetzt 25 Jahre her, dass erstmals ein Denkmal der Moderne aus Deutschland in die Welterbeliste Eingang fand. Unter der Bezeichnung „Das Bauhaus und seine Stätten in Weimar und Dessau" wurden 1996 fünf hochkarätige Architekturdenkmale der Bauhausbewegung in die UNESCO-Liste eingetragen: das Kunstschul- und Kunstgewerbeschulgebäude (1904–1911) von Henry van de Velde und das Musterhaus Am Horn (1923) von Georg Muche in Weimar (Thüringen) sowie das neue Bauhausschul- und Ateliergebäude mit den Meisterhäusern (1926) von Walter Gropius in Dessau (Sachsen-Anhalt).

Eröffnet werden sollte mit diesem Erfolg deutschlandweit ein Reigen von Welterbeeintragungen der Moderne, der selbst im internationalen Vergleich hervorsticht. Es folgten der neusachliche Industriekomplex der Zeche Zollverein in Essen (2001), die Siedlungen der Berliner Moderne (2008), Gropius' Fagus-Werk in Alfeld (2011), das Chilehaus mit dem Hamburger Kontorhausviertel (2015) sowie die Le-Corbusier-Villen der Stuttgarter Weißenhofsiedlung (2016), um nur die prominentesten Neuaufnahmen aus der Bundesrepublik zu nennen. Auch die 2017 erfolgte Erweiterung der Bauhausstätten selbst darf hier nicht unerwähnt bleiben, schließlich konnte sie von dem 1996 gebildeten Grundstock ihren Ausgang nehmen und die von Hannes Meier entworfenen fünf Laubenganghäuser in Dessau und die Gewerkschaftsschule in Bernau (Brandenburg) einbeziehen.

Offenbar fungierte die Welterbeeintragung der Bauhausstätten nach der deutschen Einheit als eine Art Türöffner für das moderne Erbe des letzten Jahrhunderts, und zwar in den östlichen Bundesländern ebenso wie in den westlichen. Bauhausstätten haben als ermutigendes Vorbild gedient und beteiligte Bauhauseinrichtungen als architekturhistorische Kompetenzzentren und gefragte Ratgeber manche Welterbeinitiative mit vorbereitet respektive begleitet, in Deutschland und im europäischen Ausland. Auf dem Weg zu dem 2001 vom UNESCO-Welterbezentrum, ICOMOS (International Council on Monuments and Sites) und DOCOMOMO (Working Party for the Documentation and Conservation of Buildings, Sites and Neighbourhoods of the Modern Movement) gemeinsam aufgelegten Programm Modern Heritage bildete die Bauhauseinschreibung einen Meilenstein. Die sogenannten Tentativlisten für Bewerbungsvorschläge füllen sich seit der Bauhauseinschreibung vermehrt mit international anerkannten Bauwerken und Bauensembles der modernen Architektur und Stadtbaugeschichte. Zahlreiche Kandidaten des 20. Jahrhunderts finden sich selbst auf der deutschen Nominierungsliste für Welterbeintragungen, andere auf den Vorschlagslisten der 16 Bundesländer, die 2021/22 ihre Vorauswahl für künftige Antragverfahren treffen wollen.

Das Deutsche Nationalkomitee von ICOMOS fühlt sich dem Welterbe Bauhaus Dessau seit jeher besonders verbunden. Das liegt natürlich zunächst an dem Kernauftrag, den die UNESCO dem Internationalen Denkmalrat ICOMOS mit der Welterbekonvention von 1972 und den fortlaufenden aktualisierten Operational Guidelines for the Implementation of the World Heritage Convention erteilt hat. Gemeinsam mit dem Internationalen Naturschutzbund IUCN (International Union for Conservation of Nature) und

1) Ansicht von Südwesten, 2019

dem internationalen Restaurierungszentrum ICCROM (International Centre for the Study of the Preservation and Restoration of Cultural Property) zählt ICOMOS zu den drei Beratungsgremien der UNESCO in Welterbeangelegenheiten. Das gilt für die kritische Prüfung und Optimierung von Welterbeanträgen und die gutachterliche Begleitung in Welterbenominierungsverfahren ebenso wie für die folgende Kontrolle und Begutachtung eingeschriebener Kulturgüter, also insbesondere zur Vermeidung und Abwehr schädlicher Entwicklungen, wo nötig auch zur Korrektur oder Reparatur von Gefährdungen und Risiken. Zu diesem Zweck hat ICOMOS Deutschland – wohl als erstes Nationalkomitee weltweit – im Jahr 1997 eine eigene Expertengruppe zur kontinuierlichen Beobachtung und Beratung eingetragener Welterbestätten eingerichtet. Ein mittlerweile auf über 50 Sachverständige angewachsenes interdisziplinäres Team von erfahrenen Architekt*innen, Kunstwissenschaftler*innen, Archäolog*innen, Restaurator*innen, Ingenieur*innen oder auch Denkmaljurist*innen, die Aufgaben eines präventiven Welterbemonitorings in Deutschland wahrnehmen.

Nun waren natürlich mögliche Gefährdungen der erst 1996 ins UNESCO-Register eingetragenen Bauhausstätten nicht Anlass für diesen Schritt – dafür hatten vielmehr die in den Jahren zuvor erfolgte Eintragung des Kölner Doms (1994–1996) und des Dresdner Elbtals (2006–2009) in die Rote Liste der gefährdeten Weltkulturgüter schon gesorgt. Aber der neu gebildeten Monitoringgruppe oblag quasi von Beginn an auch die fachliche Betreuung und Begleitung der frisch gekürten Welterbestätten in Weimar und Dessau. Und alle Beteiligten betraten mit dieser Kooperation in gewisser Weise Neuland. Schließlich steckte ja nicht nur die Welterbepflege von Zeugnissen der Vor- und Nachkriegsmoderne noch in den Kinderschuhen, sondern die Konservierung und Restaurierung junger Denkmalschichten und moderner Materialien stellte generell eine Aufgabe dar, für die es ungleich weniger Expertise gab als für die Sanierung traditioneller Baudenkmale oder den Einsatz bewährter Methoden zur Ertüchtigung reparaturbedürftiger vormoderner Bautechniken.

Die Bauhausstätten boten – das galt für die Bauhaus Universität Weimar ebenso wie für die Stiftung Bauhaus Dessau – gewissermaßen auch einen gemeinsamen Lernort zur Entwicklung und Erprobung angemessener Schutz- und Pflegekonzepte und Langzeitstrategien im Umgang mit jüngeren Baudenkmalen. Dabei erwies sich der Hauptkomplex in Dessau, eben das 1925/26 nach Plänen von Walter Gropius fertiggestellte und bis zur Schließung 1932 für den Unterricht genutzte Bauhausgebäude als ausgesprochener Glücksfall: zum einen, weil das Bauwerk ja nicht nur die Geschichte von Bauhausschließung, Kriegsschäden und Wiederaufbau dokumentiert, sondern seit der Nachkriegszeit immer wieder auch ein Denkmalthema in DDR-Zeiten war und gewissermaßen die wechselvolle Rezeptions- und Rehabilitationsgeschichte der Klassischen Moderne gespeichert hat – von den frühen Denkmalbewertungen der 1960er Jahre über die Rekonstruktion zum 50-jährigen Jubiläum 1976 bis zur förmlichen Eintragung in die zentrale Denkmalliste der DDR 1978 und folgende Renovierungen bis zur Welterbeintragung 1996.

Zum anderen war und ist es aber ein besonders glücklicher Umstand, dass die Eigentümer- und Nutzerseite nicht nur von Denkmalgesetzes wegen oder der Welterbekonvention gehorchend einem Erhaltungsanliegen verpflichtet ist, sondern es ein Hauptziel der 1994 gegründeten Stiftung Bauhaus Dessau ist, „das Erbe des historischen Bauhauses zu bewahren sowie der Öffentlichkeit zugänglich zu machen und zu vermitteln". Dazu gehören explizit auch die Sammlung, Bewahrung, Erforschung und Aufbereitung von Zeugnissen zur Geschichte und Wirkung des historischen Bauhauses. Kulturguterhaltung und Kulturguterschließung, also die Verfolgung denkmalpflegerischer Ziele, machen auch einen Kern des Stiftungsauftrags aus. Selten hat ein Denkmal – auch keine Welterbestätte und schon gar nicht eine Inkunabel der Moderne – sich selbst, seine Geschichte, seine Pflege und Eingriffe, seine bauarchäologischen Befunde und Materialien so sehr in situ zum Thema gemacht und zur Anschauung gebracht wie das Bauhaus in Dessau. Der zum Bauhausjahr 2019 unter dem Titel „Archäologie der Moderne – Bauforschung Bauhausbauten Dessau" eröffnete Einblick in die historische Bauforschung, und das Bauteildepot der Stiftung ist dafür nur das jüngste Beispiel.

Die Welterbegeschichte, die das Bauhausgebäude in den letzten 25 Jahren seit der Aufnahme in das UNESCO-Register gemacht hat, kann sich sehen lassen. Modellhaft freigestellt ist die orthogonale Geometrie der in den Freiraum komponierten mehrflügeligen Anlage mit den prägenden Stahl-Glas-Fassaden und dem über die Straße verbindenden Brückenbau sowie dem die Vertikale akzentuierenden Atelierhaus. Freigeräumt und geklärt im Sinne der historischen Raumfolgen und Blickbeziehungen ist auch das Innere der Flügelbauten. Und immer wieder bis in Details der Oberflächenbehandlung und Farbgebung oder der Haustechnik und konstruktiven Ausbildung lässt sich der konsequente Versuch beobachten, dem konservierten, freigelegten oder nötigenfalls bauzeitlich nachgestellten historischen Erscheinungsbild selbst dort Vorrang einzuräumen, wo technisch oder ästhetisch perfektere Lösungen möglich gewesen wären, aber mit einem Verlust an historischen Authentizität einhergegangen wären.

Es sind vielleicht gar nicht die auf Anhieb am meisten ins Auge fallenden Ergebnisse, an denen sich eine erfolgreiche Weiterentwicklung der Denkmalpflegestrategie für das ikonische Bauwerk aufzeigen lässt. Mancher Erfolg verdankt sich gewissermaßen unterlassener Interventionen. Dazu gehört eine geschickte Nutzungsverteilung, die nicht nur auf funktionale Wünsche, sondern auch auf energetische Anforderungen reagiert, weil sie klimatisch besonders empfindliche Räume und Konstruktionen entlastet und unangemessene energietechnische Nachrüstungen vermeidet. Das zeigt sich jedoch auch im freien Blick auf das Bauhausgebäudes aus allen Wegerichtungen – zu verdanken der Rücksichtnahme, mit der die Stiftung ihr zum Bauhausjubiläum 2019 neu eröffnetes Bauhaus Museum Dessau aus der Welterbeumgebung rückte. Nicht das gern zitierte Motto vom „Weiterbauen am Denkmal", nicht Um-, An- oder Aufbauten, haben die bestechende stadträumliche Wirkung der Bauhauskomplexes ermöglicht, sondern der selbstbewusste Verzicht der Verantwortlichen auf eine Zusatzbebauung am Denkmalstandort.

Nicht zuletzt hat ein Vierteljahrhundert Welterbestatus für das Bauhausgebäude wohl auch einen konservatorischen Perspektivwechsel gebracht oder wenigstens eine merkliche Erweiterung der Perspektive ermöglicht. Es bleiben zwar die großen Herausforderungen und Investitionen bestehen, wie sie etwa Klimawandel und Energieeinsparungen oder die Implementierung einer zeitgemäßen touristischen Infrastruktur bedeuten; bestehen bleiben dürften auch die damit einhergehenden Fachdebatten und womöglich die konservatorischen Kontroversen um angemessene und zugleich wirkungsvolle Interventionen. Einen neuen Stellenwert hat aber auch die Entwicklung einer Langzeitstrategie zur kontinuierlichen Wartung und Instandhaltung des Bauhausgebäudes bekommen – ein dauerhaftes Pflegekonzept als Alternative zu den zyklisch wiederkehrenden Generalsanierungen. Mit der Erarbeitung des von der Getty Foundation in ihrem Programm „Keeping it Modern" geförderten Denkmalpflegeplans („Conservation Management Plan", 2017 / 2021) für das Bauhausgebäude und dank der bauteilscharfen Verknüpfung dieser digitalen Denkmaldokumentation mit der Datenbank der verantwortlichen Bau- und Liegenschaftsverwaltung (Facility Management) des Bauwerks ist ja nicht nur ein unerhört aufschlussreiches und komplexes Denkmalinformationssystem geschaffen, sondern es sind auch die Möglichkeit einer systematischen Instandhaltungsplanung und die Einhaltung regelmäßiger Inspektionsintervalle eröffnet worden. Das Bauhausgebäude wird auch in Zukunft eine Ikone der Moderne und ein anregender Lernort der modernen Denkmalpflege bleiben.

Prof. Dr. Jörg Haspel,
Präsident des Deutschen Nationalkomitees von ICOMOS

Das Gebäude

2)

Das Gebäude
1926 bis 1932

„das grundziel für den aufbau des bauhauses war die syntese alles künstlerischen schaffens zur einheit, die vereinigung aller werkkünstlerischen und technischen disziplinen zu einer neuen baukunst als deren unablösliche bestandteile, zu einer baukunst also, die dem lebendigen leben dient." [1]

So hatte Walter Gropius 1923 die Grundsätze der Arbeit im Bauhaus formuliert, die schließlich in das prägnante Motto „kunst und technik – eine neue einheit" mündeten. Mit dem Umzug des Bauhauses von Weimar nach Dessau entstanden in Dessau das Bauhausgebäude sowie weitere Bauten, die die architektonischen Gedanken des Bauhauses beispielhaft dokumentieren.[2] Am 4. Dezember 1926 wurde die Eröffnung des Bauhausgebäudes, das im Auftrag des Magistrats der Stadt Dessau errichtet worden war, unter großem Interesse der Öffentlichkeit gefeiert.

Der Entwurf für das Gebäude stammt aus dem „bauatelier gropius" unter Leitung von Walter Gropius. Mitarbeiter waren Carl Fieger, Richard Paulick und Ernst Neufert sowie mehrere Jungmeister und Studierende. An der Planung für die Ausstattung waren die Werkstätten maßgeblich beteiligt. So war die Werkstatt für Wandmalerei für die farbige Gestaltung, die Metallwerkstatt für die Beleuchtung, die Tischlerei für Einbauten und Möbel, die Weberei für Möbel- und Vorhangstoffe und die Druckerei für die Beschriftung zuständig.[3]

Das markant gegliederte Gebäude entstand unter Berücksichtigung der Vorgaben aus einem städtischen Bebauungsplan auf zwei

Seiten einer öffentlichen Straße. Gropius hatte in dem Bau zwei Schulen unterzubringen: Das „Bauhaus Dessau, Hochschule für Gestaltung" plante er auf der Südseite und Räume für die städtische „Technischen Lehranstalt" (später Berufsschule) nördlich der Straße. Durch eine zweigeschossige Brücke verbunden, erhielten beide Schulen jeweils einen eigenen Eingang mit Treppenhaus von der heutigen Bauhausstraße aus. Diese Gebäudeteile stehen nicht einfach nebeneinander, sondern durchdringen sich räumlich und architektonisch.
Bei der Gestaltung sollten Funktionalität und Ästhetik zu einer Einheit verschmelzen, wie es im Programm des Bauhauses angestrebt war. So finden die unterschiedlichen Funktionen der Gebäudeteile ihre Entsprechung in der komplexen Gestaltung der kubischen Baukörper, die sich in ihren Volumen, in der Fassadengestaltung, den Raumstrukturen, den Oberflächen, der Farbigkeit und der Beleuchtung unterscheiden.

Der Werkstattflügel gilt als das „Laboratorium der Ideen", hier wurden die Produkte des Bauhauses entwickelt. Seine sichtbare Skelettkonstruktion aus Beton und die berühmte Vorhangfassade aus Glas mit filigranen Stahlprofilen sind bestimmende und bis heute faszinierende Elemente der Bauhaus-Architektur. Sie zeigen den nach Erneuerung strebenden Ansatz der Institution auch in der Architektur.

Im fünfgeschossigen Atelierhaus lebten Studierende und Jungmeister des Bauhauses. Den Bewohnern der 28 Zimmer standen auch gemeinschaftliche Einrichtungen wie eine Teeküche mit Balkon und ein WC pro Etage, eine Dachterrasse und im Sockelgeschoss Duschen sowie Waschgelegenheiten zur Verfügung. Der Gebäudeteil zeigt die Vorstellung des Bauhauses vom modernen Wohnen, und seine Gestaltung macht mit einem separaten Eingang, den kleinen Einzelbalkonen auf der Ostseite und der Lochfensterfassade deutlich, dass Gropius hier einen Rückzugsbereich geplant hat.

Zwischen Atelierhaus und Werkstattflügel liegt die eingeschossige Festebene, die das Eingangsvestibül, die Aula, die Bühne und den gemeinschaftlichen Speisesaal umfasst. Diese multifunktionale Raumfolge wurde für interne und öffentliche Veranstaltungen wie Bühnenaufführungen, Vorträge und Feste genutzt. Mit ihrem repräsentativen Charakter dokumentieren diese zentralen Räume besonders deutlich gestalterische Vorstellungen des Bauhauses, indem beispielsweise technische Elemente aus dem Industriebau und moderne Materialien Einsatz fanden.

Auf der Brücke waren in der unteren Etage die Verwaltungen der städtischen Schule und des Bauhauses untergebracht. Hier befindet sich auch das Direktorenzimmer, das Gropius mit einer besonderen Ausstattung gestaltet hat. Auf der oberen Etage befanden sich zunächst die Räume des „bauatelier gropius", später war hier die Architekturwerkstatt des Bauhauses untergebracht. Lange, horizontale Fensterbänder prägen die Fassaden der Brücke und zeigen deren verbindende Funktion über die öffentliche Straße hinweg.

Im dreigeschossigen, weiß verputzten Nordflügel wurden die Klassenräume für die städtische Schule durch einen Mittelflur erschlossen. Anstelle der Trennwände sind Einbauschränke eingebaut, die von beiden Seiten aus nutzbar sind. Oberlichter über den Schränken und Glastüren belichten den Innenflur.

Die Architektur ist durch die damals modernen Materialien Beton, Stahl und Glas geprägt, für die sich Gropius begeisterte. Konstruktiv gesehen handelt es sich um ein tragendes Stahlbetonskelett mit gemauerten Ausfachungen; es gibt jedoch auch tragende Mauerwerkspfeiler und -wände. Mit Betonkonstruktionen können wie im Werkstattflügel große Öffnungen mit geringem Materialeinsatz überspannt werden, auch sind auskragende Elemente wie die frei schwebenden Balkone am Atelierhaus möglich. Innerhalb des Gebäudes ist diese Konstruktion zu sehen und prägt mit ihren Stützen und Unterzügen die Räume. In besonders herausgehobenen Bereichen wie dem Eingangsvestibül am Werkstattflügel oder dem Direktorenzimmer werden Teile der Konstruktion in gestalterischer Absicht verdeckt. Das Betonskelett ist außer im Werkstattflügel mit einem feinen Putz beschichtet und nach einem Farbkonzept aus der Werkstatt für Wandmalerei gestrichen; dieses unterstreicht die Gliederung der Architektur in tragende und füllende Elemente, erleichtert die Orientierung im Gebäude und arbeitet mit vielfältiger Gestaltung der Oberflächen. Die Decken sind als Steineisendecken ausgebildet; eine Ausnahme ist die als Pilzdecke konstruierte Decke über dem Sockelgeschoss im Werkstattflügel.

Die Fassaden sind im Sockelbereich mit grau durchgefärbtem, rauem Putz und in den anderen Flächen mit glattem, weiß gestrichenem Putz versehen. Markant ist die Konstruktion unter der Brücke, deren Betonstützen und -unterzüge als Oberfläche den steinmetzmäßig

2)
Ansicht von Süden, 1926

3)
Isometrie von Südwesten,
1926

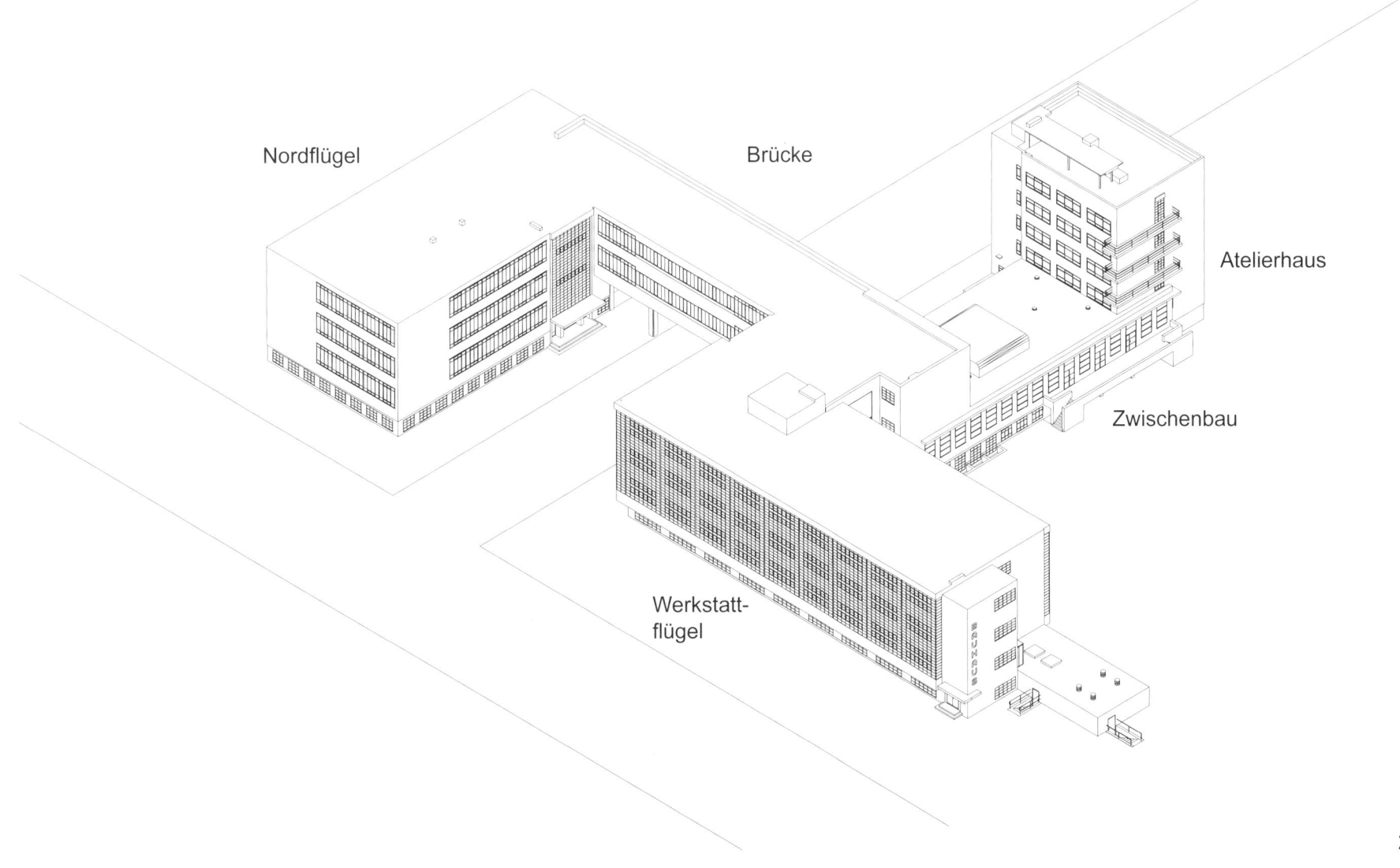

Nordflügel

Brücke

Atelierhaus

Zwischenbau

Werkstatt-
flügel

4)
Drei Bauhäusler vor dem Schriftzug des Bauhausgebäudes Dessau, o. J.

5)
Luftbild, 1926

6)
Unterricht bei Alcar Rudelt mit Studierenden der Bauabteilung vor dem Bauhaus, 1932

bearbeiteten Beton zeigen und deren Deckenfelder im Außenbereich farbig gefasst sind. Bei den Fenstern handelt es sich um Stahlfenster. Die damals modernen Materialien Stahl und Glas wurden für die filigranen, großformatigen Glasfassaden eingesetzt und prägen mit ihrer Transparenz sowie ihren Reflexionen die Wirkung des Gebäudes wesentlich. Sie stellen eine enge Verbindung von Innen- und Außenraum sowie zwischen den Gebäudeteilen her. Der Verzicht auf Schmuckelemente oder Ornamente lässt die Wirkung der unterschiedlich gestalteten Oberflächen, der Farben und des Spiels von Licht und Schatten auf den Flächen zur vollen Entfaltung kommen.

Im Außenbereich bildet das Asphaltband der Bauhausstraße eine wichtige Achse, über die das vielfältig gegliederte Gebäude mit zwei Eingängen für die beiden damaligen Schulorganismen erschlossen wird. Mit Rasenflächen und Baumreihen erfolgt eine klare Einbindung des Komplexes in seine Umgebung. Auf dem Gelände befanden sich zur Bauhauszeit Sportplätze für das Bauhaus sowie ein Pausenhof für die städtische Schule.

Das Bauhaus nutzte in dem Gebäude hauptsächlich Werkstätten, Lehrräume, Verwaltungsräume sowie die Ateliers mit Gemeinschaftseinrichtungen und die Festebene, die städtische Schule nutzte Unterrichtsräume und Werkstätten im Nordflügel sowie Räume für die Verwaltung auf der Brücke.

Veränderungen am Gebäude wurden bereits in den ersten Jahren seines Bestehens vorgenommen. So erfolgte die Fertigstellung der Außenanlagen erst bis 1929, die zunächst weiß gestrichenen Wände der Bühne erhielten später einen schwarzen Anstrich, und 1930 wurden Räume im Atelierhaus zusammengelegt, um weitere große Seminarräume für den Unterricht zu erhalten.

Nachdem Walter Gropius 1928 das Bauhaus verlassen hatte, wurde der Schweizer Architekt Hannes Meyer sein Nachfolger als Direktor. Bereits 1930 entließ ihn die Stadt Dessau aufgrund politischen Drucks und Ludwig Mies van der Rohe wurde als dritter Direktor des Bauhauses eingesetzt. Nach der Schließung des Dessauer Bauhauses im Jahre 1932 führte er die Schule noch bis 1933 in Berlin weiter.

1
Gropius 1930 (1997), S. 7.

2
1926 wurden in Dessau auch die nach Plänen von Walter Gropius entstandenen Wohnhäuser für die Bauhausmeister sowie die ersten Bauten der Siedlung Dessau-Törten eröffnet. In den folgenden Jahren wurden weitere Bauten nach Plänen von im Bauhaus tätigen bzw. mit ihm eng verbundenen Architekten errichtet: Stahlhaus (Muche/Paulick, 1927), Haus Fieger (Fieger, 1927), Konsumgebäude (Gropius, 1928), Pumpenhaus (Gropius, 1928), Einzelhäuser Paulick (Paulick, 1928), Arbeitsamt (Gropius, 1929), Kornhaus (Fieger, 1930), Laubenganghäuser (Meyer und Bauabteilung, 1930), Doppelhäuser Großring (Fischer, 1930), Zeilenbauten Paulick (Paulick, 1931), Wohnhausgruppe Engemann (Engemann, 1930–1933).

3
Gropius 1930 (1997), S. 12.

5)

6)

7)

Das Gebäude
1932 bis 2021

1932–1945
Entstellung und Zerstörung

Die Institution „Bauhaus Dessau, Hochschule für Gestaltung" wurde auf Betreiben der NSDAP nach einer Abstimmung im Stadtrat am 30. September 1932 geschlossen. Da der immer wieder geforderte Abbruch des Gebäudes nicht durchsetzbar war, wurde das Bauhausgebäude auch unter nationalsozialistischer Herrschaft für Unterrichtszwecke und andere Zwecke genutzt. Unter anderem waren hier die Amtswalterschule der NSDAP für den Gau Magdeburg-Anhalt, die Landesfrauenarbeitsschule und der Baustab Speer untergebracht. Ab 1938 nutzten die zwei Jahre zuvor verstaatlichten Junkers-Werke immer größere Teile des Gebäudes für Verwaltungszwecke, im Jahr 1942 waren es 80%. Im Atelierhaus zum Beispiel war die Abteilung Propaganda und Presse der Junkers Flugzeug- und Motorenwerke A.G. tätig.[1]

Mit dem Aufbau eines flach geneigten Daches über dem Atelierhaus wurde in dieser Zeit die Dachterrasse abgedichtet, durch die häufig Wasser in das Gebäude eingedrungen war. Zeitungsartikel belegen, dass diese Maßnahme auch ein willkommener Anlass für erneute Polemik gegen die Architektur des Bauhauses war.[2] Weitere Maßnahmen wie das Anlegen einer außen liegenden Entwässerung mit sichtbaren Regenrinnen und Fallrohren am Bau veränderten die Gestaltung weiter. Im Inneren des Gebäudes sowie in den Außenanlagen erfolgten verschiedene Anpassungen an die Bedürfnisse der jeweiligen Nutzer ohne Rücksicht auf die ursprüngliche Struktur und Ästhetik. Während des Zweiten Weltkriegs erhielt das Bauhaus neben weiteren Luftschutzmaßnahmen einen dunklen Anstrich.

Bei einem Bombenangriff am 7. März 1945 wurden große Teile der Stadt Dessau zerstört. und auch das Bauhausgebäude wurde massiv beschädigt. Die Schäden betrafen neben den Dächern und Obergeschossen von Werkstattflügel und Nordflügel vor allem die Vorhangfassade, die bis auf ein Fragment an der Ostfassade zerstört wurde. Da jedoch die tragende Konstruktion des Bauhauses erhalten blieb, konnte das Gebäude in der unmittelbaren Nachkriegszeit bereits 1945/46 notdürftig instandgesetzt werden, indem die Fassade des Werkstattflügels mit Ziegelmauerwerk geschlossen und mit Lochfenstern versehen wurde. Für die Nutzung durch unterschiedliche Schulen fanden verschiedene Umbauten statt.

7)
Otti Berger am Tag der Schließung des Bauhauses in der Bauhauskantine, 1932

8)
Abteilung Propaganda und Presse der Junkers Flugzeug- und Motorenwerke AG in den Räumen des Atelierhauses im Bauhaus, um 1941

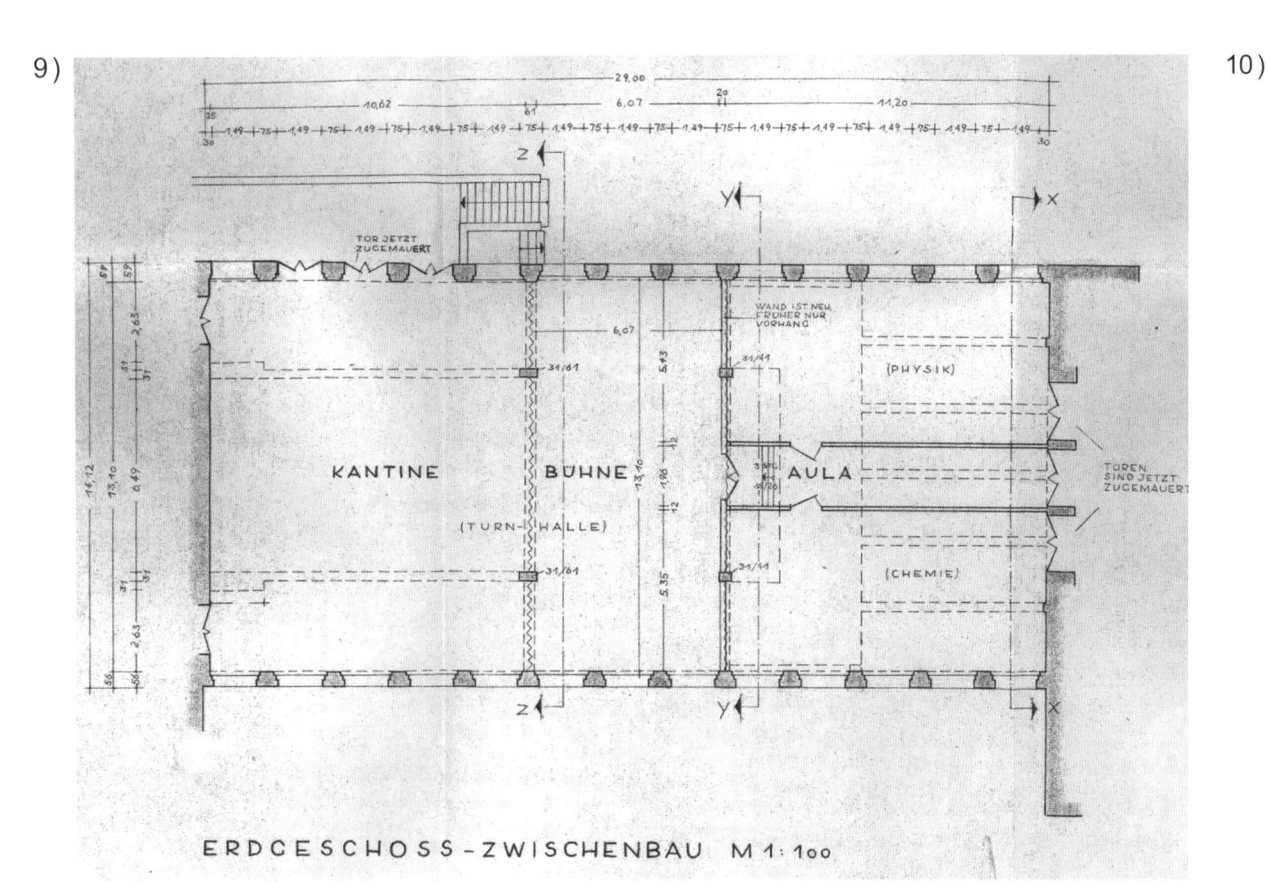

9)
Nachträgliche Einbauten im Zwischenbau (Aula, Bühne und Kantine), Ausschnitt aus der Bestandsdokumentation der HAB Weimar unter Leitung von Konrad Püschel, 1964

10)
Umbau der Fassade am Werkstattflügel: im hinteren Bereich noch ein Rest der gemauerten Fassade mit kleinen Lochfenstern, im vorderen Bereich bereits die horizontalen Stahlfensterbänder, um 1970

Baudenkmal

Nach 1945 bemühten sich ehemalige Bauhäusler darum, das Bauhaus in Dessau wieder als Schule für Gestaltung einzurichten,[3] was an politischen Schwierigkeiten und anderen Prioritäten in den Jahren nach dem Krieg scheiterte. Es gab damals auch erste Bestrebungen, das Bauhausgebäude, gerade einmal 20 Jahre nach seiner Errichtung, unter Denkmalschutz zu stellen, wie Hinnerk Scheper im Sommer 1945 berichtete: „Es wird euch freuen, daß es gelungen ist, auch das Bauhaus in Dessau auf die Liste der modernen Baudenkmäler, die zu schützen und zu erhalten sind, zu setzen. Die Wiederherstellung ist unter der finanziellen Hilfe des Denkmalamtes Halle in die Wege geleitet, ich hoffe, eines Tages wird das Bauhaus wieder strahlend weiß dastehen."[4] Das Bauwerk war jedoch nicht auf der 1962 veröffentlichten Liste denkmalwerter Bauwerke der DDR vermerkt,[5] die lediglich 32 Positionen umfasste. Die Eintragung in die „Liste 1 denkmalwerter Bauwerke der DDR" erfolgte 1964.[6] Die Stadt Dessau bestätigte im April 1974 die Kreisliste, auf der das Bauhausgebäude und weitere Bauhausbauten eingetragen waren, und beschloss damit förmlich die Eintragung als Denkmal. Zeitgleich erfolgte eine Empfehlung zur Eintragung des Bauhausgebäudes und der Meisterhäuser in die Liste der Denkmale von besonderer nationaler und internationaler Bedeutung (Zentrale Denkmalliste), die auf Basis des Denkmalpflegegesetzes von 1975 erstellt wurde. In dieser zentralen Liste, die 400 Positionen umfasste und 1979 bekannt gemacht wurde, ist das Bauhausgebäude als Einzeldenkmal vermerkt, die Meisterhäuser sind hingegen nicht eingetragen.

Bis in die 1970er-Jahre war die Architektur der Moderne in ihrer kunsthistorischen Bedeutung unumstritten, wenngleich die Verwirklichung anspruchsvoller denkmalpflegerischer Konzepte zunächst die Ausnahme blieb. Diese Bauten mit ihrer auch heute noch modernen Ausstrahlung waren vielmehr Bestandteil des Alltags und wurde im allgemeinen Bewusstsein kaum als historische und künstlerische Zeugnisse anerkannt, die es zu erforschen und zu schützen gilt. Der relativ kurze Zeitraum seit ihrer Entstehung trug dazu bei, dass die Bedeutung einzelner Gebäude erst nach und nach erkannt wurde. Auch bauliche Veränderungen und Ergänzungen verdeckten die ursprüngliche Qualität der Bauten. Das bedeutete eine besondere Gefährdung für diese zu ihrer Entstehungszeit innovative Architektur, die für soziale, räumliche, ästhetische und technologische Veränderungen stand und steht.

Noch 1964 sprach der bekannte italienische Architekturhistoriker Leonardo Benevolo über Instandhaltungsprobleme, geringeren Eigenwert und kürzere Lebensdauer der Bauhaus-Architektur: „Jetzt, da das einstige Leben verschwunden und das Werk nur noch ein jammervoller Trümmerhaufen ist, existiert deswegen das Bauhaus streng genommen gar nicht mehr; es ist keine Ruine wie die Überreste der antiken Bauten, und sein Anblick bezaubert nicht mehr; es gleicht einer leeren Larve, aus der Schmetterling geschlüpft ist. Die Bewegung, die dieser Anblick in uns erweckt, ist historisch-reflektierender Art, wie die, welche man angesichts eines Gegenstands empfindet, der einer bedeutenden Persönlichkeit gehört hat."[7]

Obwohl mit dem Europäischen Denkmalschutzjahr 1975 die Denkmalpflege verstärkt in das öffentliche Bewusstsein rückte, waren Verfall und Entstellung von Bauten der Moderne durch Vernachlässigung oder unsachgemäße Baumaßnahmen keineswegs gestoppt, da der Denkmalschutz sich zunächst meist auf ältere Bauten bezog.

Heute ist das Bauhausgebäude wegen seiner geschichtlichen, kulturell-künstlerischen, städtebaulichen und wissenschaftlichen Bedeutung als Kulturdenkmal ausgewiesen.[8] Seiner Unterschutzstellung sowie der damit verbundenen Vorbereitung und Durchführung der „Rekonstruktion 1976" kommt umso höhere Bedeutung zu, da sie einen wichtigen Schritt bei der Entdeckung der Moderne als Gegenstand der Denkmalpflege und damit einen Meilenstein nicht nur in der Geschichte des Bauhausgebäudes, sondern auch in der Geschichte der Denkmalpflege der Moderne markieren.

11)

12)

BAUHAUS DESSAU
REKONSTRUKTION

11)
Nutzung des Werkstattflügels als Turnhalle, 1975

12)
Glaskugelleuchte nach Entwurf von Marianne Brandt, Ausschnitt aus der Bestandsdokumentation der HAB Weimar unter Leitung von Konrad Püschel, 1964

1976
Rekonstruktion

Um 1960 wurden am Bauhausgebäude nicht mehr nur Reparaturen und Anpassungen an den jeweiligen Nutzungsbedarf vorgenommen. Darüber hinaus wurde eine schrittweise Annäherung an die ursprüngliche architektonische Qualität und Ausstrahlung angestrebt, indem man zum Beispiel zunächst die provisorisch errichtete, gemauerte und mit kleinen Lochfenstern versehene Fassade des Werkstattflügels durch eine Fassade mit horizontalen Stahlfenster- und Brüstungsbändern ersetzte.[9] Die mit Ziegelmauerwerk geschlossenen Treppenhausfenster wurden geöffnet und wieder mit großen Glasflächen versehen, wenn auch Teilung und Profilierung vom bauzeitlichen Original abwichen. 1962 empfahl auch das Institut für Städtebau und Architektur der Deutschen Bauakademie nicht nur die Aufnahme des Bauhausgebäudes in die Denkmalliste, sondern auch die Wiederherstellung des ursprünglichen Zustands und die Bildung einer vorbereitenden Arbeitsgruppe.[10]

1964 erfolgte eine umfangreiche Bauaufnahme des Bauhausgebäudes im Auftrag der Stadt Dessau durch die Hochschule für Architektur und Bauwesen (HAB) Weimar unter der Leitung des ehemaligen Bauhäuslers und Professors an der HAB, Konrad Püschel.[11] Die Dokumentation diente als Grundlage für die Rekonstruktion des Hauses und umfasst neben einem Aufmaß des Gebäudes einschließlich Detailzeichnungen auch die Zusammenstellung der seit 1926 original erhaltenen Bau- und Ausbauteile sowie Rekonstruktionsvorschläge für nicht mehr erhaltene Elemente des Gebäudes und seiner Ausstattung. Die Arbeit wurde auch durch ehemalige Bauhäusler wie Peter Keler, Bernhard Sturtzkopf oder Marianne Brandt sowie den Architekturtheoretiker Christian Schädlich und eine ehemalige Verwaltungskraft am Bauhaus, Fräulein Beitz, unterstützt. Das Gebäude wurde zu dieser Zeit durch die Gewerbliche Berufsschule, die Kaufmännische Berufsschule und die Betriebsberufsschule Baukombinat sowie die Medizinische Fachschule genutzt.

Die detaillierte Planung einer Rekonstruktion wurde jedoch erst im Sommer 1975 mit der Gründung der Arbeitsgruppe „Bauhaus Dessau – Vorbereitung des 50. Jahrestages" konkret, an der Vertreter der Stadt Dessau, des Amts für Denkmalpflege und des Stadtarchivs Dessau beteiligt waren. Der Volkseigene Betrieb Industrieprojektierung (VEB IPRO) unter Leitung von Wilhelm Schulze bereitete die Unterlagen für die Maßnahmen im Auftrag der Stadt Dessau vor. Die Arbeiten am Bauhausgebäude erfolgten innerhalb eines Jahres, und am 4. Dezember 1976, dem 50. Jahrestag der Eröffnung, wurde die Wiedereröffnung gefeiert.

Wichtige Bestandteile der Maßnahmen, die im Folgenden mit „Rekonstruktion 1976"[12] bezeichnet werden, sind die Rekonstruktion der Vorhangfassade nach historischem Vorbild und die räumliche Wiederherstellung der bauzeitlichen Festebene. Weiterhin wurden Verbesserungen der Ausstattung durchgeführt und hygienische Mängel sowie bautechnische Schäden beseitigt. Neben Arbeiten an der Dachterrasse über dem Atelierhaus und dem großflächigen Ersatz der Putzflächen innen und außen erfolgte der Austausch der Fenster an Brücke, Nordflügel und Atelierhaus teilweise erst in den darauffolgenden Jahren. Ein Teil des Gebäudes erhielt 1976 eine neue Nutzung, die an die historische Bedeutung des Bauhauses anknüpfte, indem das Wissenschaftlich-Kulturelle Zentrum Bauhaus (WKZ) mit einer Sammlung und einem Archiv zur Bauhausgeschichte eingerichtet wurde. 1987 wurde die Institution „Bauhaus Dessau. Zentrum für Gestaltung der DDR" im Bauhausgebäude eröffnet.

Im Vordergrund der Rekonstruktion 1976 stand die Wiederherstellung des ursprünglichen Bildes des Bauhausgebäudes. „Sie [die denkmalpflegerische Aufgabenstellung] beinhaltet die schrittweise Rekonstruktion des gesamten Komplexes zur Wiederherstellung der ursprünglichen künstlerischen Wirkung. […] was den Hauptwert der Bauhausanlage ausmachte: die gegenseitige Durchdringung von Innen- und Außenräumen, die gegenseitige Durchdringung von Gestalt und Funktion. […] Die Farbigkeit wird soweit möglich nachvollzogen; sie erhebt nicht den Anspruch Rekonstruktion zu sein, glaubt sich aber mit der Übernahme der Grundkonzeption dem Original näher als bei Verzicht und völliger Neugestaltung."[13]

Jenseits der Wiederherstellung des historischen Bildes und der besonderen Verbindung von funktionalen und gestalterischen Aspekten wurden die Materialität des Gebäudes, seine Bausubstanz, Oberflächenstruktur und Farbigkeit weniger beachtet. Manche Aspekte der Rekonstruktion 1976, wie zum Beispiel der Verlust einer großen Menge bauzeitlicher Fenster und Putzflächen, entsprachen dem damals üblichen Vorgehen, wurden jedoch später kritisch bewertet. Das damals geschaffene Bild des Bauhauses hat auch dessen spätere Wahrnehmung geprägt, etwa durch die innen und außen schwarz anstatt weiß beziehungsweise grau gefassten Fenster, die die Vorstellung von der schwarz-weißen Moderne mit ihren harten Kontrasten festigten.

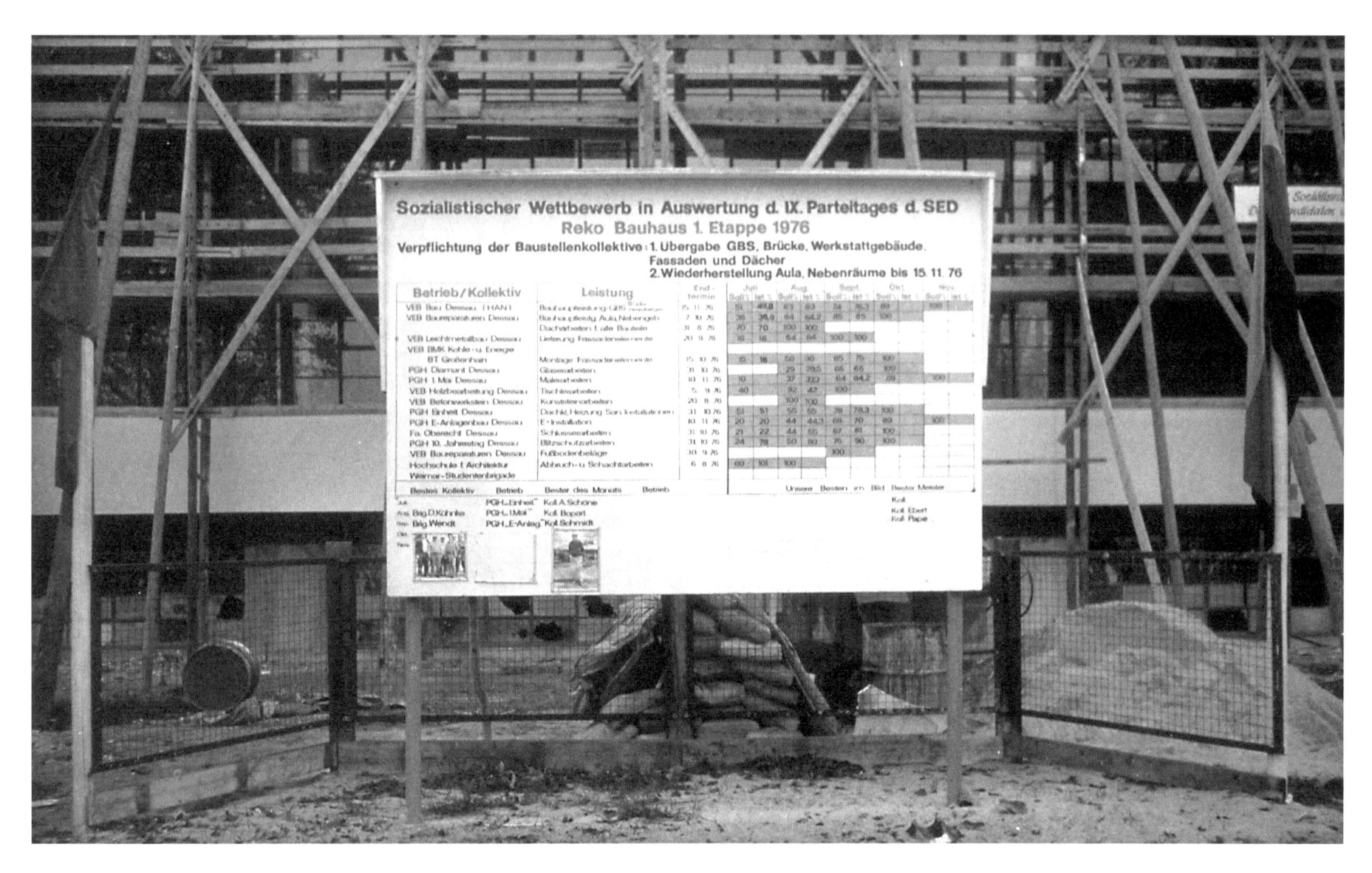

13)
Rekonstruktion, 1976

14)

Weltkulturerbe

Das Bauhausgebäude wurde 1996 zusammen mit den Meisterhäusern in Dessau sowie der ehemaligen Kunstschule, der ehemaligen Kunstgewerbeschule und dem Haus Am Horn im Gründungsort Weimar als „Welterbestätte Bauhaus" in die UNESCO-Liste des Weltkulturerbes aufgenommen.[15] 2017 stimmte die UNESCO der Erweiterung der Welterbestätte Bauhaus um die Laubenganghäuser in Dessau und die Bundesschule des Allgemeinen Deutschen Gewerkschaftsbundes in Bernau zu.[16]

Mit der Aufnahme in die Liste des Welterbes bei der UNESCO wird das Bauhausgebäude als ein zentrales Werk der europäischen Kulturgeschichte gewürdigt, das die schöpferischen Prinzipien des Funktionalismus reflektiert und beispielhaft für das am Bauhaus entwickelte Schulmodell steht. Es dokumentiert die architektonische Erneuerung durch Verwendung von modernen Materialien, den Verzicht auf traditionelle Repräsentation und die Entwicklung von neuen räumlichen Beziehungen.

Im Antrag auf Aufnahme in die Liste des Welterbes ist eine besondere Qualität der Bauhaus-Architektur beschrieben: „Ihr [der Bauhausbauten] ungebrochener künstlerischer Glanz erinnert an das bis heute unfertig gebliebene Projekt einer menschenfreundlichen Modernität, die die ihr gegebenen technischen und intellektuellen Mittel nicht zerstörerisch einsetzt, sondern zum Aufbau einer menschenwürdigen Lebenswelt nutzen will. Sie sind deshalb bedeutende Denkmale nicht nur der Kunst-, sondern auch der Ideengeschichte unseres Jahrhunderts. Mögen sich die ins Politische und Soziale zielenden gesellschaftsreformerischen Ideen des Bauhauses auch als Wunschträume erwiesen haben – seine Utopie wurde doch zumindest insoweit Wirklichkeit, als sie Architektur entstehen ließ, die durch ihre sachliche Freundlichkeit bis heute in ihren Bann schlägt und als kulturelles Erbe des zu Ende gehenden 20. Jahrhunderts den Menschen aller Nationen gehört."[17]

Der „außergewöhnliche universelle Wert", die Authentizität und Integrität der Welterbestätte sollen im Interesse der Menschheit weltweit erhalten werden. Daher ist die UNESCO über das Welterbekomitee und den Internationalen Rat für Denkmalpflege (ICOMOS) bei der Bewahrung dieser Werte des Kulturerbes beteiligt.

14)
Ehemalige Großherzoglich Sächsische Hochschule für bildende Kunst in Weimar (Architekt: Henry van de Velde, 1905 / 1911)

15)
Ehemalige Großherzoglich Sächsische Kunstgewerbeschule in Weimar (Architekt: Henry van de Velde, 1906)

16)
Haus Am Horn in Weimar (Architekten: Georg Muche und Richard Paulick, 1923)

17)

18)

19)

36

20)

17) Bauhausgebäude in Dessau (Architekt: Walter Gropius, 1926)

18) Meisterhäuser in Dessau (Architekt: Walter Gropius, 1926)

19) Laubenganghäuser in Dessau (Architekt: Hannes Meyer und Bauabteilung des Bauhauses, 1930)

20) Ehemalige Bundesschule des ADGB in Bernau bei Berlin (Architekt: Hannes Meyer und Bauabteilung des Bauhauses, 1930)

21)
Generalsanierung
1996–2009: Instandhaltung
der Fassade am Werkstatt-
flügel, 2004

22)
Generalsanierung
1996–2009: Bauarbeiten
im Nordflügel, 2006

1996–2009
Generalsanierung

Zwanzig Jahre nach der Rekonstruktion 1976 waren am Bauhausgebäude wieder massive Schäden und Mängel entstanden, deren Bearbeitung im Rahmen eines übergreifenden Konzepts geplant und bearbeitet wurde. Im Jahr der Aufnahme des Bauhauses in die Liste des Welterbes der UNESCO, 1996, wurde daher eine sogenannte Generalsanierung des Gebäudes beschlossen und 2006 für das Gebäude, 2009 für die Außenanlagen abgeschlossen.

Am Anfang der Arbeiten standen umfangreiche Recherchen, Gutachten und Analysen, um den Bestand zu erfassen und die Sanierungsziele festzulegen. Da Unterlagen aus der Erbauungszeit des Bauhauses oder von späteren Maßnahmen nur sehr lückenhaft vorlagen, wurden die meisten Kenntnisse über die materielle Substanz des Gebäudes am Objekt selbst gesammelt und durch die Ergebnisse aus den Archivrecherchen ergänzt. Als Grundlage für die Planung dienten bau- und kunsthistorische Analysen, eine Auswertung der historischen Fotografien und Akten sowie weitere archivarische Unterlagen auf der einen Seite, ein Gebäudeaufmaß, ein Raumbuch und eine Schadenskartierung sowie materialtechnologische und bautechnische Untersuchungen auf der anderen Seite. Bei der Sanierung 1996–2009 wurden zunehmend auch die Materialität der Bausubstanz und die Geschichte des Bauwerks als selbstverständliche und unverzichtbare Bestandteile des Denkmals berücksichtigt, wie es für ältere Bauten auch damals längst Konsens war.

Auf Grundlage der zahlreichen Untersuchungen entstand eine Gesamtkonzeption für den Umgang mit dem Gebäude, deren Ergebnisse 1999 in der Denkmalpflegerischen Zielstellung[18] zusammengefasst vorlagen. Darin sind Leitlinien festgelegt, die bei der Generalsanierung in allen Abschnitten zu beachten waren und auch bei zukünftigen Baumaßnahmen Grundlage für die Entwicklung der Planung sind. Die Zielstellung ist mit Fachplanern, Restauratoren und Gutachtern zu speziellen Fragestellungen sowie der Denkmalschutzbehörde der Stadt Dessau, dem Landesamt für Denkmalpflege Sachsen-Anhalt und den Beauftragten von ICOMOS abgestimmt. Neben den gängigen Gesetzen, Vorschriften und Richtlinien für die Sanierung von denkmalgeschützten Bauten in Deutschland dienen national und international relevante Vereinbarungen wie die von ICOMOS veröffentlichten Grundsätze der Denkmalpflege,[19] die Charta von Venedig[20] oder die Charta von Burra[21] als Orientierung für die Planung.

Im Gebäude sind Bereiche festgelegt, in denen der Schwerpunkt auf Restaurierung und Rekonstruktion, auf Instandhaltung und Instandsetzung oder auf Unterhalt und möglicher Neufassung liegt. Größte Aufmerksamkeit gilt Bereichen, die den Wert des Gebäudes als Kulturdenkmal und Welterbe wesentlich bestimmen und in denen es das Ziel ist, den Zustand von 1926 so weit wie möglich wiederherzustellen. Veränderungen am Bauhausgebäude sollen ablesbar bleiben, jedoch werden die einzelnen Zeitschichten unterschiedlich bewertet. Dem Zustand von 1926 wird bei entsprechender Befundlage die höchste Priorität eingeräumt, da das 1926 durch Walter Gropius in Zusammenarbeit mit den Werkstätten des Bauhauses geschaffene Werk als bauzeitlicher und künstlerisch wertvollster Zustand gilt. Auch Veränderungen, die noch während der Nutzung durch das Bauhaus, zum Beispiel durch Ludwig Mies van der Rohe, vorgenommen wurden, werden zurückgebaut, sofern das wissenschaftlich fundiert möglich ist. Alle Bereiche sind in der Denkmalpflegerischen Zielstellung in einem Bindungsplan (historisches Zuordnungskonzept) zeichnerisch dargestellt.

Zum Beispiel ist die Festebene als Raumfolge von zentraler Bedeutung als Bereich definiert, in dem Restaurierung und Rekonstruktion vorgesehen sind. Das Atelierhaus, heute als Gästehaus der Stiftung Bauhaus genutzt, ist ein Beispiel für einen Bereich, in dem Instandhaltung und Instandsetzung vorgesehen ist. Hier sollen die prägenden Ergebnisse aus der Rekonstruktion 1976 bewahrt werden. In Teilen des Werkstattflügels beispielsweise ist auch die Neufassung von Räumen möglich, da die räumliche Wirkung durch das sichtbare Betonskelett und die Glasfassaden geprägt ist, während die Aufteilung der Räume bereits 1926 pragmatisch der Nutzung angepasst wurde. Für alle Maßnahmen gilt höchste Rücksicht auf die bauzeitliche Bausubstanz und die Gesamtstruktur des Gebäudes.

Wichtige Ergebnisse der Sanierung 1996–2009 sind: die Sicherung der tragenden Struktur und der Gebäudehülle, die Wiederherstellung von relevanten bauzeitlichen Raumfolgen, die Entdeckung und Wiederherstellung der bauzeitlichen Farben und Oberflächen einschließlich der Fußböden, der Nachbau der bauzeitlichen Beleuchtungskörper und die Neuordnung des Außenbereichs. Impulse für die langfristige Entwicklung wurden mit der Denkmalpflegerischen Zielstellung gesetzt, insbesondere im Hinblick auf die Erhaltung von bauzeitlicher Materialität und von Zeitschichten sowie den Bemühungen um eine langfristige Pflegekonzeption.[22]

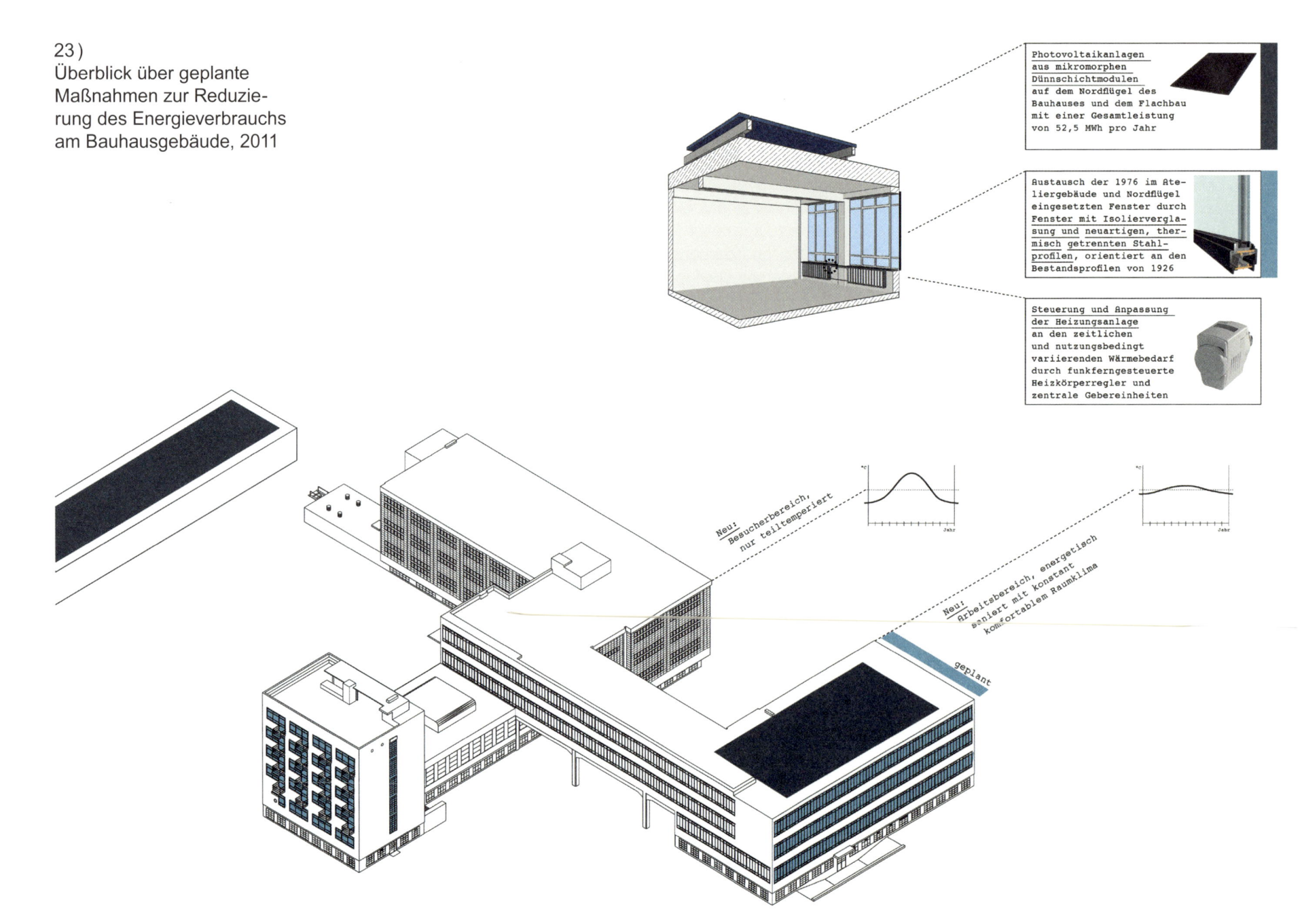

23)
Überblick über geplante Maßnahmen zur Reduzierung des Energieverbrauchs am Bauhausgebäude, 2011

Photovoltaikanlagen aus mikromorphen Dünnschichtmodulen auf dem Nordflügel des Bauhauses und dem Flachbau mit einer Gesamtleistung von 52,5 MWh pro Jahr

Austausch der 1976 im Ateliergebäude und Nordflügel eingesetzten Fenster durch Fenster mit Isolierverglasung und neuartigen, thermisch getrennten Stahlprofilen, orientiert an den Bestandsprofilen von 1926

Steuerung und Anpassung der Heizungsanlage an den zeitlichen und nutzungsbedingt variierenden Wärmebedarf durch funkferngesteuerte Heizkörperregler und zentrale Gebereinheiten

Neu: Besucherbereich, nur teiltemperiert

Neu: Arbeitsbereich, energetisch saniert mit konstant komfortablem Raumklima

geplant

2009–2015
Energetische Sanierung

Ab 2009 rückte die Auseinandersetzung mit dem Energieverbrauch am Bauhausgebäude stärker in den Vordergrund. Die Stiftung Bauhaus Dessau hat deshalb Maßnahmen geplant und durchgeführt, um den Energieverbrauch und die Betriebskosten zu senken, den Nutzungskomfort zu verbessern und einen Beitrag zum Klimaschutz durch Verringerung des CO_2-Ausstoßes zu leisten. Gleichzeitig sollten innovative und hochwertige Lösungen entwickelt werden, die schließlich auch für energetische Verbesserungen an anderen Objekten Impulse setzen könnten. Die Arbeiten umfassten die Ausarbeitung einer Gesamtkonzeption,[23] in der die Maßnahmen in der Komplexität ihrer Auswirkungen untereinander und auf das Gebäude mit seinem kulturellen Wert detailliert analysiert und bewertet wurden, sowie die Ausführung von Einzelmaßnahmen. Schutz und Erhaltung der bauzeitlichen Substanz und des kulturellen Werts des Gebäudes hatten dabei hohe Priorität. In einem intensiven Prozess, in den Architekten und Fachingenieure wie Statiker, Bauphysiker oder Heizungsspezialisten, Nutzer und Vertreter der Denkmalbehörden eingebunden waren, konnten Schritte und Entscheidungen so immer wieder überprüft werden.

Eine Maßnahme galt der technischen Optimierung der Heizungsanlage mit dem Einsatz von funkgesteuerten Thermostaten, zumal in den meisten Räumen weder die Regler noch die Heizkörper aus der Erbauungszeit erhalten waren und die neuen Thermostate sich unauffällig in das Gesamtbild einfügen. Die Errichtung einer Photovoltaikanlage auf dem Dach eines Nebengebäudes und auf dem Nordflügeldach des Bauhausgebäudes erfolgte nach umfassender Abwägung mit zeitlicher Befristung. Das Dach hat als „fünfte Fassade" eine besondere Bedeutung für die Architektur, diese Veränderung in diesem Bereich ist jedoch mit nur geringfügigen Eingriffen in die Bausubstanz in das Gesamtbild verbunden und reversibel.

Ein wichtiger Schwerpunkt des energetischen Gesamtkonzepts war die Auseinandersetzung mit Möglichkeiten, durch Veränderung der Nutzung Energieverluste zu reduzieren. Die Auslagerung von Kunstgut und der Bibliothek, die Abkopplung eines Lagergebäudes von der Heizung und die Verlagerung von Arbeitsplätzen im Gebäude waren hierbei entsprechende Schritte. Die Konzentration von Büronutzungen in einem Gebäudeteil entlastet einen anderen Gebäudeteil von der Notwendigkeit, dort kontinuierlich hohe Raumtemperaturen zu erreichen.

Ein weiterer Teil der Maßnahmen zur energetischen Sanierung war die Entwicklung einer Fensterkonstruktion aus thermisch getrennten Stahlprofilen mit Isolierverglasung. Aufgrund der besonderen Bedeutung der Glasfassaden für den „außergewöhnlichen universellen Wert" des Bauhausgebäude war diese Planung nur innerhalb einer Gesamtkonzeption möglich, wie ICOMOS in einer Stellungnahme unterstrich: „Aus unserer Sicht wurde deshalb geraten, diese Maßnahme noch einmal zu überdenken und ihre Sinnhaftigkeit im Rahmen einer energetischen und denkmalpflegerischen Gesamtbilanzierung zu überprüfen. Nur ein solches Gesamtkonzept, […] kann eine breitere Begründung und Abwägung liefern und zugleich garantieren, dass der hohe, weithin anerkannte Standard der Generalsanierung der Jahre 1996–2006 auch bei den aktuell geplanten Maßnahmen beibehalten werden kann. Wegen der außergewöhnlichen Symbolwirkung und Bedeutung des Bauhausgebäudes sollten dabei neben den Belangen der gegenwärtigen Energie-Betriebskosten und des Nutzungskomforts auch die kulturelle und ökologische Gesamtbilanz unter dem Gesichtspunkt der Langfristigkeit Beachtung finden."[24]

Innerhalb der Gesamtkonzeption erfolgte die Festlegung ausgewählter Fassaden, für die Fenster mit thermisch getrennten Profilen und Isolierverglasung in einer sehr hohen Qualität in Detaillierung und Ausführung entwickelt wurden.[25]

24)

24)
Besucherinformation
im Werkstattflügel, 2014

25)
Besucherinformation
und Shop im
Werkstattflügel, 2014

26)
Reinszenierung
im Atelierhaus, 2014

2009–2015
Touristische Erschließung

Mit dem zunehmenden öffentlichen Interesse am Bauhaus und den Bauhausbauten wurde die Verbesserung der touristischen Erschließung und Vermittlung des UNESCO-Welterbes Bauhaus und der Bauhausbauten notwendig. Ab 2009 entstand eine Gesamtkonzeption, die im Bauhausgebäude die Einrichtung einer Besucherinformation, die Neuordnung der Besucherführung, die Verbesserung der Infrastruktur sowie die Reinszenierung historischer Räume zur Vermittlung der historischen Nutzungen umfasste. Die Besucherinformation im Erdgeschoss ermöglicht Gästen nicht nur den raschen und übersichtlichen Zugang zu Informationen, sondern durch die Lage im Werkstattflügel mit seiner besonderen Atmosphäre hinter der Vorhangfassade auch einen ersten Eindruck der außergewöhnlichen Architektur.

Die Ausstattung des Direktorenzimmers wurde auf Grundlage einer umfangreichen Recherche möglichst nah am Original reinszeniert und das Atelierhaus in seiner historischen, programmatischen Struktur als Kollektivwohnhaus besser erlebbar gemacht. Das umfasst auch die Reinszenierung des gut dokumentierten Ateliers der Bauhäuslerin Marianne Brandt sowie die erneute Überprüfung der Möglichkeiten, die Dachterrasse für den Besucherverkehr zu öffnen. Akustische Verbesserungen in Seminarräumen im Nordflügel und die Herrichtung von Räumen für die museumspädagogische Arbeit ergänzten das Programm.

Das Angebot für Besucher und Gäste wurde zudem durch eine Garage mit Stellplätzen für Fahrräder, eine Garderobe und eine WC-Anlage im Sockelgeschoss unter der Festebene sowie den Einbau von Duschkabinen im Atelierhaus verbessert.[26]

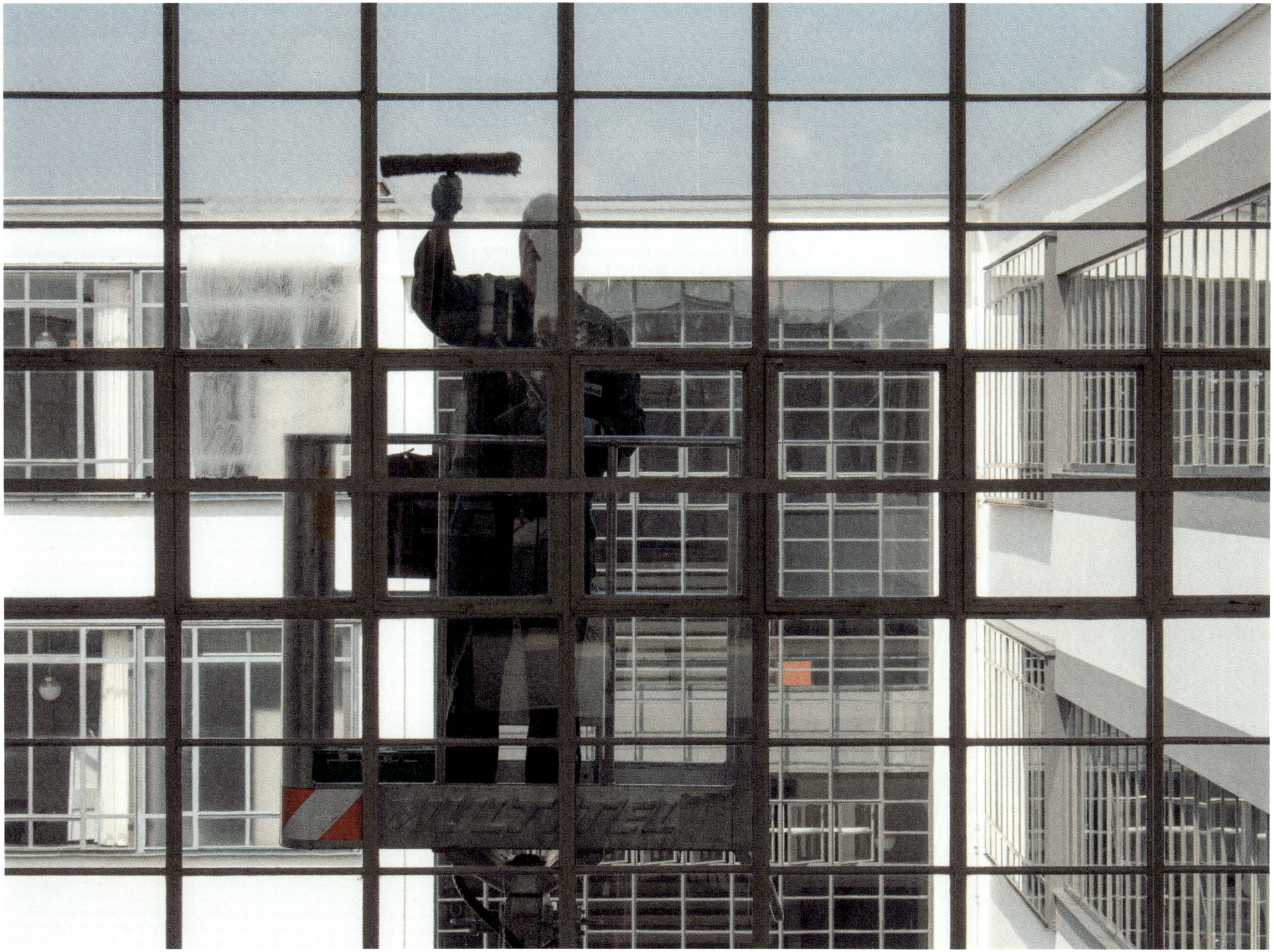

27)
Reinigung der Glasfassaden,
2015

Langfristige Erhaltung

Heute steht die langfristige Erhaltung durch kontinuierliche Pflege des Bauhausgebäudes stärker im Zentrum der Planungen, um so das Gebäude in seiner Materialität und architektonischen Wirkung nachhaltig zu sichern. Das betrifft sowohl die Planung und Ausführung von Baumaßnahmen als auch die Fortschreibung der Denkmalpflegerischen Zielstellung und die Entwicklung eines Conservation Management Plans einschließlich Datenbank. Die Denkmalpflegerische Zielstellung für das Bauhausgebäude stellt dabei auch zukünftig die Ziele für den langfristigen und wissenschaftlich begründeten Umgang mit dem Weltkulturerbe dar und dient als Richtlinie bei der Planung von Maßnahmen zur Instandhaltung, von Umbaumaßnahmen oder Nutzungsveränderungen. Auf der Basis neuer Erkenntnisse und Anforderungen ist die 1999 beschlossene Zielstellung 2014 fortgeschrieben worden.[27]

Bauliche Maßnahmen zielen weniger auf Veränderung als auf Erhaltung beispielsweise durch vorausschauende Pflege, zurückhaltende Anpassungen oder Reparaturen. Beispiele dafür sind die Fassadensanierung am Atelierhaus, die Erneuerung der Stoffbespannung für die Stahlrohrgestelle in der Aula oder Anpassungen im Außenbereich.[28] Aktuell zeichnet sich zudem ab, dass der Klimawandel mit extremer Hitze, außergewöhnlichen Stürmen und Starkregenereignissen das Bauhausgebäude ebenso wie andere denkmalgeschützte Gebäude bedroht, zum Beispiel indem sich die Bewegungen unterschiedlicher Bauteile, verstärken und zu Rissen führen oder die filigranen Konstruktionen wie die Vorhangfassade stärker belasten. Die genaue Untersuchung von Ursachen, Auswirkungen und Sicherungsmöglichkeiten hat begonnen.

Die kontinuierliche, fachgerechte Pflege und Instandhaltung des Bauhausgebäudes, gerade auch im Hinblick auf seine intensive Nutzung, ist nötig, um langfristig die Originalsubstanz zu erhalten, die Qualität dieser Arbeiten zu sichern und aufwendige Reparaturen und Erneuerungen einzusparen. Die kontinuierliche und systematische Instandhaltung und Pflege der Welterbestätten wird auch seitens der UNESCO berücksichtigt, die für solche herausragenden Orte die Darstellung des Managementsystems fordert.

Bei der Stiftung Bauhaus Dessau wurde ein Conservation Management Plan für das Bauhausgebäude erarbeitet.[29] Ein wichtiger Teil ist die Ausarbeitung einer Datenbank, in der detaillierte Informationen für die Instandhaltung erfasst werden. Jedem Bauteil und jeder Fläche sind neben historischen Informationen wie Baualter, Veränderungen oder Farbigkeit denkmalrelevante Informationen zur Pflege und Instandhaltung wie Angaben zu Materialien oder Werktechniken zugeordnet. Die Datenbank ergänzt eine bestehende Datenbank für das Facility Management, die bei der Stiftung Bauhaus in Gebrauch ist und dessen Möglichkeiten auch für die Planung von denkmalrelevanten Maßnahmen eingesetzt werden, beispielsweise bei der Festlegung von Terminen für Pflege und Inspektion oder für das Anlegen und Verfolgen von Aufträgen.[30]

1
Werner 2014/I.

2
So titelte die Anhaltische Abendzeitung am 10.1.1934: „Überdachung des Bauhauses – Unterlassungssünden werden wieder gutgemacht".

3
Vgl. Manzke/Thöner 1996; Oswalt 2014.

4
Brief von Hinnerk Scheper, 7.7.1945, Houghton Library 46/282 ff.

5
Ministerium für Kultur 1963.

6
Stadtarchiv Dessau, SB 68, fol. 17: Aktenvermerk, 10.5.1964.

7
Benevolo 1964, S. 58.

8
Ausweisungsmerkmale laut Denkmalverzeichnis der Stadt Dessau, Stand 2003, auf Grundlage des Denkmalschutzgesetzes des Landes Sachsen-Anhalt vom 21.10.1991 in der Fassung vom 22.12.2004.

9
Schlesier/Püschel 1964, Einleitung.

10
Korrek/Wolf 2016.

11
Schlesier/Püschel 1964, S. 24ff.

12
Der Begriff „Rekonstruktion" bezeichnete in der DDR eine umfassende Maßnahme, die neben Teilrekonstruktionen auch Restaurierung, Instandhaltung sowie Neufassungen umfasste, und unterscheidet sich damit von der heutigen Definition, die sich u. a. an der Charta von Burra (2013) orientiert und ausführlich im Kapitel 10 „Langfristige Erhaltung" erläutert wird. „Rekonstruktion 1976" wird in diesem Buch als gebräuchliche Bezeichnung der damals durchgeführten Baumaßnahmen verwendet.

13
Berger 1976/II, S. 558–559.

14
So wurde etwa bei der Sanierung der Weißenhofsiedlung in Stuttgart zu Beginn der 1980er-Jahre in ganz ähnlicher Weise saniert. Vgl. Staatliche Hochbauverwaltung Baden-Württemberg 1987.

15
Die Erklärung lautet: „Justification for Inscription: The Committee decided to inscribe the nominated property on the basis of cultural criteria (ii), (iv) and (vi) considering that the site is of outstanding universal value since these buildings are the seminal works of the Bauhaus architectural school, the foundation of the Modern Movement which was to revolutionize artistic and architectural thinking and practice in the twentieth century. The Committee also noted that this type of inscription testifies a better recognition of the 20th century heritage."

16
Vgl. https://whc.unesco.org/en/list/729 (7.2.2021); Markgraf 2017/I.

17
ICOMOS International 1996.

18
Arge Bauhaus 1999; Pro Denkmal 2014.

19
Petzet 1992.

20
Die „Internationale Charta über die Erhaltung und Restaurierung von Kunstdenkmälern und Denkmalgebieten, Venedig 1964" wurde auf dem II. Internationalen Kongress der Architekten und Techniker in der Denkmalpflege beschlossen.

21
Die Charta von Burra trifft Festlegungen über den denkmalpflegerischen Umgang mit Objekten von kultureller Bedeutung, wurde von ICOMOS Australien beschlossen und zuletzt 2013 überarbeitet.

22
Die Planung und Durchführung der Gesamtmaßnahme erfolgte unter der Leitung des Staatshochbauamts (heute Landesbetrieb Bau- und Liegenschaftsmanagement Sachsen-Anhalt) mit den Architekten Brambach und Ebert Architekten, Halle/Saale, Pfister Schiess Tropeano Architekten, Zürich, Johannes Bausch (Stiftung Bauhaus Dessau), Dessau und Berlin, sowie Mann Landschaftsarchitekten, Kassel.

23
ZUB 2010; Brenne 2011; Transsolar 2011.

24
ICOMOS Preventive Monitoring 2010.

25
Die Planung für die Gesamtkonzeption erfolgte durch Brenne Architekten, Berlin; Transsolar, Stuttgart; Zentrum für Umweltbewusstes Bauen e. V., Kassel.

26
Die Planung für die baulichen Maßnahmen erfolgte durch Brenne Architekten, Berlin.

27
Die Fortschreibung der Denkmalpflegerischen Zielstellung erfolgte durch ProDenkmal, Bamberg und Berlin.

28
Die Planung der baulichen Maßnahmen erfolgte durch AADe-Atelier für Architektur und Denkmalpflege, Dessau/Köthen/Leipzig.

29
Die Stiftung Bauhaus Dessau hat sich seit 2004 um die Finanzierung eines Konzepts für die langfristige und kontinuierliche Pflege des Bauhausgebäudes bemüht und stellte 2017–2021 einen Conservation Management Plan auf, der mit Mitteln der Getty Foundation und des Landes Sachsen-Anhalt gefördert wurde.

30
Die Erarbeitung des Conservation Management Plans erfolgte durch ProDenkmal, Bamberg/Berlin, und die Stiftung Bauhaus Dessau, das Datenbanksystem entwickelte Byron Informatik AG, Basel.

28)
Restaurierung des
Triolin-Fußbodens,
2004

Ansicht von Südwesten

29)
1926

30)
1938

31)
1945

32)
1958

33)
1972

34)
1996

35)
2017

49

Legende
Sockelgeschoss

1 Vestibül
2 Klassenraum / Unterricht
3 Büro / Meister / Leiter
4 Materialraum / Lager / Lehrmittel / Akten
5 Atelier / Gästezimmer
6 Küche
7 WC / Dusche / Bad
8 Umkleideraum / Waschraum
9 Putzraum
10 Ausstellung
11 Technik
12 Pförtner
13 Keller

50

14 Druckerei
15 Färberei
16 Trockenraum
17 Holzlager / Lager
18 Bildhauerei
19 Packraum
20 Späne
21 Kohlebunker
22 Heizkeller / Kesselraum / Kessel
23 Werkstatt / Vorraum Heizung
24 Bühnenwerkstatt
25 Gymnastikraum
26 Waschküche
27 Abstellraum
28 Fahrräder
29 Traforaum / Lüftung Mensa
30 Hausmeisterwohnung
31 Modelltischlerei
32 Fotolabor
33 Lehrmittel

34 Tischlerei
35 Aufenthaltsraum / E-Verteilung
36 Akkumulatorenraum
37 Bühnenraum
38 Personal
39 Boilerraum
40 Speiseraum
41 Buchladen
42 Klub im Bauhaus
43 Mehrzweckraum
44 Fundus

Sockelgeschoss
1926

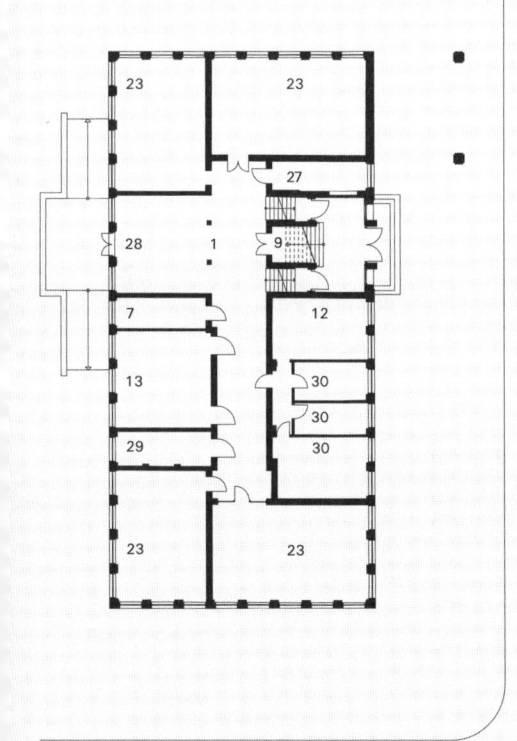

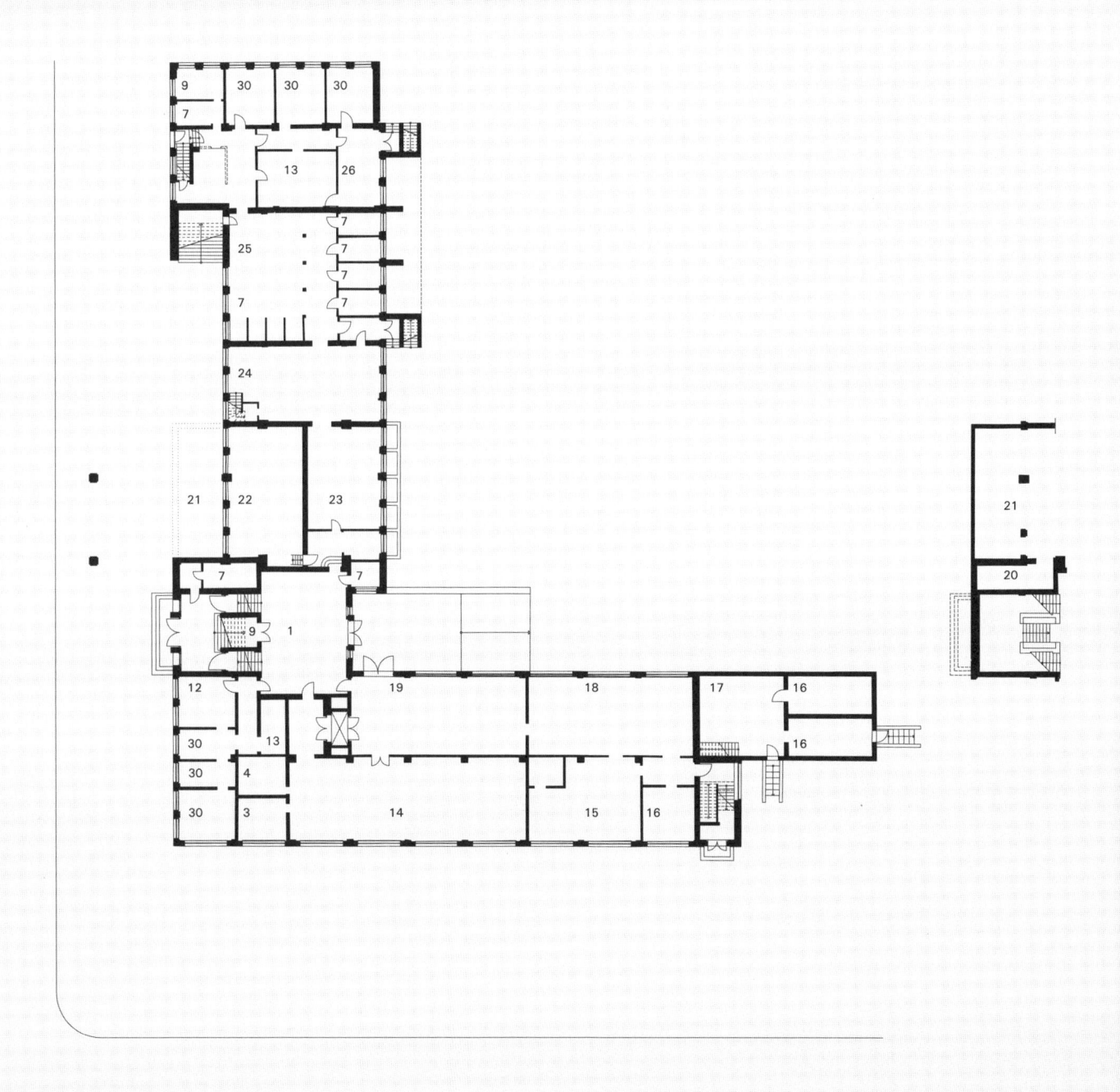

Sockelgeschoss
1964

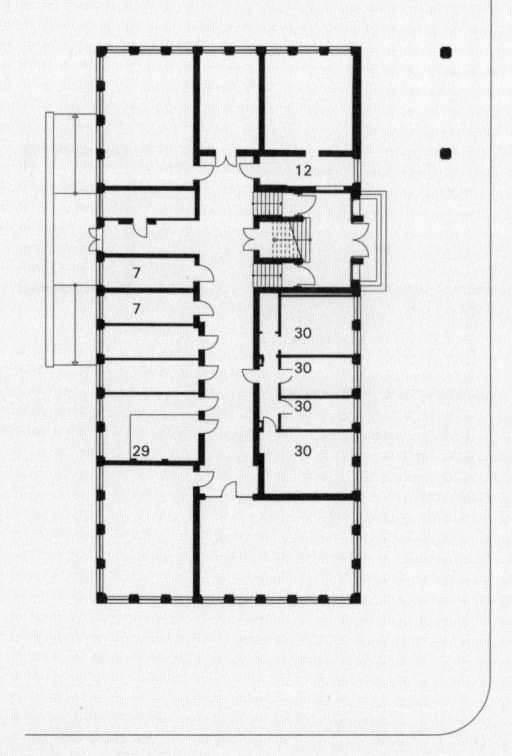

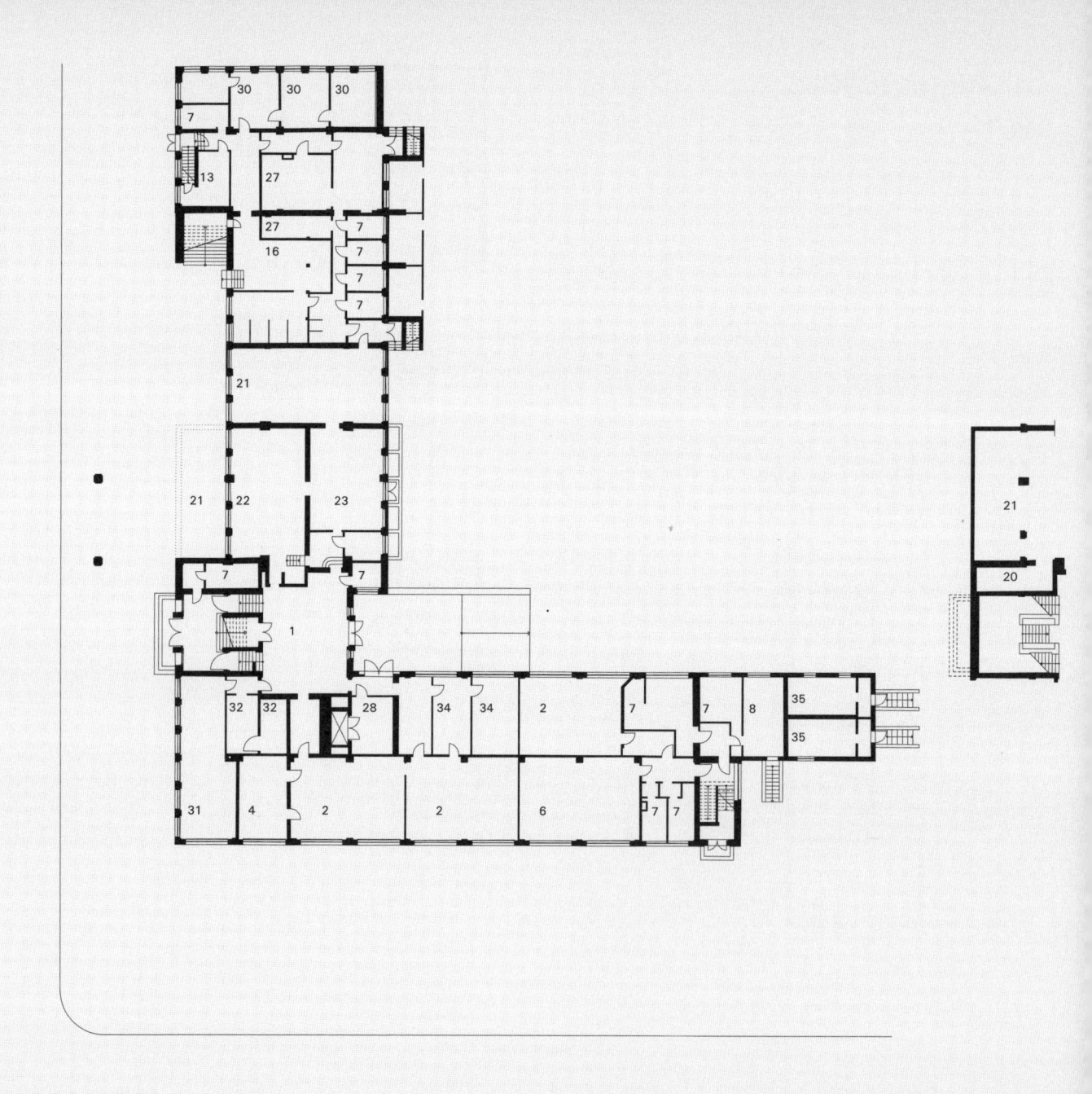

Sockelgeschoss
1976

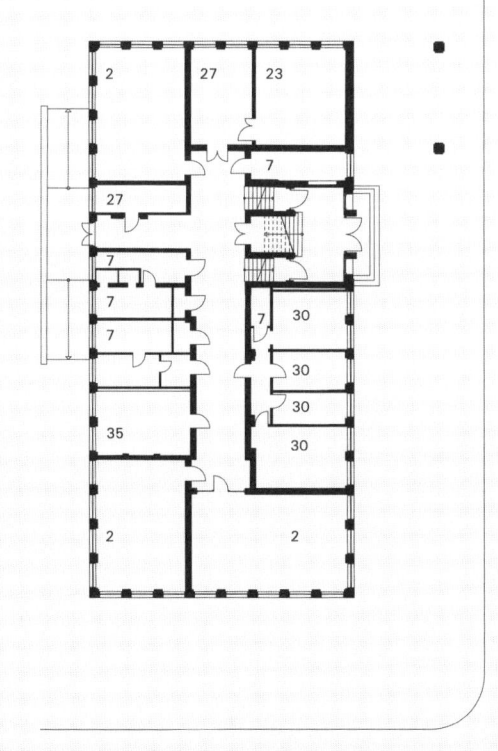

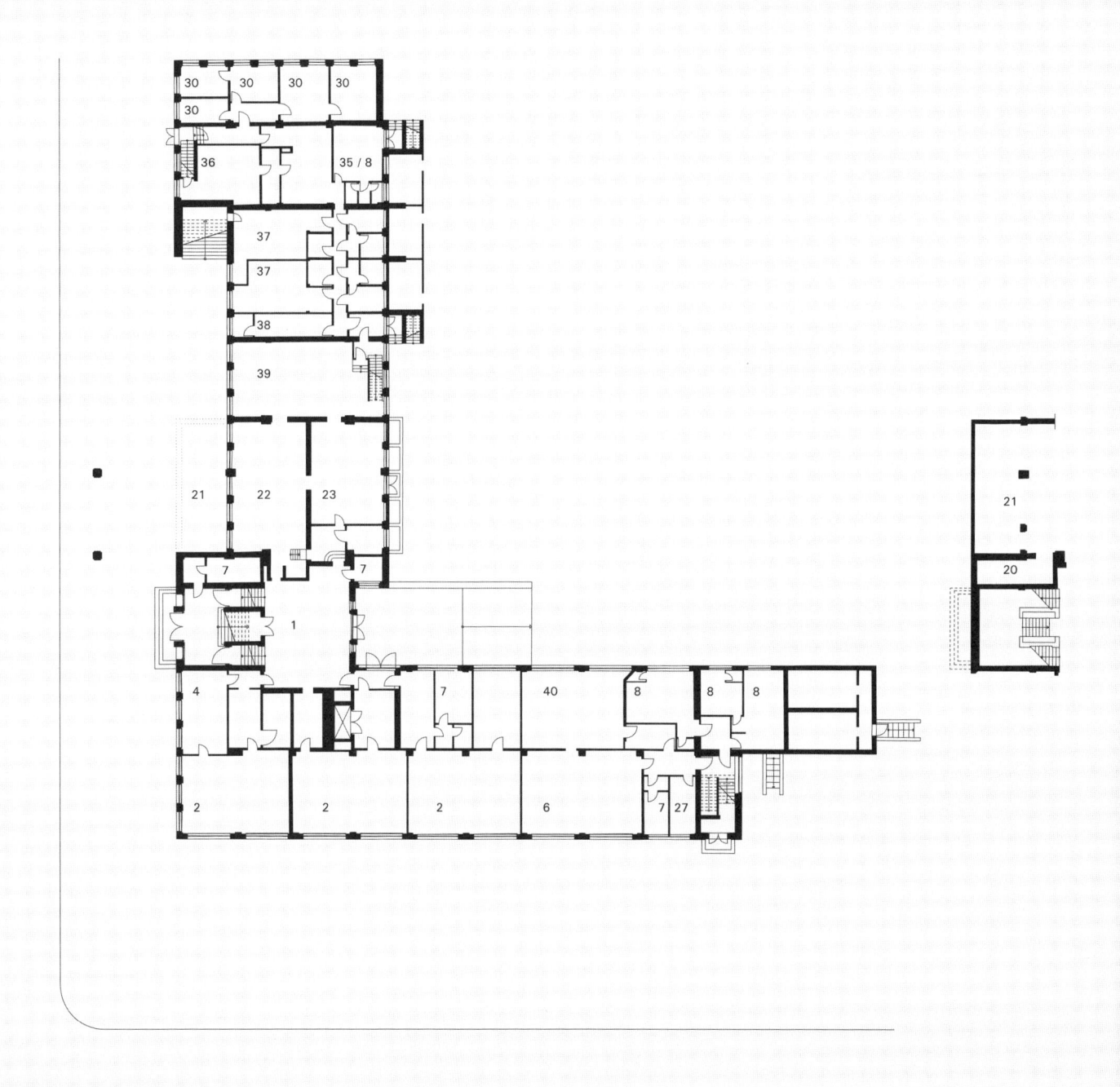

38)

Sockelgeschoss
1996

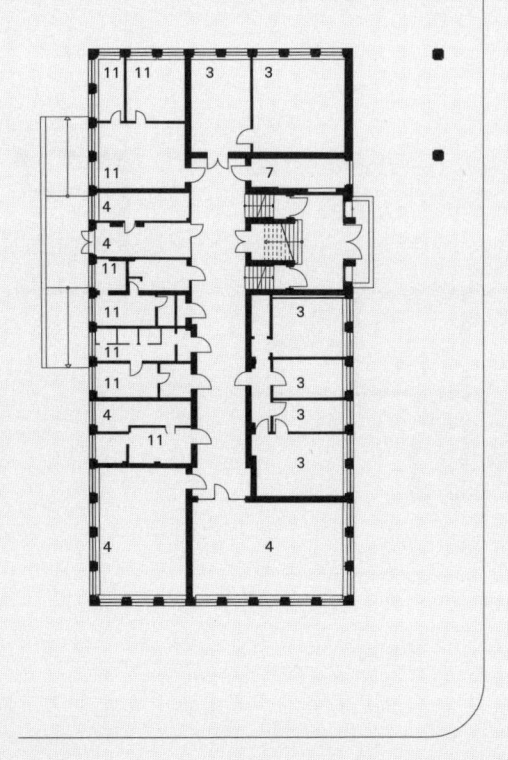

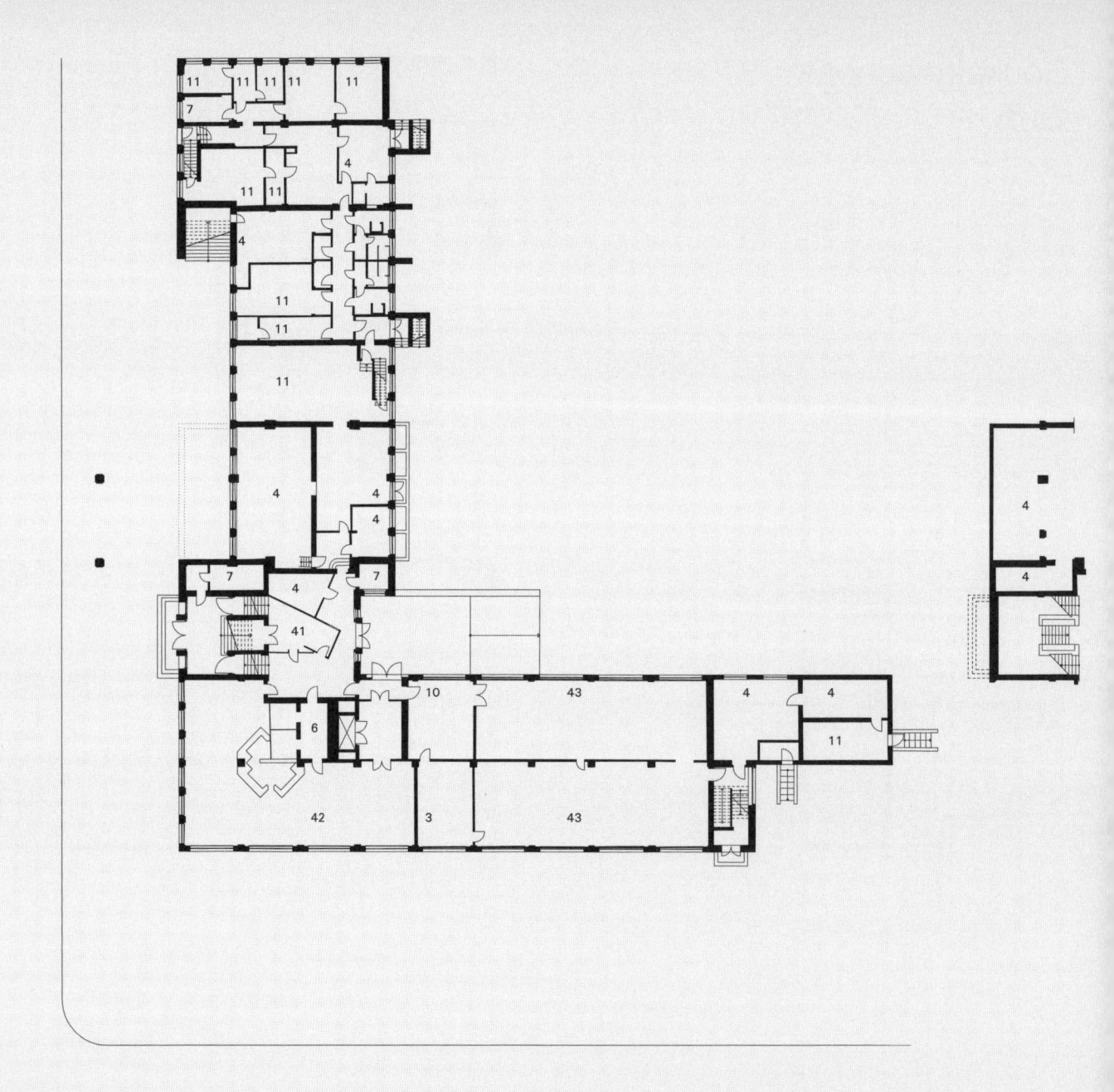

Sockelgeschoss
2021

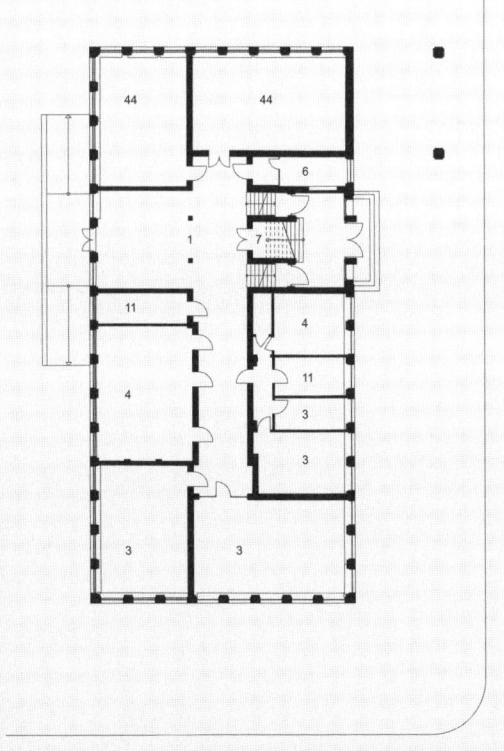

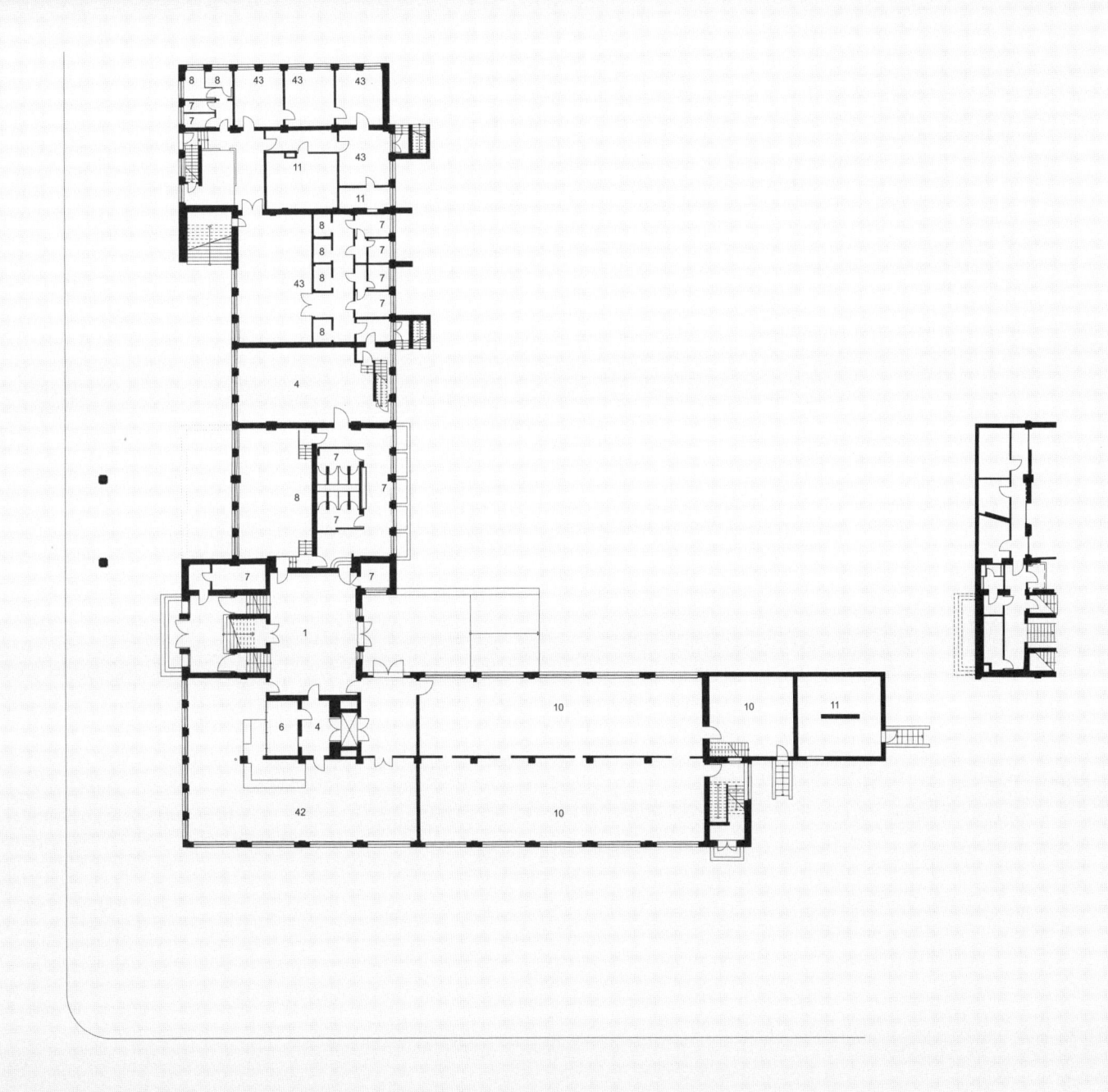

40)

Legende
Erdgeschoss

1. Vestibül
2. Klassenraum / Unterricht
3. Büro / Meister / Leiter
4. Materialraum / Lager / Lehrmittel / Akten
5. Atelier / Gästezimmer
6. Küche
7. WC / Dusche / Bad
8. Umkleideraum / Waschraum
9. Putzraum
10. Ausstellung
11. Technik
12. Polier
13. Tischlerei
14. Fournierraum
15. Maschinenraum
16. Aula
17. Bühne
18. Kantine / Mensa
19. Terrasse
20. Anrichte
21. Schülerzimmer
22. Speisekammer
23. Windfang
24. Physiksaal / Physik
25. Laborraum / Dunkelkammer
26. Turnhalle / Geräteraum
27. Chemieraum / Chemie
28. Hausmeister

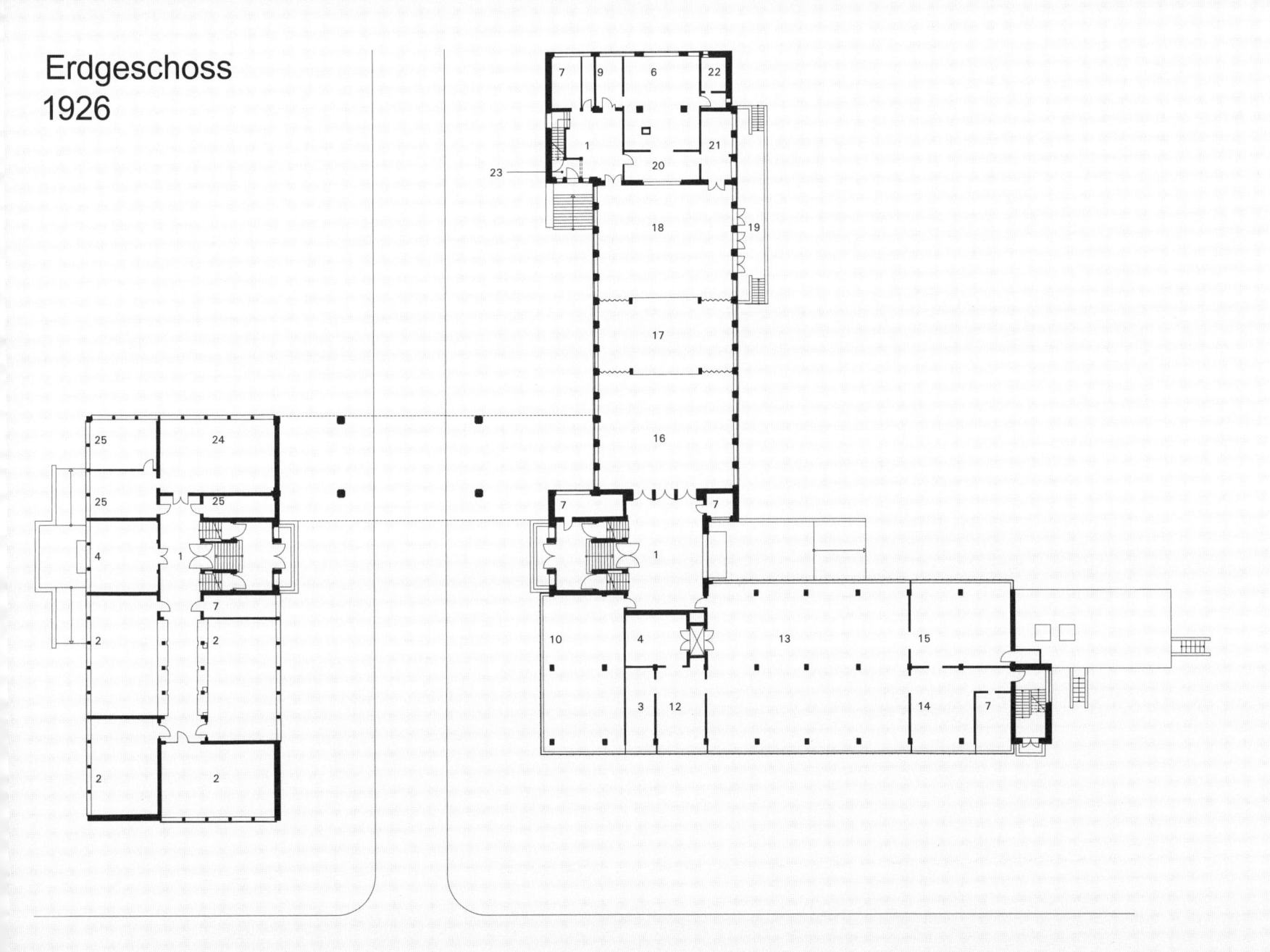

Erdgeschoss
1926

41)

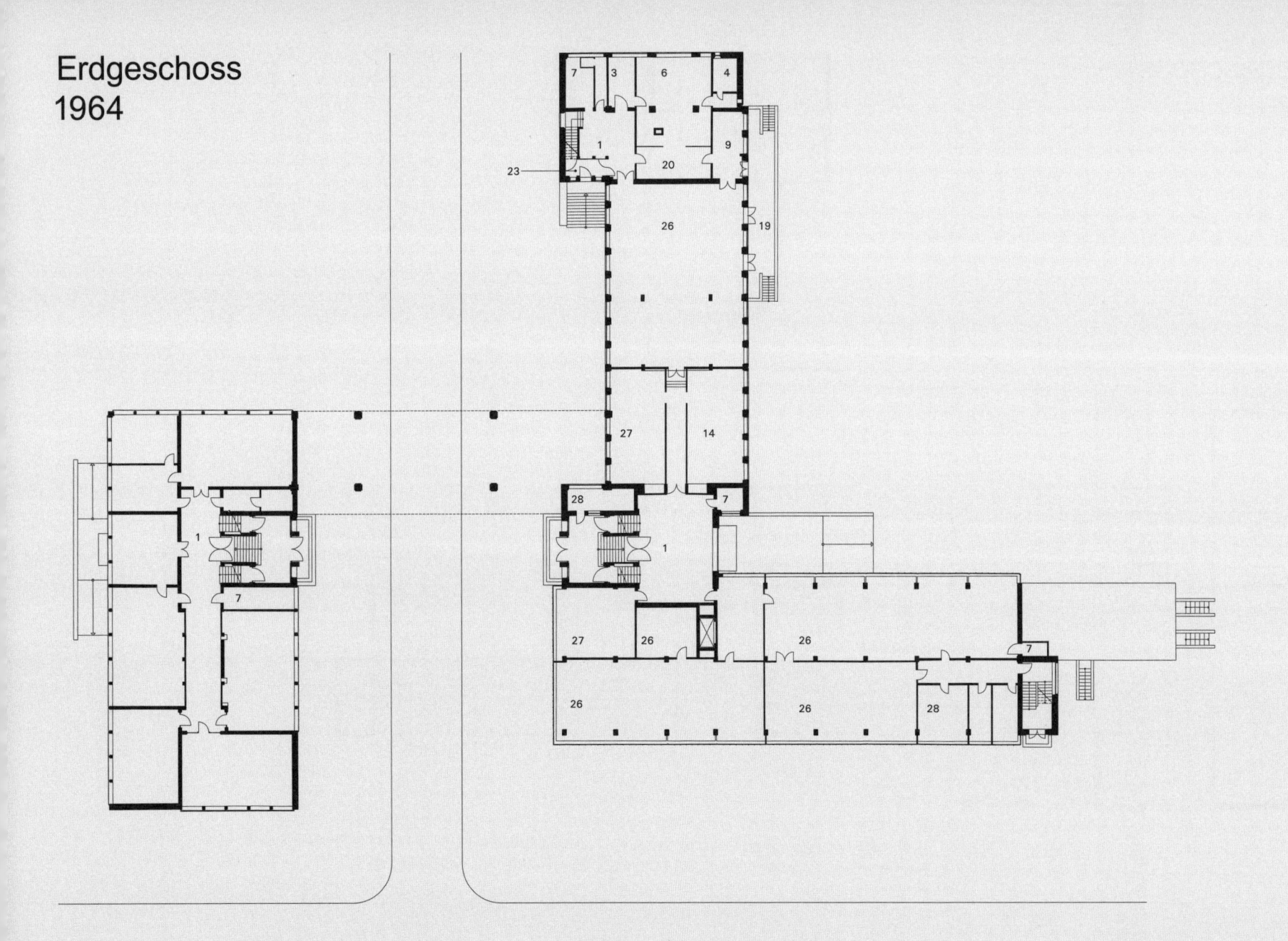

**Erdgeschoss
1964**

58

Erdgeschoss
1976

43)

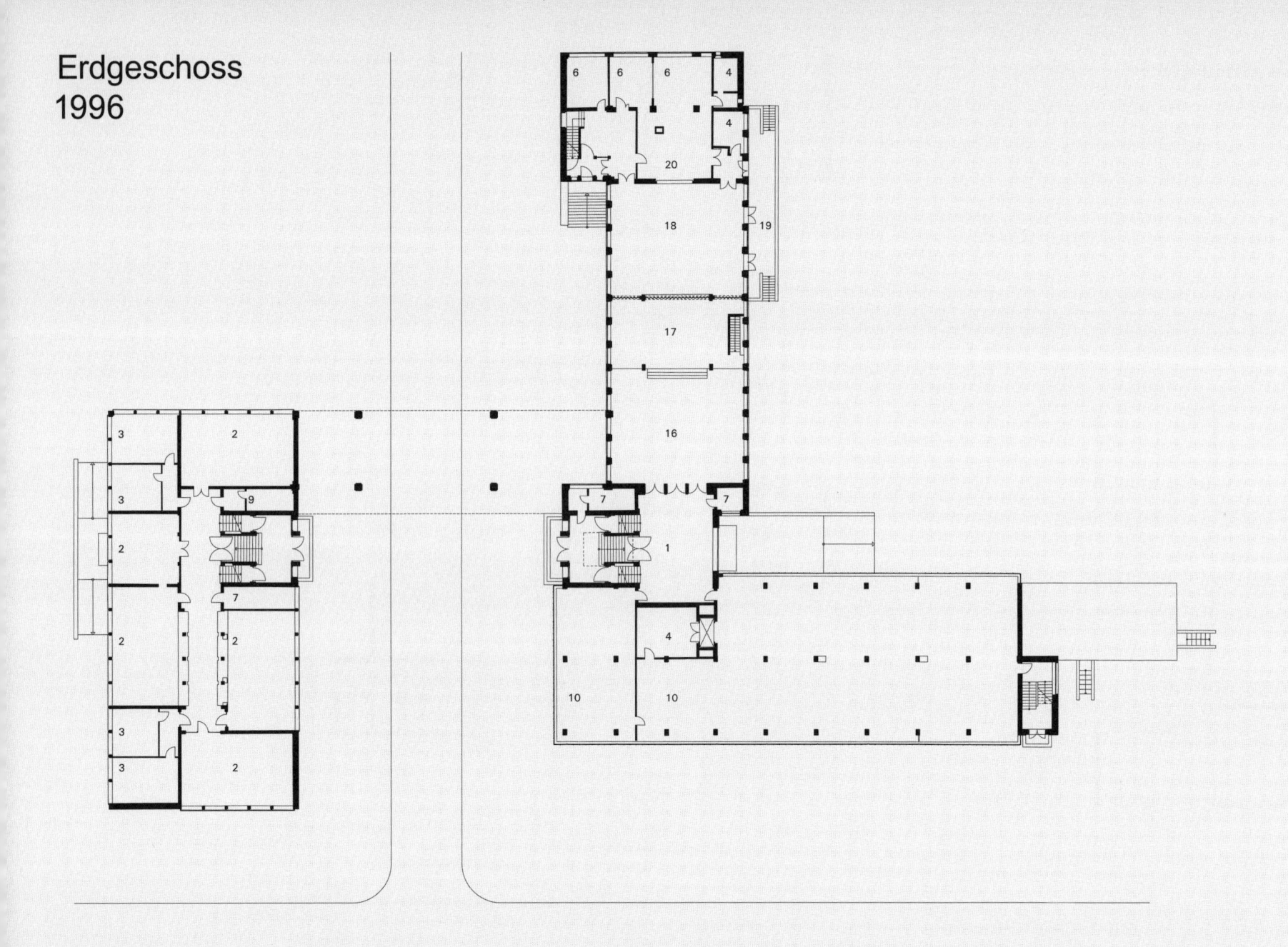

**Erdgeschoss
1996**

60

44)

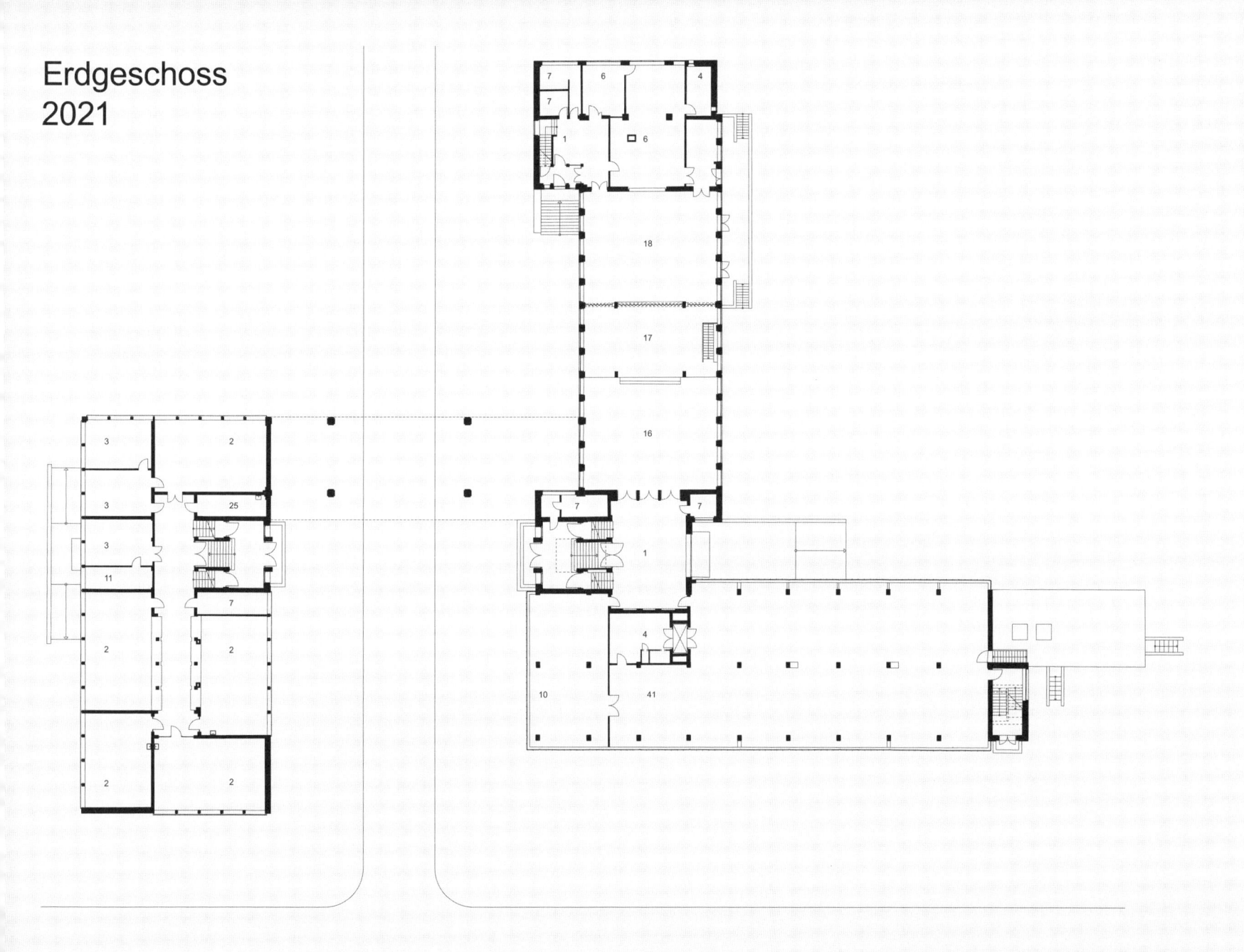

Erdgeschoss
2021

Legende
1. Obergeschoss

1 Vestibül
2 Klassenraum / Unterricht
3 Büro / Meister / Leiter
4 Materialraum / Lager / Lehrmittel / Akten
5 Atelier / Gästezimmer
6 Küche
7 WC / Dusche / Bad
8 Umkleideraum / Waschraum
9 Putzraum
10 Ausstellung
11 Technik
12 Grundlehre
13 Weberei
14 Lehrraum
15 Schreibmaschinenzimmer
16 Warteraum
17 Buchhaltung
18 Verwaltung Bauhaus
19 Direktion
20 Besprechung
21 Verwaltung Sekretariat
22 Bibliothek
23 Lehrerzimmer
24 Abstellraum
25 Gropiuszimmer

1. Obergeschoss
1926

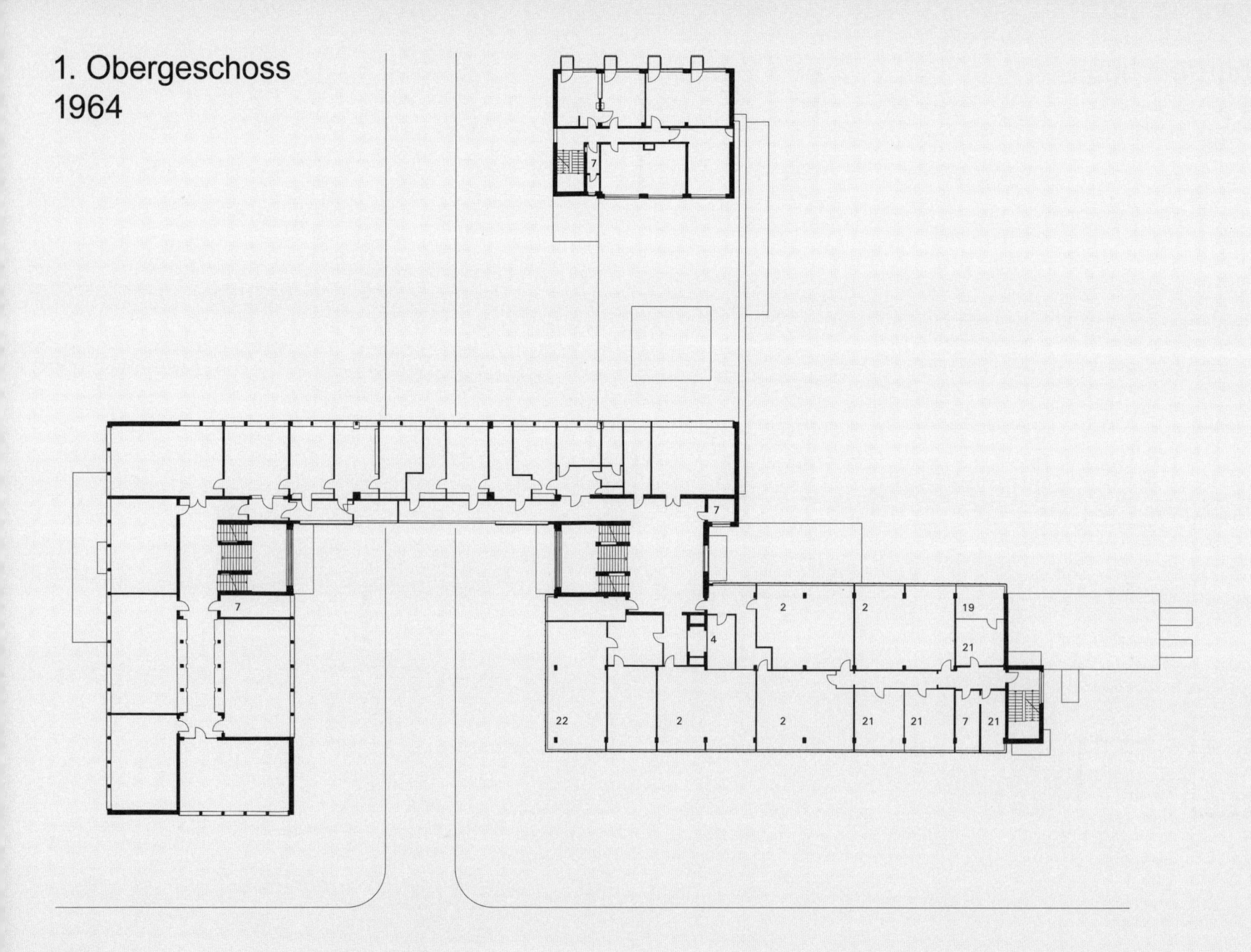

1. Obergeschoss
1964

1. Obergeschoss
1976

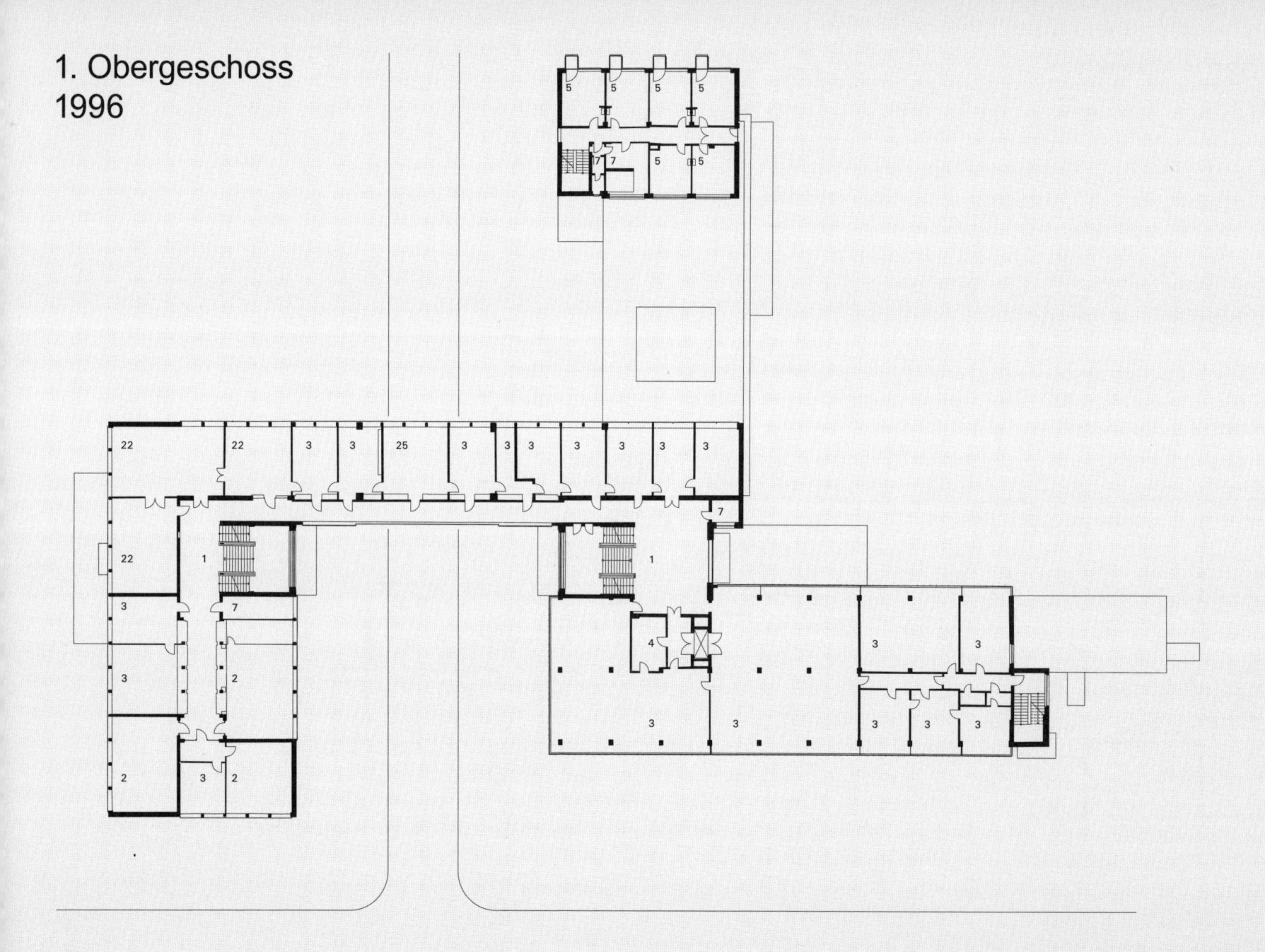

1. Obergeschoss
1996

1. Obergeschoss
2021

Legende
2.–4. Obergeschoss

1 Vestibül
2 Klassenraum / Unterricht
3 Büro / Meister / Leiter
4 Materialraum / Lager / Lehrmittel / Akten
5 Atelier / Gästezimmer
6 Küche
7 WC / Dusche / Bad
8 Umkleideraum / Waschraum
9 Putzraum
10 Ausstellung
11 Technik
12 Schleifraum
13 Galvanik
14 Metallwerkstatt
15 Schmiede
16 Maschinenraum
17 Garderobe
18 Wandmalerei
19 Lackiererei
20 Lehrsaal
21 Architektursaal
22 Stapelraum

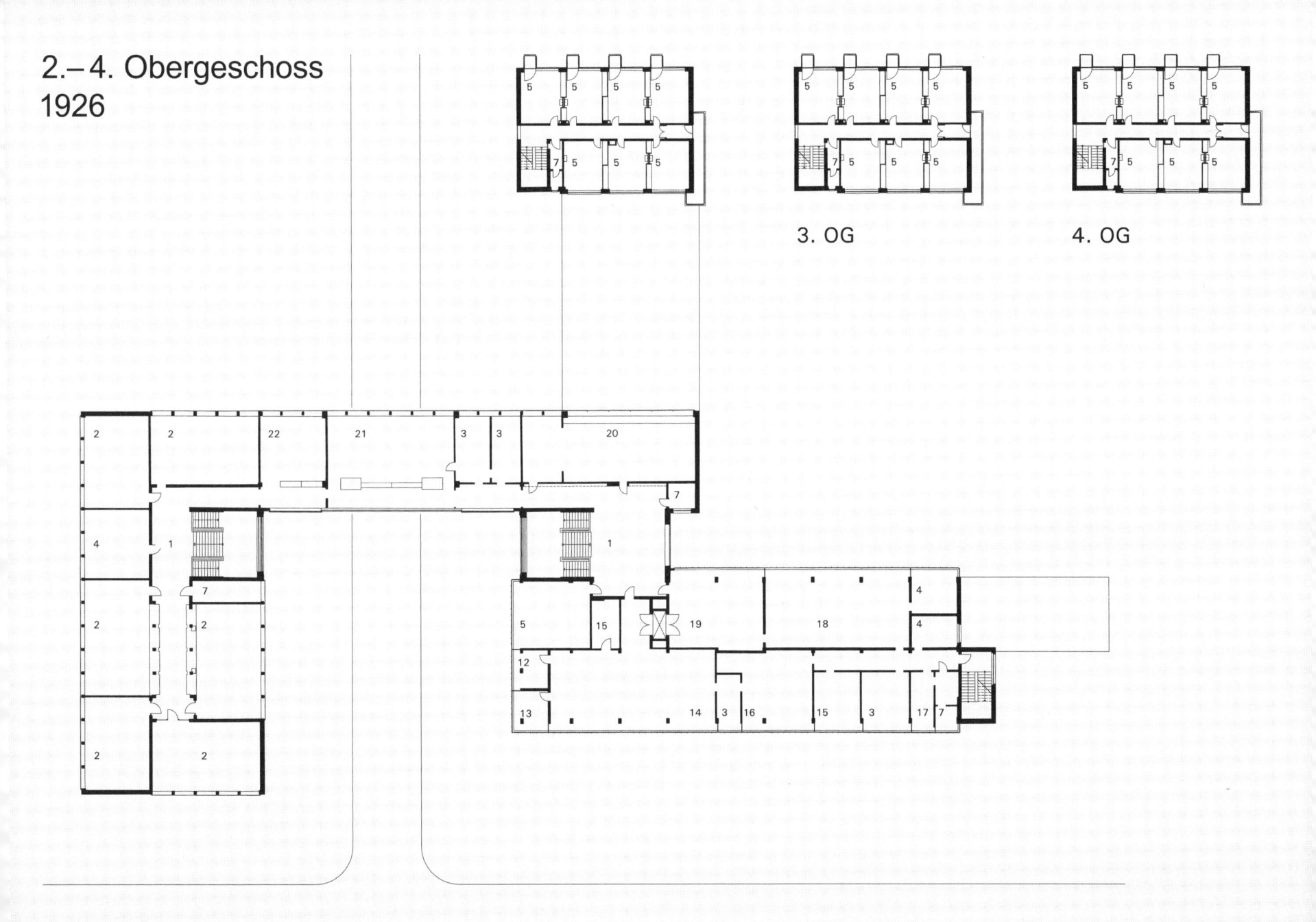

2.–4. Obergeschoss
1926

3. OG

4. OG

51)

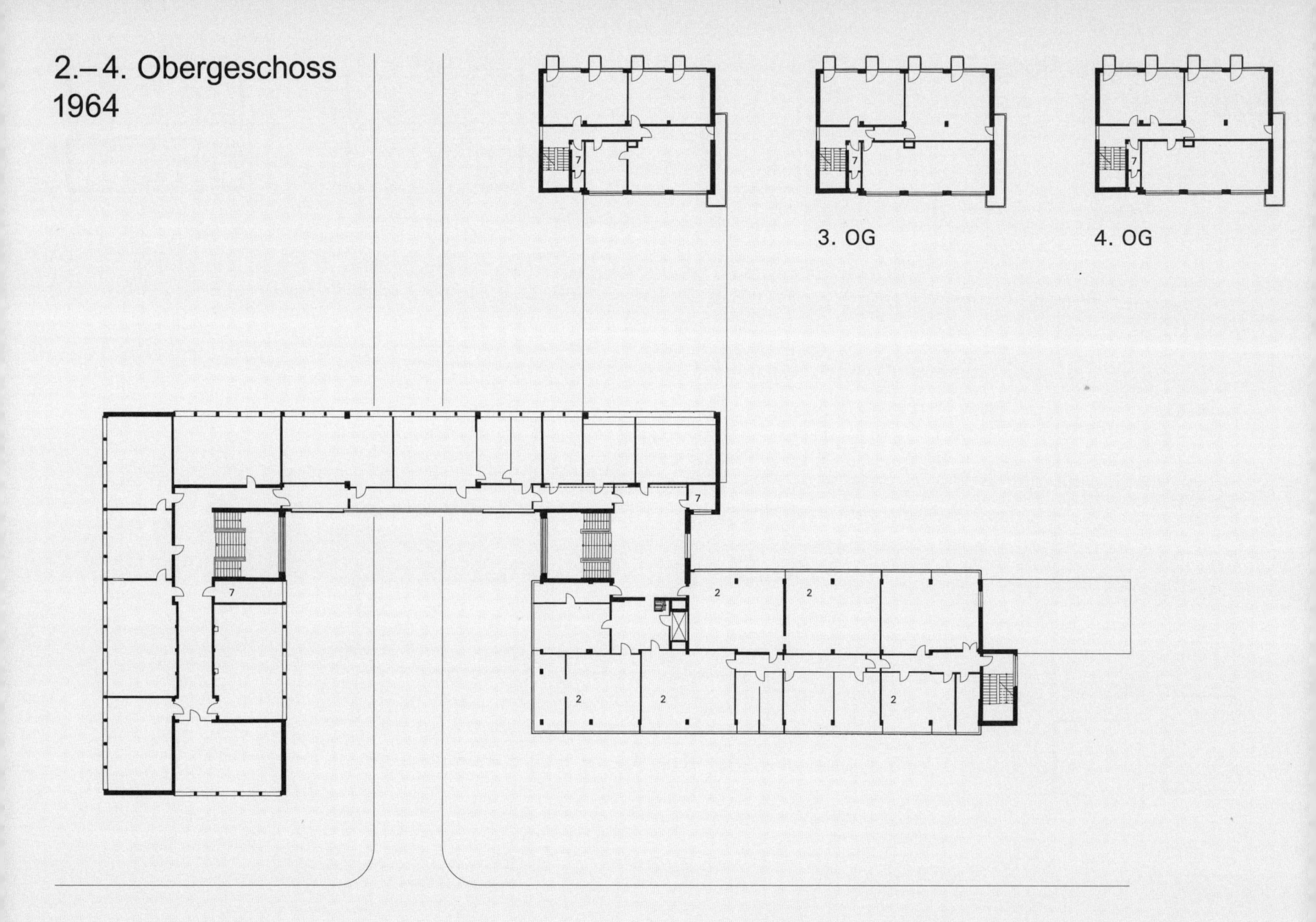

2.–4. Obergeschoss
1964

3. OG

4. OG

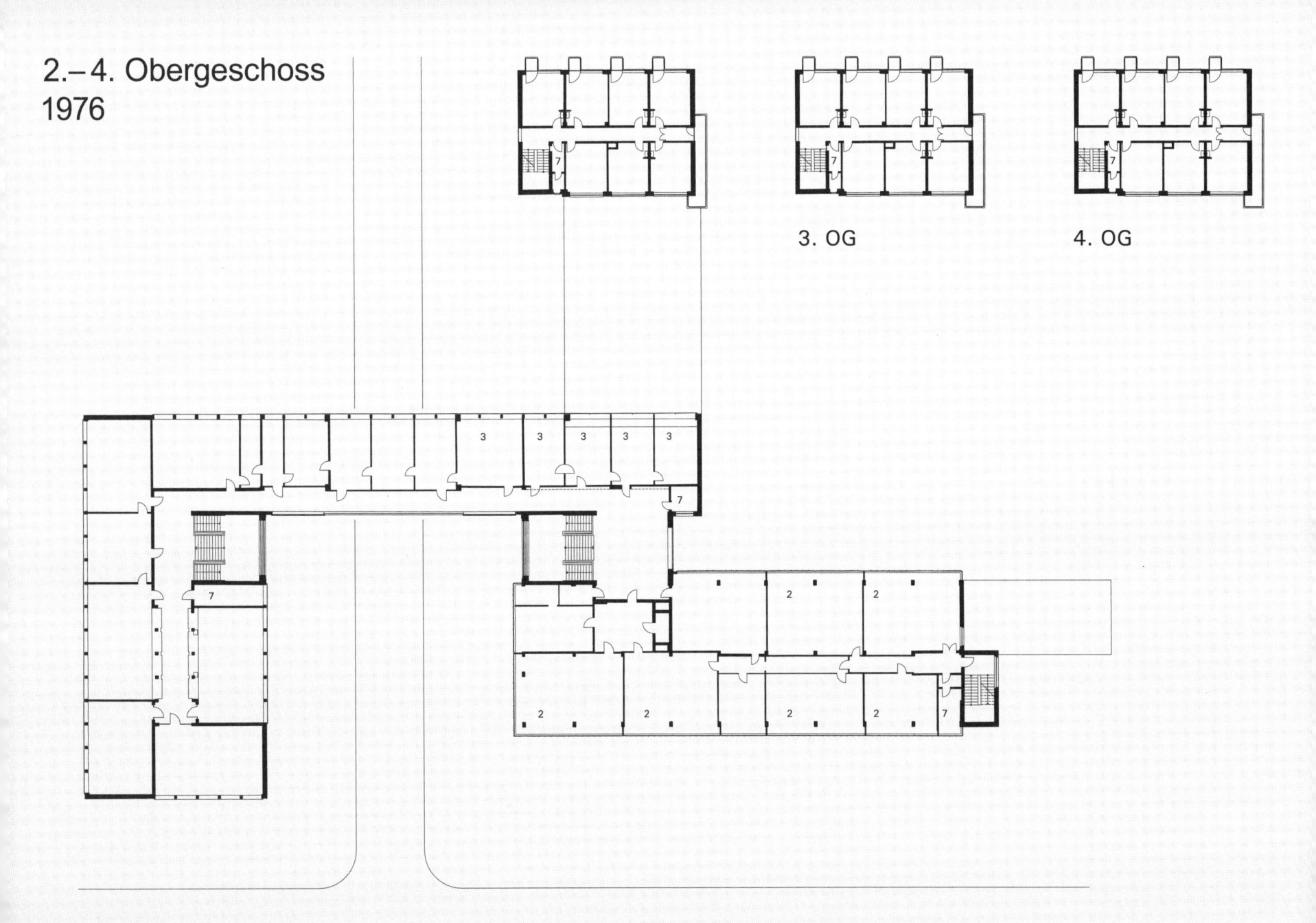

2.–4. Obergeschoss
1976

3. OG

4. OG

53)

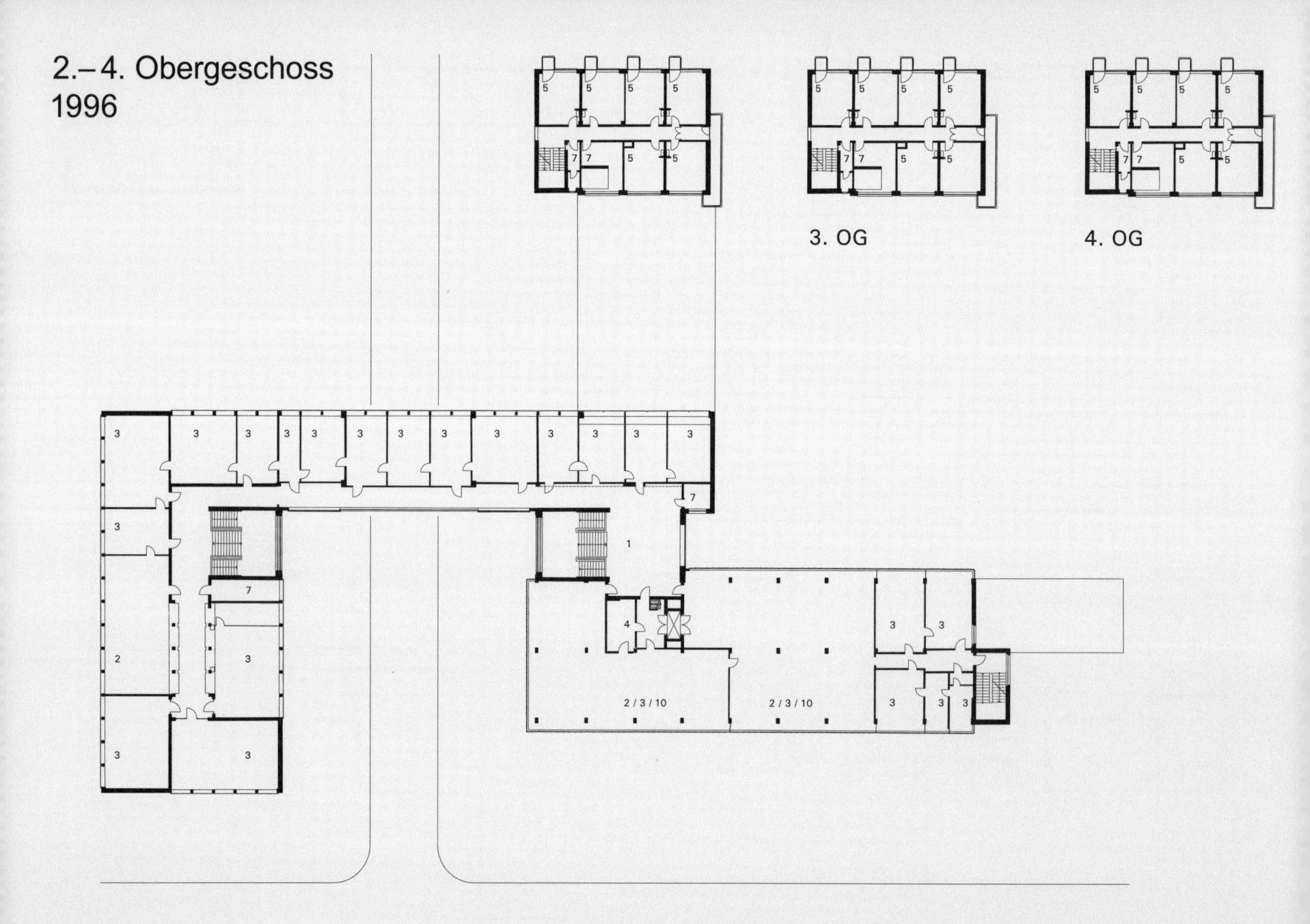

2.–4. Obergeschoss
1996

3. OG

4. OG

72

54)

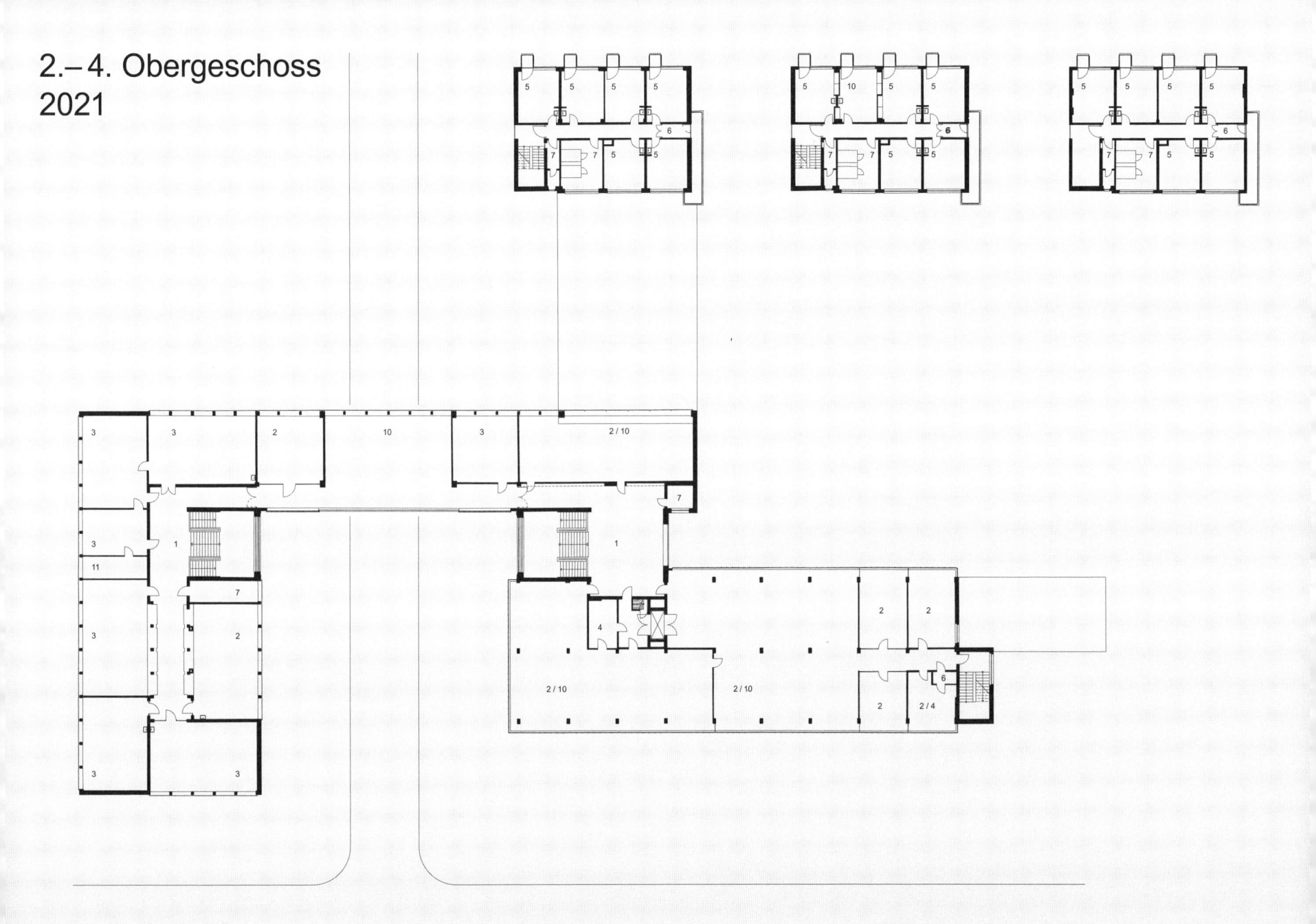

2.–4. Obergeschoss
2021

Ansichten
und Schnitte 2021

56)
Ansicht von Westen, 2021

57)
Ansicht von Westen und
Schnitt durch Nordflügel und
Werkstattflügel, 2021

58)
Ansicht von Westen und
Schnitt durch die Treppen-
häuser, 2021

59)
Ansicht von Westen und
Schnitt durch den Zwischen-
bau, 2021

56)

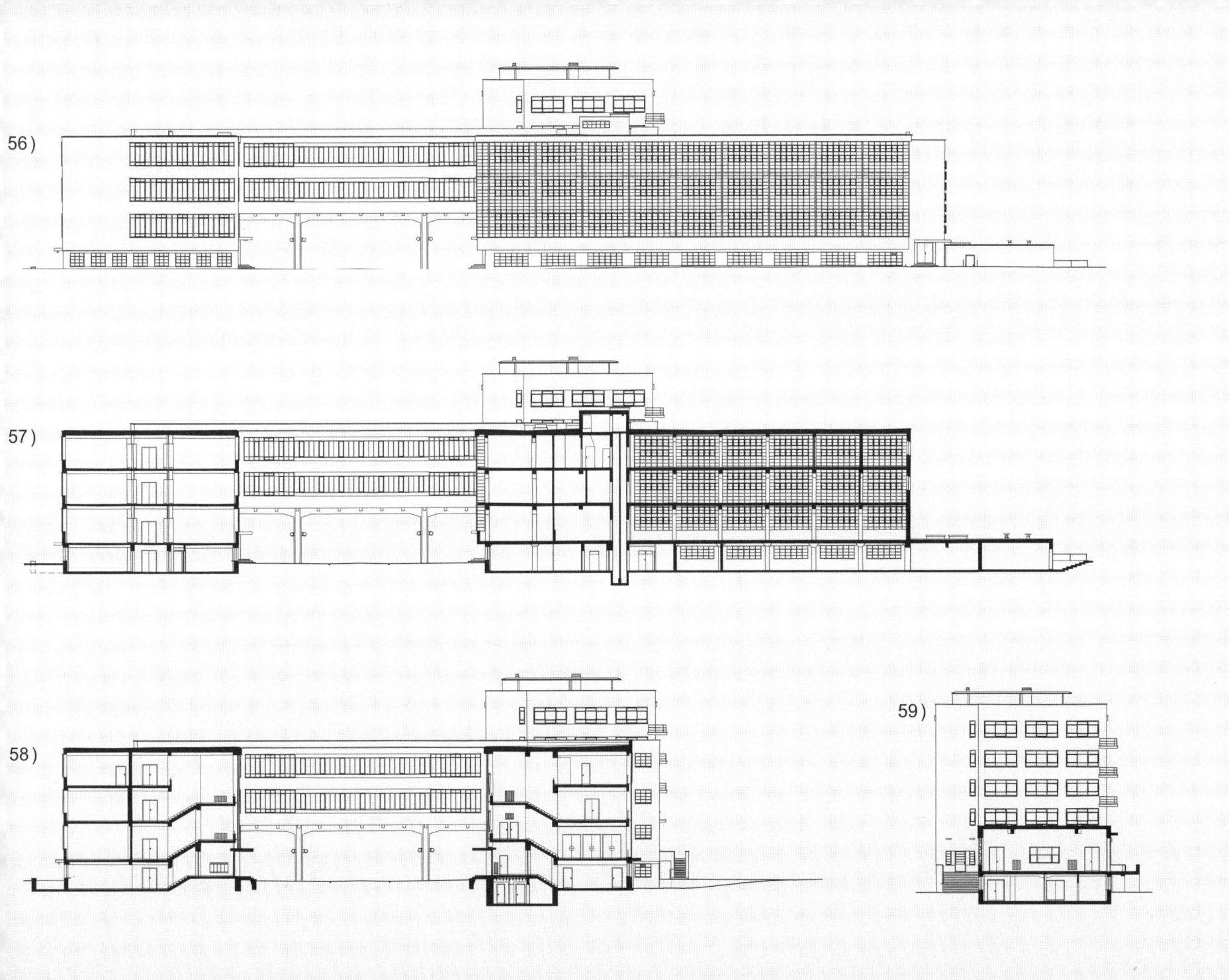

57)

58)

59)

60)
Ansicht von Norden, 2021

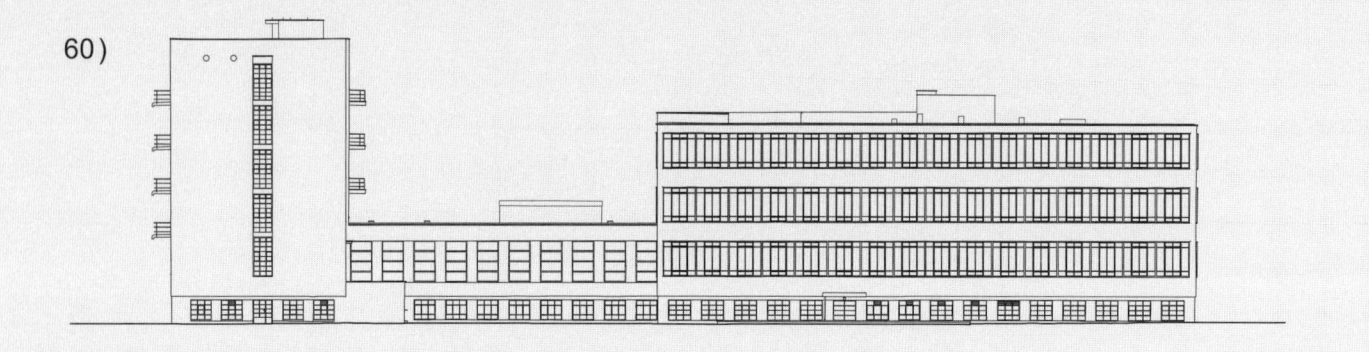

61)
Ansicht von Norden und Schnitt durch den Nordflügel, 2021

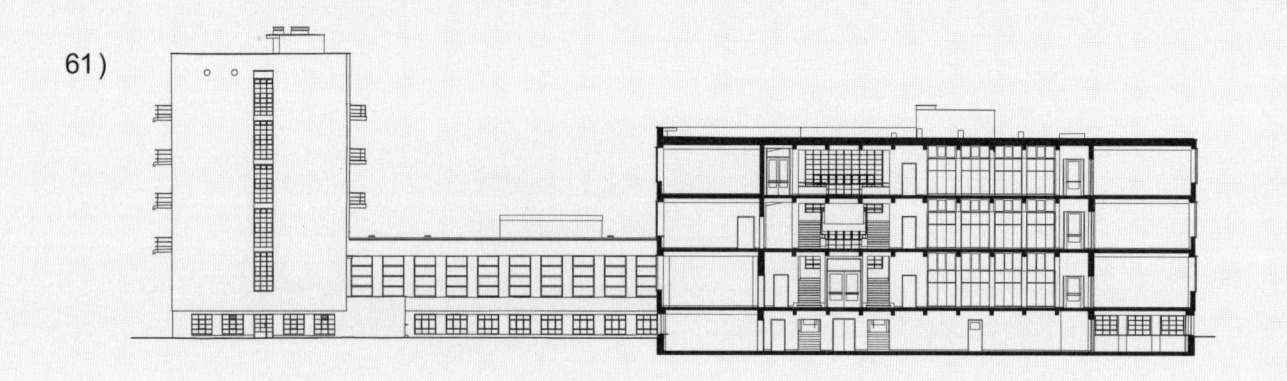

62)
Ansicht von Norden und Schnitt durch die Brücke, 2021

63)
Schnitt durch das Atelierhaus, 2021

64)
Ansicht von Osten, 2021

65)
Ansicht von Osten und Schnitt durch den Zwischenbau, 2021

66)
Ansicht von Osten und Schnitt durch die Treppenhäuser, 2021

64)

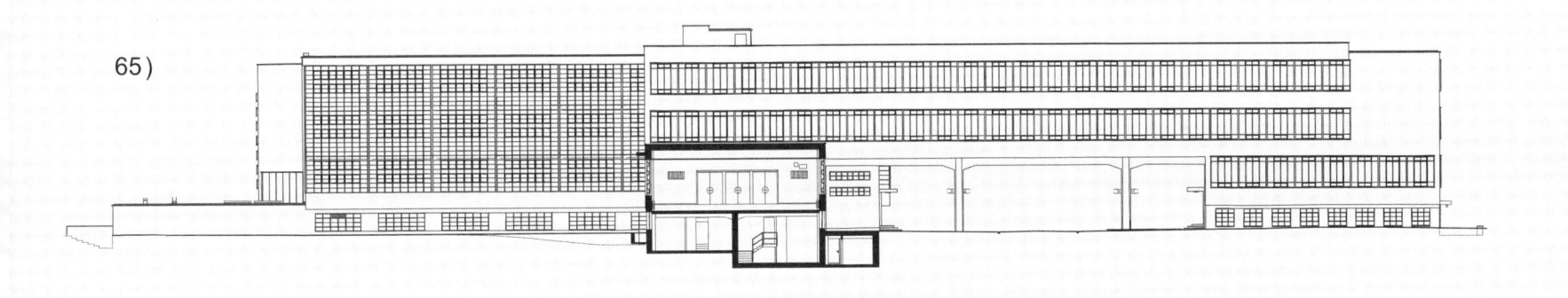

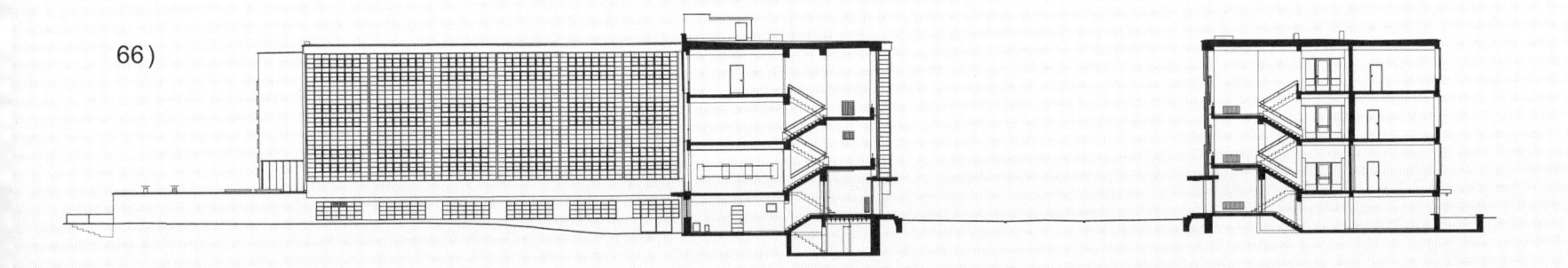

65)

66)

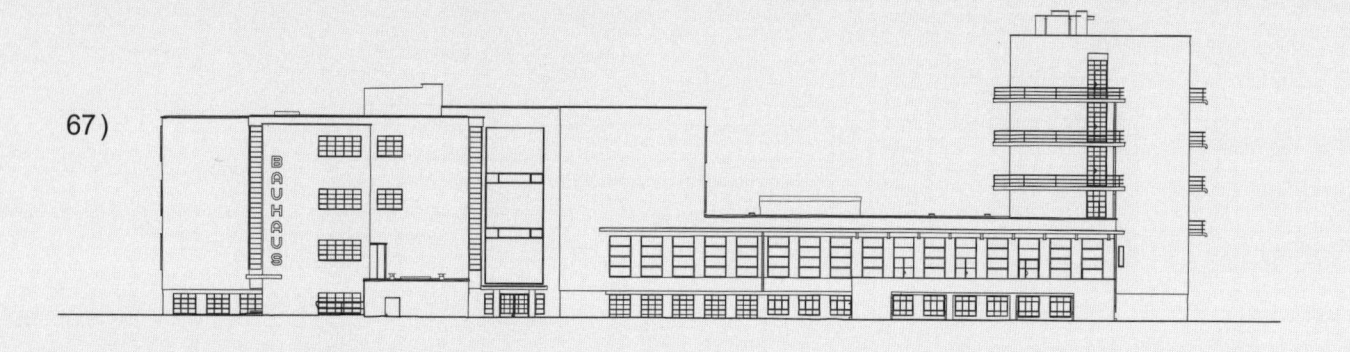

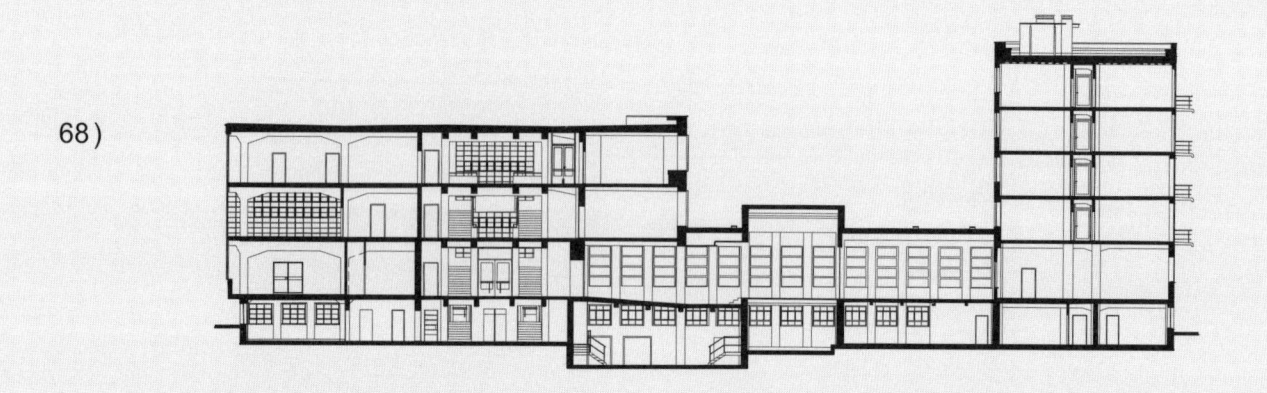

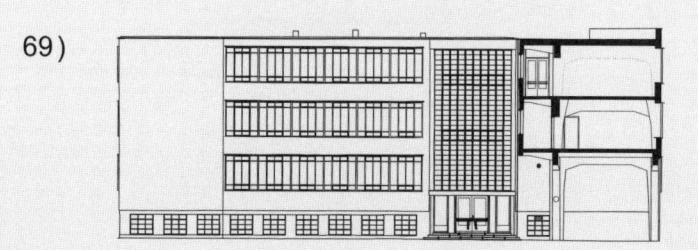

67)
Ansicht von Süden, 2021

68)
Schnitt durch den Werkstattflügel, den Zwischenbau und das Atelierhaus, 2021

69)
Ansicht von Süden und Schnitt durch die Brücke, 2021

Gebäudehülle

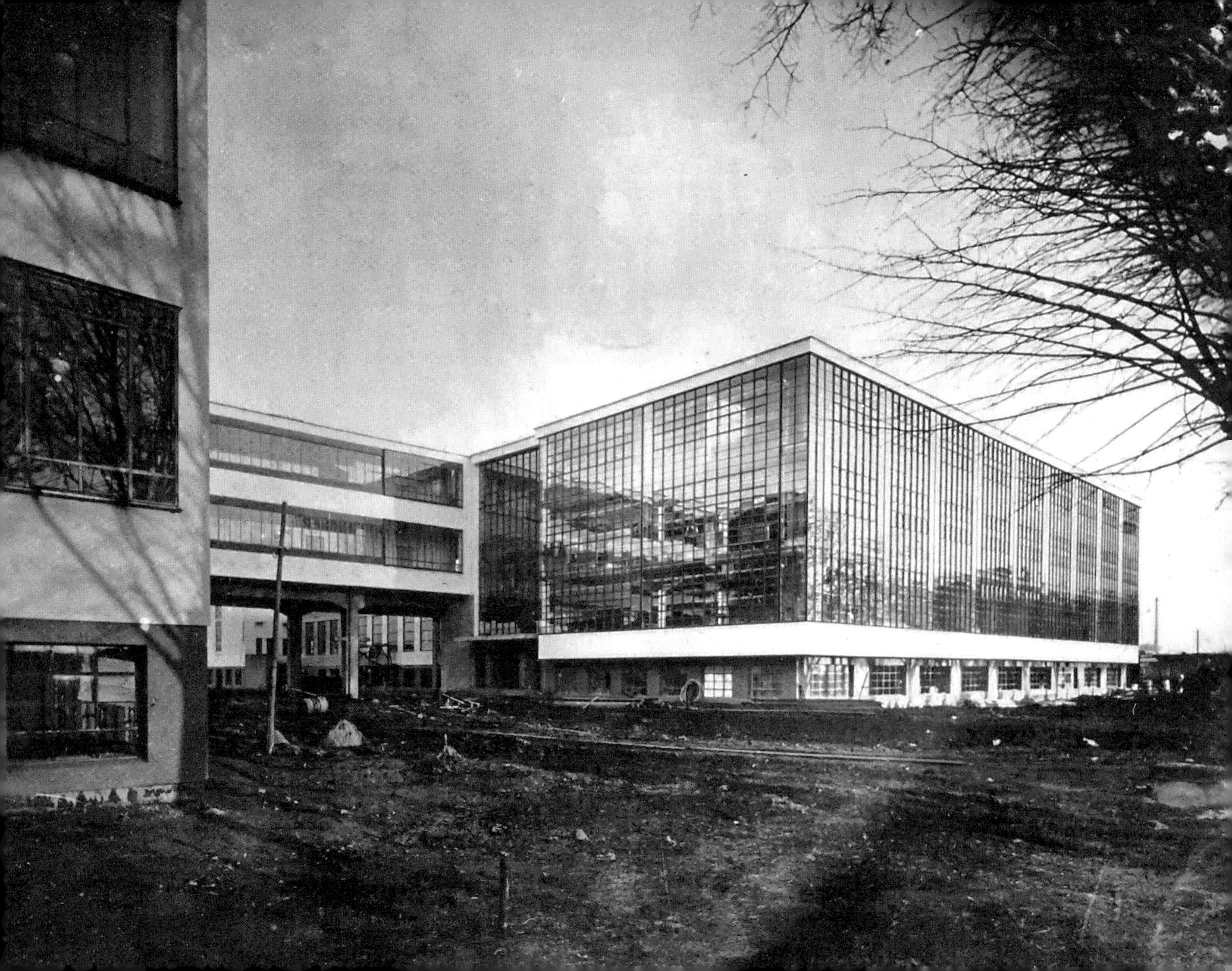

Gebäudehülle
Glasfassaden

Die Glasfassaden am Bauhausgebäude sind von grundlegender Bedeutung für die Architektur. Sie erfüllen nicht nur einen praktischen Zweck, sondern sind bestimmend für Charakter und Ästhetik des Gebäudes, das nicht zuletzt mit seiner einzigartigen Vorhangfassade maßgeblichen Einfluss auf die Architekturentwicklung im 20. Jahrhundert ausübte und bis heute fasziniert.

Im Zusammenhang mit der räumlichen Gliederung des Bauhausgebäudes ermöglichen die Glasfassaden vielschichtige Verbindungen zwischen den Gebäudeteilen sowie zwischen Innen- und Außenräumen: Einblicke von außen, Ausblicke von innen und Durchblicke zwischen den Gebäudeteilen. Öffentliche, halböffentliche und nichtöffentliche Bereiche verschmelzen dabei miteinander. Die Schnittstelle zwischen außen und innen wird insbesondere durch die äußerst filigranen Fensterkonstruktionen gebildet, denen damit eine herausragende Bedeutung im räumlichen und ästhetischen Konzept zukommt. Mit Transparenz und Reflexion der Glasoberflächen tragen diese Fassaden zur komplexen Verbindung der Raumebenen bei und sind charakteristische Elemente der Architektur. Die Auseinandersetzung mit Raum und seiner Gestaltung beschreibt Walter Gropius wie folgt: „ein verändertes raumempfinden, das das prinzip der bewegung, des verkehrs unserer zeit in einer auflockerung der baukörper und räume widerspiegelt, das die abschließende wand verneint und den zusammenhang des innenraums mit dem allraum zu erhalten sucht."

Bei der Gestaltung von Raum ermöglicht Glas mit seiner Transparenz nicht nur Durchsicht, sondern die Wahrnehmung von mehreren Raumebenen gleichzeitig. Die Reflexion auf den Glasflächen fügt mit Lichtreflexen ebenso wie mit Spiegelungen der Gebäudeteile und der Umgebung weitere Ebenen hinzu. Zudem werden die reflektierten Objekte durch die Glasscheiben auf unterschiedlichste Art und Weise verändert, insbesondere bei den beweglichen Teilen der Fensterkonstruktionen. Die Gleichzeitigkeit des Blicks auf die Fassade, des Einblicks in Innen- und Außenräume sowie der Betrachtung von gespiegelten Bereichen, die außerhalb des Gesichtsfeldes liegen, ermöglicht die Durchdringung verschiedener Raumrealitäten. Der Bauhausmeister László Moholy-Nagy umschreibt das folgendermaßen: „innen und außen durchdringen einander in der spiegelung der fenster. das auseinanderhalten der beiden ist nicht mehr möglich. die masse der wand, woran alles „außen" bisher zerbrach, hat sich aufgelöst und läßt die umgebung in das gebäude fließen." Die Glasfassaden als elementare Bestandteile der Architektur wollen innen und außen weniger trennen als vielmehr verbinden und zu einer neuen Wahrnehmung von Raum beitragen.

Das vielfältige Spiel von Licht und Schatten, das durch die Glasfassaden auf den weißen Putzflächen oder fugenlosen Fußböden entsteht, macht einen weiteren Reiz dieser besonderen Architektur aus. Im ständigen Wechsel der Lichteinstrahlung, der Tages- und der Jahreszeiten entstehen immer neue faszinierende Bilder, die auch den Außenraum durch Lichtreflexionen auf dem Asphalt einbeziehen.

Gropius legte daher großen Wert auf die Güte der Stahlkonstruktion für die Glasfassaden und auf die Qualität der Glasflächen selbst, für die er Kristallspiegelglas einsetzte. Dessen besondere Eigenschaft ist die verzerrungsfreie

70) Ansicht von Westen, 1926

71)

Durchsicht und Spiegelung, die durch einen aufwendigen Herstellungsprozess erreicht wurde, in dem das Material geschliffen und poliert wurde. Diese Glassorte war daher sehr teuer. Gropius konnte jedoch günstige Lieferbedingungen beziehungsweise die Stiftung von Material erreichen. Erich Blunck schreibt 1927 in der Deutschen Bauzeitung, dass „die Glaslieferung zu Vorzugspreisen erfolgte" und Ise Gropius notiert in ihrem Tagebuch: „besuch von professor schröter vom spiegelglasverband. sehr wichtige angelegenheit für uns. der bau gefiel sichtlich, und er sagte sogar das bisher nicht gestiftete spiegelglas für den bauhausteil des neubaus zu." Das heutige weiße Floatglas, das sich seit den 1960er Jahren verbreitete, weist ähnliche Eigenschaften auf und wird heute am Bauhaus eingesetzt.

71)
Glasfassaden, um 1927

72)
Transparenz und Reflexion
der Glasfassaden, 2021

73)
Licht und Schatten
im Werkstattflügel, 2018

72)

73)

74)
Montage der Vorhangfassade, 1926

75)
Ise Gropius auf der Baustelle im Werkstattflügel neben der Vorhangfassade, 1926

76)
Werkstattflügel mit Fragmenten der bauzeitlichen Vorhangfassade, 1970

Vorhangfassade

Die Vorhangfassade am Werkstattflügel bestand 1926 aus Stahl mit vertikalen Tragprofilen im Stützenraster, die an Attika und Brüstung mit Stahlblechen verankert und vor den Geschossdecken im Abstand von circa 10 cm gesichert waren. So wurde die vertikale Gliederung der Fassade betont und die Luft zirkulierte über alle Geschosse. Öffnungsflügel in den Flächen zwischen den Tragprofilen sind als Wendeflügel ausgebildet, pro Etage zu je zwei Doppelreihen von sechs beziehungsweise zehn Fenstern zusammengefasst und über Verschlussgestänge und Kettenrollen zu bedienen. Mit einem Handgriff ist damit eine sehr wirksame und gleichzeitig stufenlos zu regulierende Lüftung möglich.

Bei der Errichtung des Bauhausgebäudes war für Walter Gropius die Ausführung der Stahlkonstruktion für die Vorhangfassade besonders wichtig. Obwohl nur Dessauer Firmen den Zuschlag erhalten sollten, selbst wenn auswärtige Firmen preisgünstiger anboten, setzte er die Vergabe der Arbeiten an die Firma Norddraht (Nordische Eisen- und Drahtindustrie) aus Rostock durch. Gropius argumentierte, dass die kleineren Dessauer Firmen technisch kaum in der Lage seien, diesen speziellen Auftrag auszuführen. Zudem habe die Firma Norddraht nicht nur ein sorgfältig detailliertes Angebot ausgearbeitet, sondern auch Modellstücke eingereicht, die sich durch besonders exakte Ausführung auszeichneten. Die Firma führe die benötigten Profile am Lager und könne prompt liefern. Die Stadt stimmte der Vergabe an die Firma Norddraht zu. Bei der Vergabe eines weiteren Auftrags für Fenster am Bauhausgebäude gab Norddraht erneut das günstigste Angebot ab. Nachdem die unterlegene Firma Carl Köckert aus Dessau beim Bürgermeister die Vergabe an örtliche Firmen eingefordert hatte, wurde sie in diesem Fall mit der Fensterlieferung beauftragt.

Die Montage der Vorhangfassade stellte eine große Herausforderung dar, da mit dieser modernen Konstruktion keinerlei Erfahrungen vorlagen, wie ein Schriftwechsel zwischen dem Baubüro Gropius und der mit der Montage zunächst beauftragten Firma Robert Richter aus Dessau belegt. Der Inhaber verlangte die zusätzliche Vergütung für das notwendige Stemmen der Löcher und Zementieren der Steinschrauben zur Befestigung der Stahlkonstruktion am Stahlbeton, da es sich hier nicht um das Einsetzen von Fenstern handele, wie es durch Maurer üblicherweise übernommen werde, sondern um die Errichtung einer Eisenkonstruktion, die eine Schlosserarbeit darstelle. Die Kosten für zusätzliche Leistungen gestand das Büro Gropius der Firma nicht zu und beauftragte nach Beendigung der Auseinandersetzung wiederum Norddraht mit der Montage.

Die Flächen der Vorhangfassade, die zum herausragenden Merkmal des Bauhausgebäudes werden und weltweit Anerkennung erfahren sollte, wurden am Boden zu großen Elementen zusammengesetzt, gehisst und mit den Steinschrauben durch Halterungseisen verbunden. Der russische Schriftsteller Ilja Ehrenburg schrieb 1927 in der Frankfurter Zeitung über einen Besuch in Dessau: „als ich schließlich das ‚bauhaus' erblickte, das ganz aus einem stück gegossen zu sein scheint wie ein beharrlicher Gedanke, und seine Glaswände, die einen durchsichtigen Winkel bilden, mit der luft

77)
Aufmaßzeichnung eines
Fragments der bauzeitlichen
Vorhangfassade, 1975

78)
Fragmente der Vorhang-
fassade vor dem Bauhaus-
gebäude, 1976

verfließend und doch von ihr getrennt durch einen exakten willen – da blieb ich unwillkürlich stehen. das war kein staunen angesichts einer sinnreichen erfindung, nein es war einfach bewunderung."

Am Gebäude befindet sich heute ein Nachbau der Vorhangfassade, der bei der Rekonstruktion 1976 entstand und nach der 1945 erfolgten Zerstörung die architektonische und räumliche Wirkung des Bauhauses wieder erlebbar macht. Der Vergleich der historischen Unterlagen mit der 1976 entstandenen Fassade weist bei genauer Betrachtung Abweichungen in Material und Farbe auf, da 1976 Aluminium statt Stahl verwendet wurde und die Profile nicht mit grauer beziehungsweise weißer Farbe gestrichen, sondern nun innen und außen schwarz eloxiert waren. Zudem sind abweichende Profilabmessungen und Veränderungen an den Öffnungsmechanismen festzustellen. Leider ging das letzte Stück der bauzeitlichen Vorhangfassade bei den Arbeiten 1976 verloren, sodass sich die originale Konstruktion heute nur anhand von Schwarz-Weiß-Fotos belegen lässt. Bauzeitliche Detailzeichnungen sind bisher ebenso wenig vorhanden wie detaillierte Aufmaßzeichnungen der bis 1976 erhaltenen Fassadenelemente (mit Ausnahme einer Detailskizze von 1975).

Der 1975 planende Architekt Wilhelm Schulze setzte als Material für die Fassade anthrazitfarben eloxiertes Aluminium gegenüber dem zunächst vorgesehenen Stahl durch und führte die folgenden Argumente an: Es seien keine Unterhaltsarbeiten kontinuierlich erforderlich, der Bauablauf sei vereinfacht und eine Herstellung in einem örtlichen Betrieb kurzfristig möglich. Nachdem entschieden worden war, auf eine Ausführung der Verglasung als Thermoglas, das für Aluminiumprofile zu schwer gewesen wäre, zu verzichten, konnte diese Konstruktion eingesetzt werden. Die damals zuständigen Denkmalbehörden maßen der Abweichung gegenüber der bauzeitlichen Konstruktion geringe Bedeutung bei. Der ursprünglich vorhandene Spalt zwischen Geschossdecke und Vorhangfassade wurde 1976 geschlossen, sodass die vertikale Gliederung der Fassade nun zusätzlich eine horizontale Gliederung hat.

Ein 1999 angefertigtes Gutachten zum technologischen Zustand der Vorhangfassade bestätigte, dass deren Qualität die Instandhaltung und langfristige Sicherung unter der Voraussetzung kontinuierlicher Pflege zulässt. Mit der Vorhangfassade von 1976 wird so auch ein wichtiges Zeugnis der damaligen Rekonstruktion bewahrt. Die seither stetig notwendige Instandhaltung umfasst die Bearbeitung von Rostschäden an den Blechen, mit denen die Glasfassade an die Massivkonstruktion angeschlossen ist, sowie den Ersatz fehlender Teile an den Tragprofilen und den Verschluss offener Fugen. Die Glasscheiben werden nach Bedarf neu verkittet, die beweglichen Teile mit Dichtungen versehen, und die Funktionstüchtigkeit der Verschlussgestänge wird gewartet. Sofern Glasscheiben zu ersetzen sind, wird weißes Floatglas eingesetzt

Zugunsten der einheitlichen Erscheinung des Bauhausgebäudes hat der Anstrich der Metallkonstruktion die gleiche Farbigkeit, die an sämtlichen bauzeitlichen Fenstern restauratorisch durch Befunde gesichert wurde: innen weiß und außen grau. Auch wenn die Schließung des Spalts zwischen Geschossdecke und Vorhangfassade eine ästhetische Beeinträchtigung darstellt, bleibt dieser Zustand aus Brandschutz- und Schallschutzgründen vorerst erhalten.

Aktuelle Beobachtungen an der Vorhangfassade weisen auf neuere Veränderungen hin, die möglicherweise im Zusammenhang mit den Folgen des Klimawandels wie zunehmender Hitze und stärkeren Stürmen auftreten. Es werden daher erneut detaillierte Untersuchungen und Analysen begonnen.

79)

80)

81)

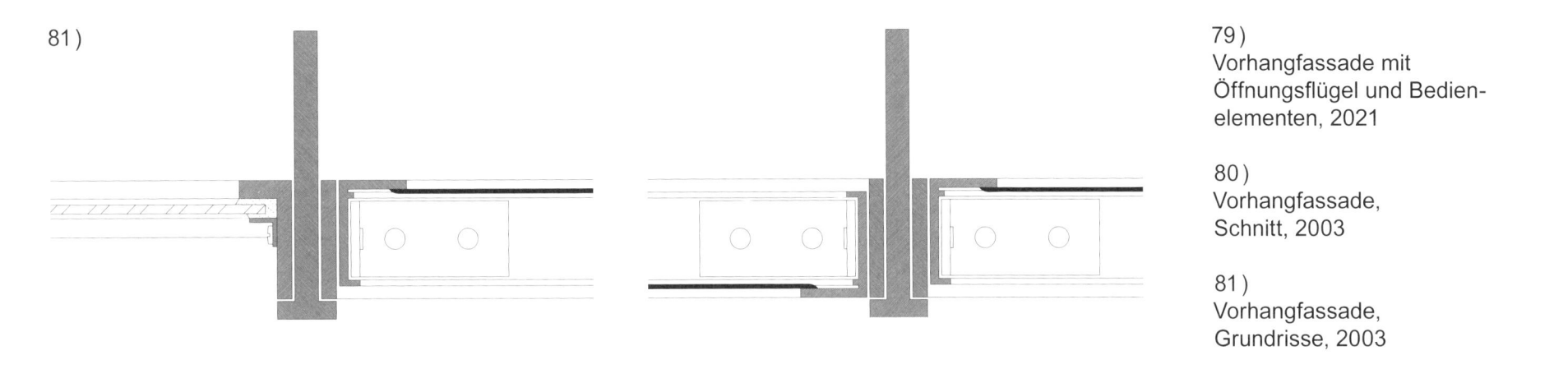

79) Vorhangfassade mit Öffnungsflügel und Bedienelementen, 2021

80) Vorhangfassade, Schnitt, 2003

81) Vorhangfassade, Grundrisse, 2003

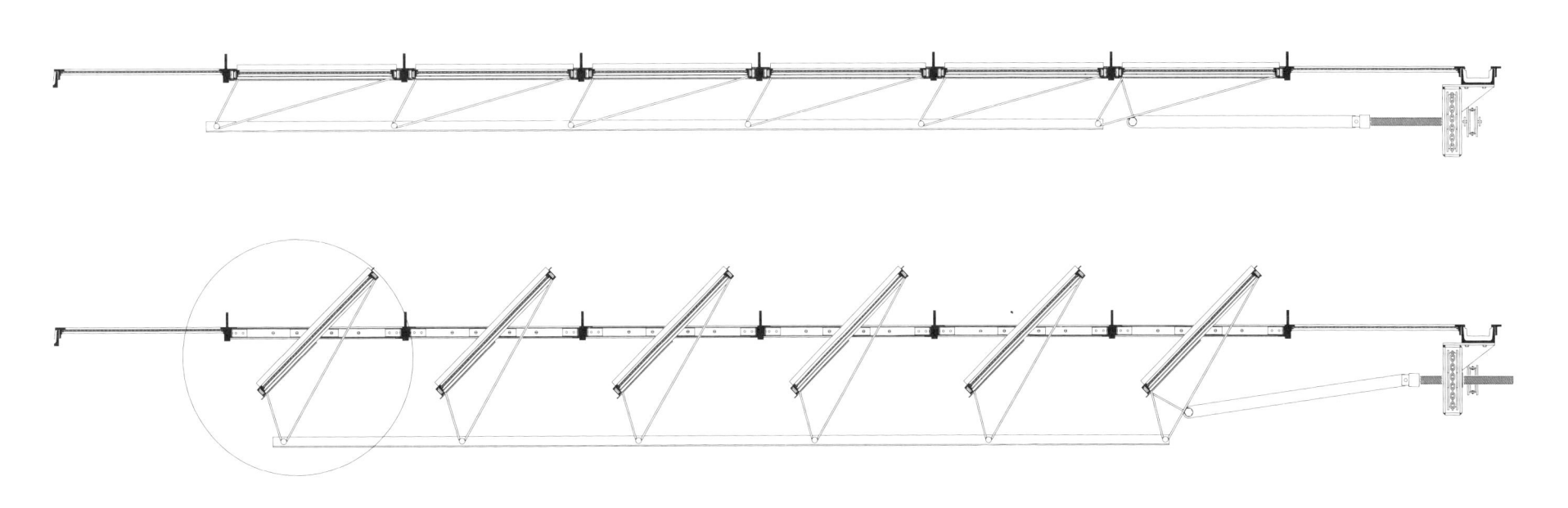

82)

Weitere Fenster

Neben der Vorhangfassade ließ Walter Gropius am Bauhausgebäude weitere Fenster einsetzen, die sich hinsichtlich Größe, Lage und Befestigung in der Wand sowie Öffnungsmechanismen unterscheiden. Fenster aus der Erbauungszeit sind am Gebäude nur noch in wenigen Bereichen erhalten, zum Beispiel in der Festebene, den Sockelgeschossen von Nordflügel und Werkstattflügel oder im südlichen Treppenhaus.

Eine besondere Rolle spielt die große Glasfassade an der Südseite des Treppenaufgangs am Werkstattflügel. Sie wurde nicht, wie noch 1930 von Walter Gropius publiziert, mit der kleinteiligen Gliederung der Werkstattfassade versehen, sondern besteht aus drei ungeteilten Glasplatten mit einer Größe von jeweils gut 3 × 4 Metern sowie zwei schmalen Glasbändern auf Höhe der Geschossdecken. Innerhalb des Gebäudes befinden sich diese Glasfassaden in prominenter Lage direkt gegenüber dem Haupteingang im Vestibül des Erdgeschosses wie der oberen Geschosse. Sie konfrontieren die Eintretenden unmittelbar mit den architektonischen Möglichkeiten, welche die modernen Baustoffe Beton, Glas und Stahl bieten, vermitteln das Thema der Durchdringung von Innen- und Außenraum und rahmen den Blick auf den Werkstattflügel, das „Laboratorium der Ideen" mit der Vorhangfassade als wichtigem Element des Gebäudes. Diese Fenster wurden bei dem Luftangriff im Zweiten Weltkrieg zerstört und bei der Rekonstruktion 1976 wiederhergestellt.

Die Festebene im Bauhausgebäude ist ebenfalls mit einer besonderen Fensteranlage ausgestattet, die Adolf Schneck 1932 publiziert. Die Form der Fenster ist hochrechteckig und sie werden in der Fassade durch die graue Farbfassung der Pfeiler zwischen den Fenstern außen zu einem horizontalen Fensterband zusammengefasst. Es handelt sich um Einzelfenster mit je vier gekuppelten Schwingflügeln. Über Stellräder, Antriebstangen und Fenstergestänge sind je drei beziehungsweise vier Fenster, also 12 oder 16 Fensterflügel verbunden und können gleichzeitig bewegt werden. Die Öffnung der Fenster ist auf diese Weise äußerst effektiv und stufenlos möglich. Sie wurden durch die Firma Norddraht, die im Bauwelt Katalog 1929 mit diesen Fenstern der Festebene wirbt, hergestellt. Am Bauhausgebäude sind diese Fenster noch aus der Erbauungszeit 1926 erhalten und werden mithilfe sorgfältiger Restaurierung langfristig bewahrt.

Weitere Fenster am Bauhausgebäude, die die Ansichten des Gebäudes maßgeblich bestimmen, sind als vor der Fassade liegende, an Stahlprofilen befestigte Fensterbänder im Nordflügel und an der Brücke ausgebildet. Sie waren 1926 mit großem Drehflügel und unten einem kleinen Kippflügel mit Basküleverschlüssen sowie oben einem kleinen Klappflügel mit Gestänge ausgestattet. Das Glas der nach innen öffnenden Fenster wurde durch Kittfalze gehalten. Ähnlich sind die in der Fassade liegenden Fenster auf der Westseite der Brücke ausgebildet. In den Sockelgeschossen und der Südseite des Werkstattflügels sind kleinere Fenster eingesetzt, die über Drehflügel mit Basküleverschlüssen zu schließen sind. Im Atelierhaus kam eine Variante zum Einsatz, die mit einem großen ungeteilten Drehflügel sowie zwei kleineren Kipp- beziehungsweise Klappflügel ausgestattet war. Darüber hinaus wurden Sonderformate verwendet. Die Vielzahl unterschiedlicher Fenster entspricht den jeweiligen Funktionen oder gestalterischen Absichten und ist ein bestimmendes Merkmal der Fassadengestaltung des Bauhausgebäudes.

Der überwiegende Teil der bauzeitlichen Stahlfenster an Nordflügel, Brücke und Atelierhaus wurde bei der Rekonstruktion 1976 aus dem Gebäude entfernt. Zum gleichen Zeitpunkt, an dem die nicht mehr vorhandene Vorhangfassade rekonstruiert wurde, wurden also vorhandene bauzeitliche Fenster entfernt, entsorgt und durch Nachbauten aus Stahl in vereinfachter Form ersetzt. Die Ansicht blieb auf den ersten Blick erhalten. Auf den zweiten Blick zeigt sich ein anderes Konstruktionsprinzip bei den Profilen und eine veränderte Funktion bei den Öffnungsmöglichkeiten. Die Scheiben sind nicht verkittet, sondern mit Metallwinkeln gehalten, und es wurden andere Beschläge eingesetzt. Durch den Verzicht auf den Drehflügel ändert sich nicht nur die Funktion, sondern auch die Ansicht infolge der fehlenden Profilierung bei geschlossenem Fenster. Zudem waren diese Fenster nicht entsprechend dem bauzeitlichen Vorbild innen weiß und außen grau, sondern innen und außen schwarz gefasst. Es ergibt sich also im Detail eine deutliche Abweichung von den bauzeitlichen Fenstern. Dieser direkte und genaue Vergleich ist möglich, da einige der bauzeitlichen Fenster am Gebäude oder im Bauforschungsarchiv erhalten sind. In den Sockelgeschossen wurden die bauzeitlichen Fenster in Atelierhaus und Zwischenbau durch vereinfachte Nachbauten mit veränderter Sprossenteilung ersetzt.

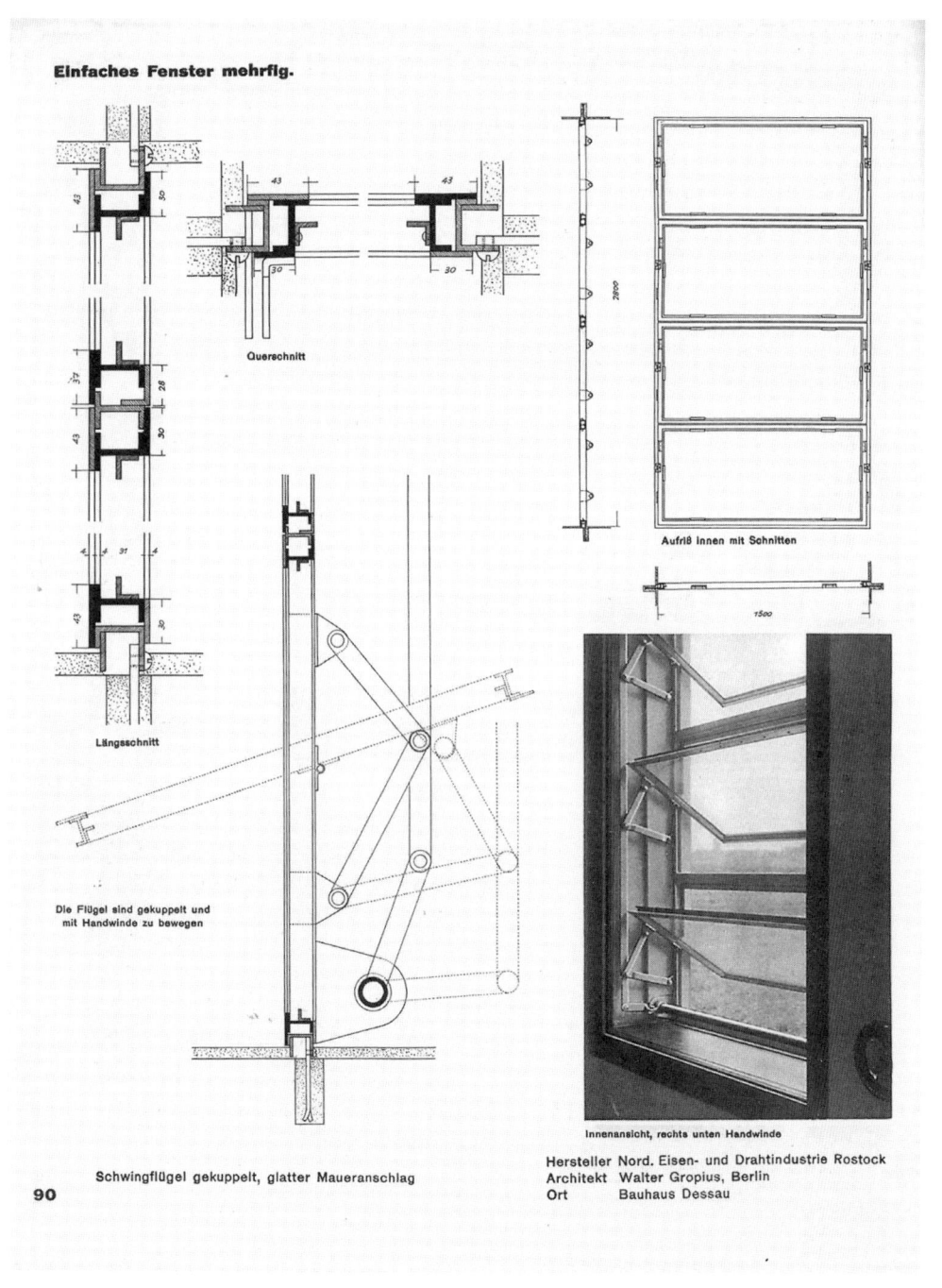

Die 1976 entstandenen Nachbauten stellen trotz der beschriebenen Abweichungen vom bauzeitlichen Original keine grobe Entstellung des Gebäudes dar und werden, auch als Zeugnisse der 1976er-Rekonstruktion, instandgehalten, indem rostige Stellen bearbeitet und fehlende Teile ergänzt werden. Zugunsten der Gesamtwirkung des Bauhausgebäudes werden sie entsprechend den Befunden an den bauzeitlichen Fenstern innen mit weißer und außen mit grauer Farbe gestrichen. Sofern einige dieser Fenster so stark beschädigt sind, dass die Instandhaltung nicht möglich ist, werden sie durch Nachbauten nach bauzeitlichem Vorbild ersetzt. So waren zum Beispiel im Jahr 2000 die unteren Segmente der an das Dach über dem Zwischenbau grenzenden, 1976 gebauten Fenster in Brücke und Atelierhaus verkürzt. Da die Ergänzung der fehlenden Teile im Rahmen einer Instandhaltung der Fenster nicht möglich war, die umfassende Restaurierung von Fenstern aber dem Bestand von 1926 vorbehalten bleibt, wurden die beschädigten Fenster ausgebaut und durch Rekonstruktionen der bauzeitlichen Fenster ersetzt.

82)
Glasfassaden an Brücke und Zwischenbau, 2021

83)
Fenster in der Festebene, 1926

84 a)
Fensterdetails
Sockelgeschoss
Nordflügel, 1926

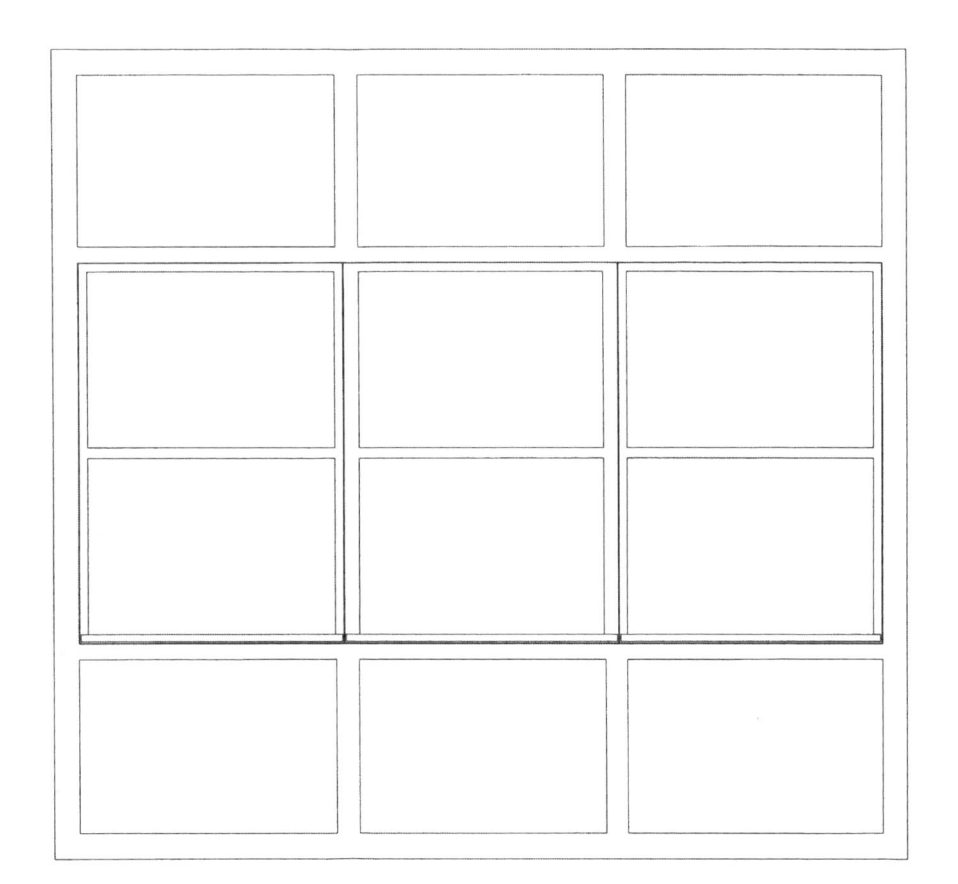

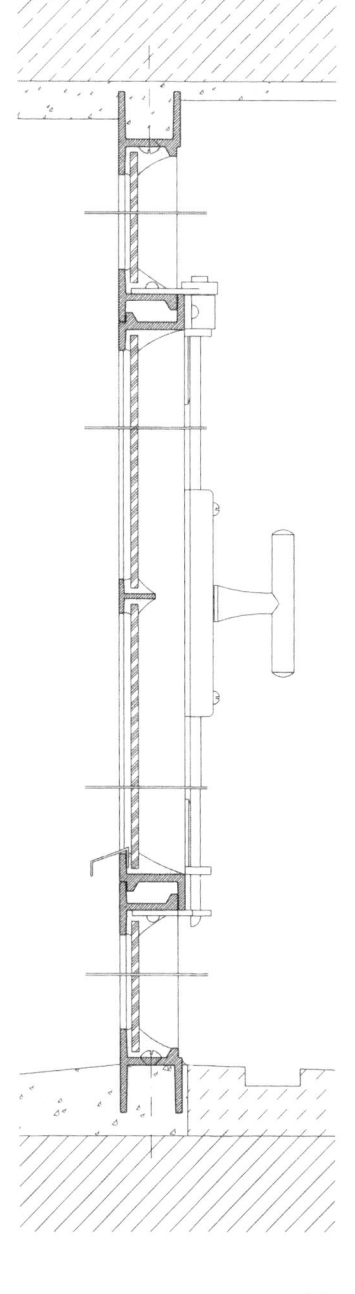

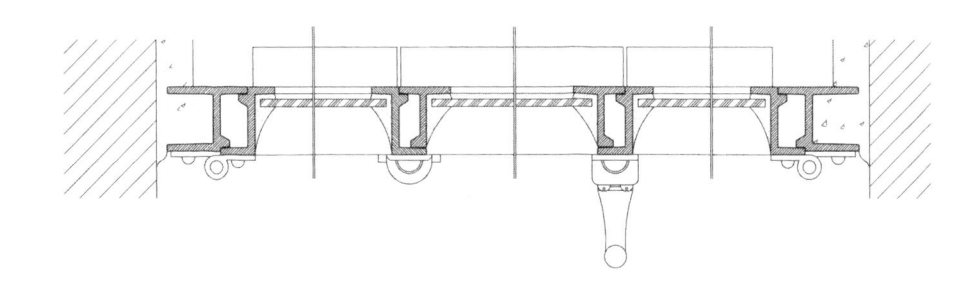

DETAIL I   DETAIL II

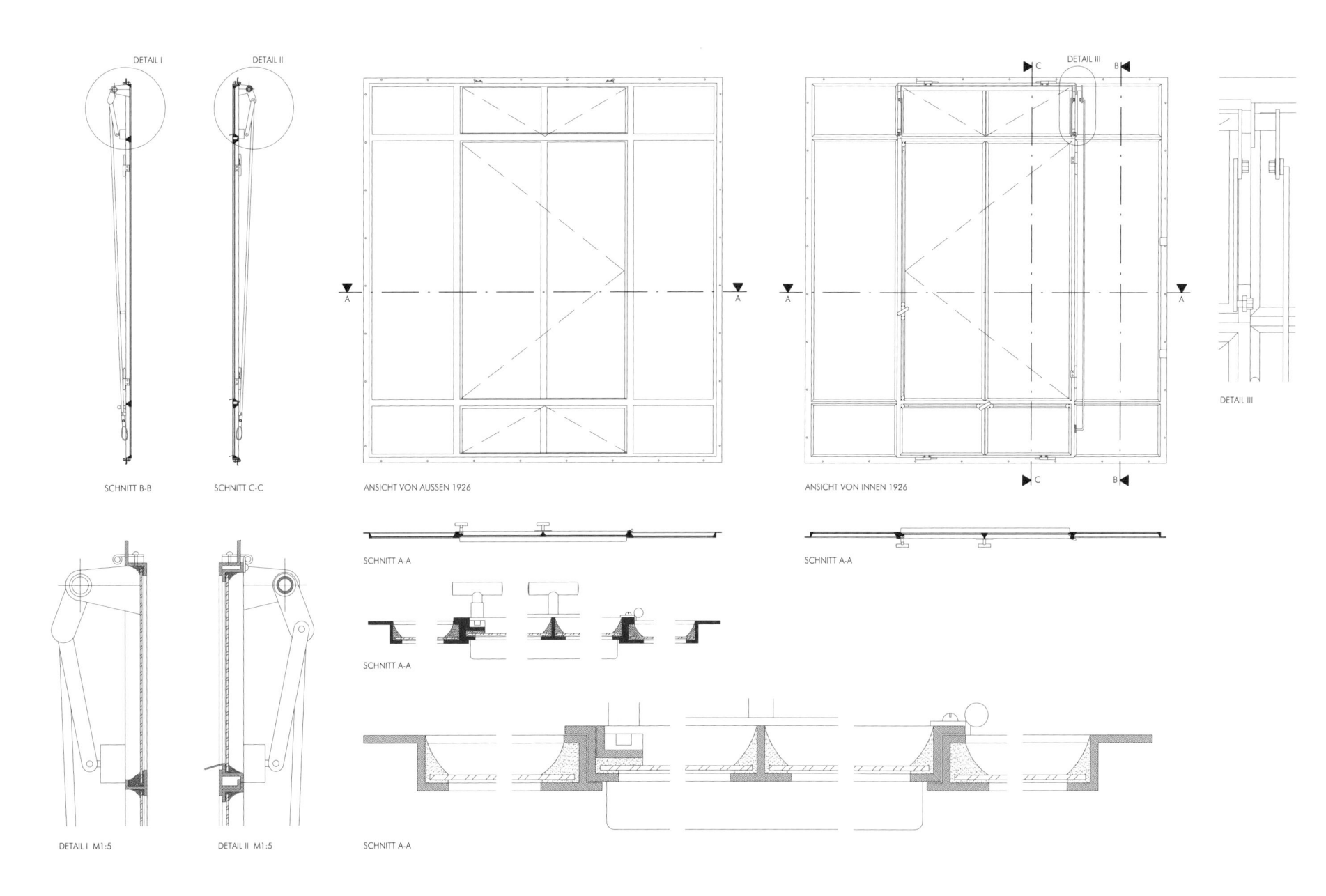

SCHNITT B-B   SCHNITT C-C   ANSICHT VON AUSSEN 1926   ANSICHT VON INNEN 1926

DETAIL III

SCHNITT A-A   SCHNITT A-A

SCHNITT A-A

DETAIL I M1:5   DETAIL II M1:5   SCHNITT A-A

84 b)
Fensterdetails
Brücke, 1926

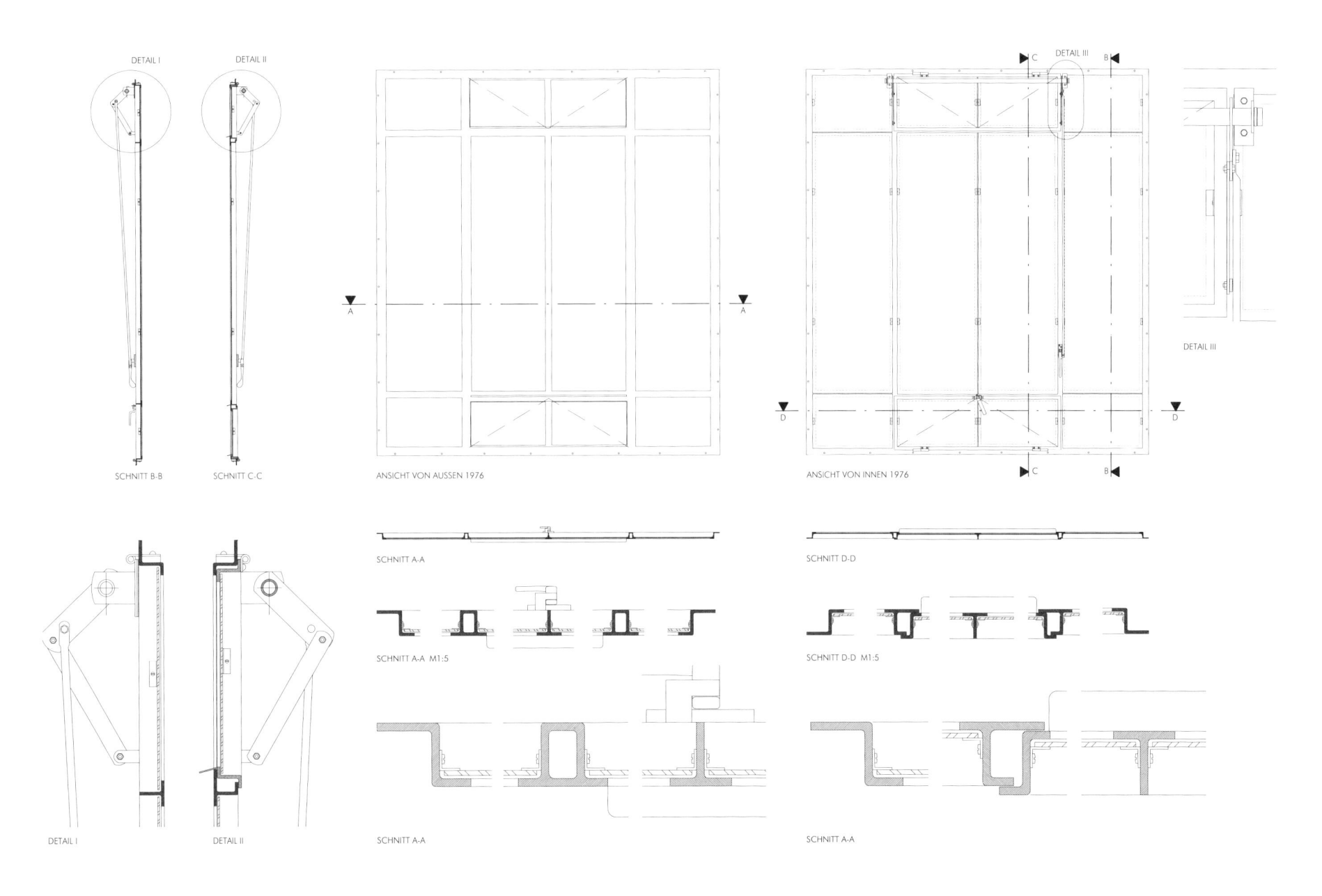

84 c)
Fensterdetails
Brücke, 1976

85)

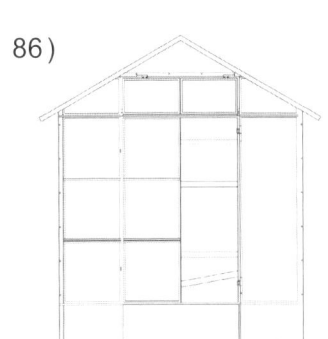

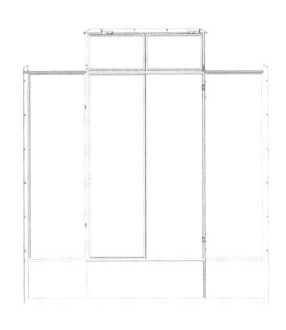

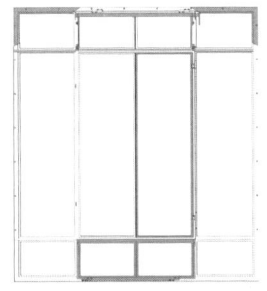

85)
Gartengewächshaus
aus bauzeitlichen Bauhausfenstern, 2001

86)
Restaurierung eines Fensters
aus dem Gartengewächshaus,
2001; oben: Giebelansicht,
mittig: Fenster unvollständig,
unten: Fenster ergänzt

Wiederentdeckung bauzeitlicher Fenster

Später wurden verloren geglaubte originale Fenster von 1926 wiederentdeckt. Diese waren 1976 ausgebaut worden und hatten in der Zwischenzeit Verwendung an Gartengewächshäusern gefunden. Nach Dokumentation und Abbau der Gewächshäuser wurden die darin verbauten bauzeitlichen Fenster zeichnerisch und fotografisch dokumentiert, sorgfältig restauriert und wieder im Gebäude eingebaut. Das Beispiel macht deutlich, wie sehr der Umgang mit Bauteilen nicht nur von bautechnischen Aspekten, sondern auch von der Bewertung der Bauteile und ihrer Erhaltenswürdigkeit abhängt: Galten die Fenster 1976 als nicht zu erhalten und zu entsorgen, wurden genau diese gleichen Fenster 2001 sorgfältig restauriert.

Reduzierung von Energieverlusten

Als ein Bestandteil der 2009–2015 durchgeführten Maßnahmen zur Reduzierung der Energieverluste am Bauhausgebäude wurde ein Teil der 1976 entstandenen vereinfachten Nachbauten durch neue Fenster mit thermisch getrennten Stahlprofilen und einer Isolierverglasung ersetzt. Die unterschiedlichen Anforderungen wurden zunächst im Rahmen einer Wertebilanz mit Beiträgen von Brenne Architekten, Transsolar, dem Zentrum für Umweltbewußtes Bauen und der Stiftung Bauhaus zusammenhängend untersucht und bewertet. Am Anfang standen die Analyse und Bewertung der Glasflächen aufgrund ihrer kulturellen, historischen und ästhetischen Bedeutung für das Gebäude und die Einteilung in unterschiedliche Kategorien nach Entstehungszeit, historischer Relevanz und Bedeutung für das Erscheinungsbild. Auf dieser Grundlage wurde festgelegt, welche Glasflächen mit den vorhandenen Profilen und Verglasungen zu erhalten sind, an welchen Glasflächen Veränderungen möglich sind und was bei Veränderungen zu berücksichtigen ist. Detaillierte Berechnungen wiesen nach, wie und in welchen Bereichen mit einer Erneuerung der Fenster durch thermisch getrennte Profile mit Isolierverglasung erhebliche Einsparungen des Energieverbrauchs möglich sind. Schließlich wurden Bereiche im Gebäude für mögliche Veränderungen festgelegt, die mit den 1976 entstandenen vereinfachten Nachbauten ausgestattet waren. Indem die geplanten Veränderungen auf ausgewählte Bereiche begrenzt sind, soll zur langfristigen Erhaltung der historischen Glasflächen in den anderen Bereichen beigetragen werden.

Für die ausgewählten Bereiche an der Nord- und Westfassade des Nordflügels sowie der Ostfassade des Atelierhauses wurden Fenster entwickelt, die zu einer Reduzierung der Energieverluste beitragen und gleichzeitig mit der kulturellen Bedeutung und ästhetischen Wirkung verträglich sind. Diese Nachbauten weisen in der Ansicht die gleichen Profilbreiten wie die historischen Fenster auf, haben die gleiche Einteilung, mit Kipp-, Klapp- und Drehflügel die gleichen Funktionen und mit Gestänge sowie Basküleverschlüssen die gleichen Beschläge. In Anlehnung an das bauzeitlich verwendete Kristallspiegelglas wurde weißes Floatglas als Isolierglas eingesetzt. Auf eine zusätzliche energiesparende Beschichtung der Gläser wurde verzichtet, da diese die Ansichten zu sehr verändern würde. Diese Fenster unterscheiden sich von den bauzeitlichen hauptsächlich durch die Tiefe der thermisch getrennten Profile, die durch ihre Schwere auch die Handhabung verändern, sowie durch die Isolierverglasung, die bei genauer Betrachtung die doppelte Spieglung zeigt und mit ihrer Dichtigkeit die Raumwahrnehmung verändert.

Mit der Erneuerung der Fenster ist ein Verlust an Denkmalwert verbunden. Das betrifft beispielsweise Abweichungen der Profiltiefe gegenüber den bauzeitlichen Fenstern, die veränderte Handhabung der schwereren Fensterflügel, die veränderte Ansicht des Gebäudes bezüglich Transparenz, Reflexion und Farbigkeit der Glasscheiben und insgesamt den Verlust der sinnlichen Erfahrung der historischen Situation. In der Wertebilanz stehen den räumlich begrenzten Verlusten an Denkmalwert jedoch Gewinne gegenüber. Neben der Reduzierung der Energieverbräuche und der Verbesserung des Nutzungskomforts sind hier die Annäherung an das bauzeitliche Erscheinungsbild durch Profile und Öffnungsmechanismen (im Unterschied zu den 1976er-Fenstern) und insbesondere die langfristige Sicherung der Bausubstanz zu nennen.

Ein Teil der ausgebauten, 1976 entstandenen Nachbauten wird im Bauforschungsarchiv der Stiftung Bauhaus bewahrt, ein weiterer Teil dieser Fenster fand erneute Verwendung im Projekt „bauhaus reuse" und wird für temporäre Pavillons in Berlin eingesetzt.

Besondere Aufmerksamkeit und Sorgfalt gilt der Erhaltung der wenigen vorhandenen bauzeitlichen Fenster am Bauhausgebäude. Sie werden sorgfältig restauriert, das heißt es werden Kittfalze erneuert, beschädigte Glasscheiben durch 5 Millimeter starkes weißes Floatglas ersetzt, lose Farbschichten entfernt, Roststellen bearbeitet, fehlende Teile ergänzt, verzogene Lüftungsflügel wieder gerichtet und alle beweglichen Teile gereinigt und geölt. Schließlich erhalten die Fenster einen Anstrich aus Alcydharzfarbe auf einem Korrosionsschutz. Da die großen Glas- und Fensterflächen für das Bauhausgebäude bestimmende Elemente sind, ist mit Ausnahme der klar definierten Bereiche für Fenster zur Reduzierung der Energieverluste die Verwendung von Einfachverglasung festgelegt, um Profilierungen, Spiegelungen, Reflexionen und Blickverbindungen zu erhalten. So kann sich die komplexe Wirkung der Glasfassaden ungestört entfalten.

Der Umgang mit den Fenstern am Bauhausgebäude ist auch ein Beispiel für den Wandel der Anforderungen aus der Nutzung des Gebäudes und der denkmalpflegerischen Haltung in den vergangenen Jahrzehnten. Wurden 1976 bauzeitliche Fenster nicht repariert, sondern durch vereinfachte Nachbauten ersetzt, so liegt heute äußerste Priorität auf Sicherung und Erhaltung der bauzeitlichen Substanz. Das Ziel ist heute nicht nur die Wiederherstellung der künstlerischen Wirkung, sondern auch die Bewahrung des Denkmals in seiner Materialität und als geschichtliches Zeugnis. Auf der anderen Seite hat die Notwendigkeit der Auseinandersetzung um die Reduzierung des Energieverbrauchs – nicht zuletzt im Hinblick auf den Klimawandel – auch denkmalpflegerische Kompromisse erfordert. Dies führte nach Abschluss eines sorgfältigen und intensiven Abwägungsprozesses innerhalb eines Gesamtkonzepts zu weiteren Veränderungen an nichtbauzeitlichen Fenstern. Am Gebäude stehen heute bauzeitliche Fenster von 1926, 1976 entstandene Nachbauten, im Jahr 2000 rekonstruierte Fenster sowie energiesparende Fenster aus den Jahren 2012–2014 nebeneinander. Die Ziele bei der Sanierung der Fenster sind ebenso vielschichtig wie bei der Sanierung anderer Bereiche des Gebäudes. Sie umfassen Restaurierung und Rekonstruktion von bauzeitlichen Fenstern, Instandhaltung von Nachbauten aus der Rekonstruktion 1976 einschließlich der Vorhangfassade sowie die Neufassung mit thermisch getrennten Stahlprofilen und Isolierverglasung. Die einheitliche Farbfassung nach bauzeitlichem Vorbild lässt die Unterschiede zugunsten der Gesamtwirkung zurücktreten, sodass bei genauer Betrachtung ein Stück der Geschichte des Bauhauses erkennbar bleibt und sich gleichzeitig die Wirkung des leichten und eleganten bauzeitlichen Erscheinungsbildes entfalten kann.

1
Gropius 1930 (1997), S. 135.

2
Moholy-Nagy 1929 (2001), S. 221.

3
Blunck 1927, S. 153.

4
Ise Gropius, Tagebucheintrag von 6.6.1926, unveröffentlichtes Dokument im Bauhaus-Archiv Museum für Gestaltung Berlin; zit. nach Rehm 2005, S. 34.

5
Stadtarchiv Dessau, SB 1, fol. 37f.

6
Stadtarchiv Dessau, SB 1, fol. 58f.

7
Stadtarchiv Dessau, SB 1, fol. 139ff.

8
Ehrenburg 1927, S. 80.

9
Wilhelm Schulze, Bauhaus Dessau – Werkstattgebäude. Vorhangfassade, Aufmass eingemauertes Restelement SO Seite. Grundlage für Restaurierung. Dezember 1976, unveröffentlichtes Dokument im Bauforschungsarchiv der Stiftung Bauhaus Dessau.

10
Wilhelm Schulze war für den Volkseigenen Betrieb Industrieprojektierung Dessau (VEB Ipro) für die Planung der Rekonstruktion 1976 verantwortlich.

11
Wilhelm Schulze, Schreiben vom 2.12.1975, unveröffentlichtes Dokument im Bauforschungsarchiv der Stiftung Bauhaus Dessau.

12
„Dabei erscheint es von geringerer Bedeutung, daß als Material für die Konstruktion Profile aus Leichtmetall statt aus Eisen verwendet werden." Berger 1976/I, S. 725.

13
MFPA 1999.

14
Gropius 1930 (1997), S. 36.

15
Schneck 1932, S. 90.

16
Die Firma Norddraht lieferte auch Fenster und Eingangstüren für die Siedlung Dessau-Törten, Abschnitt Sietö I-1926.

17
Bauweltkatalog 1929/30, S. 1035.

18
Markgraf/Weisbach 2011.

19
Brenne/Nickmann/Mathijssen/Weller/Reich 2012, S. 348–363.

20
Vgl. www.bauhaus-reuse.de (6.5.2021).

21
Die Planung der Restaurierung und Rekonstruktion von bauzeitlichen Fenstern erfolgte durch Brambach und Ebert Architekten, Halle/Saale und Pfister Schiess Tropeano Architekten, Zürich.

22
Die Planung der energiesparenden Fenster erfolgte durch Brenne Architekten, Berlin.

87)
Einbau der neuen Fenster zur Reduzierung der Energieverluste, 2013

88)
Pavillon aus Bauhausfenstern, die 1976 nachgebaut und 2013 bei Sanierungsarbeiten ausgebaut wurden, 2015

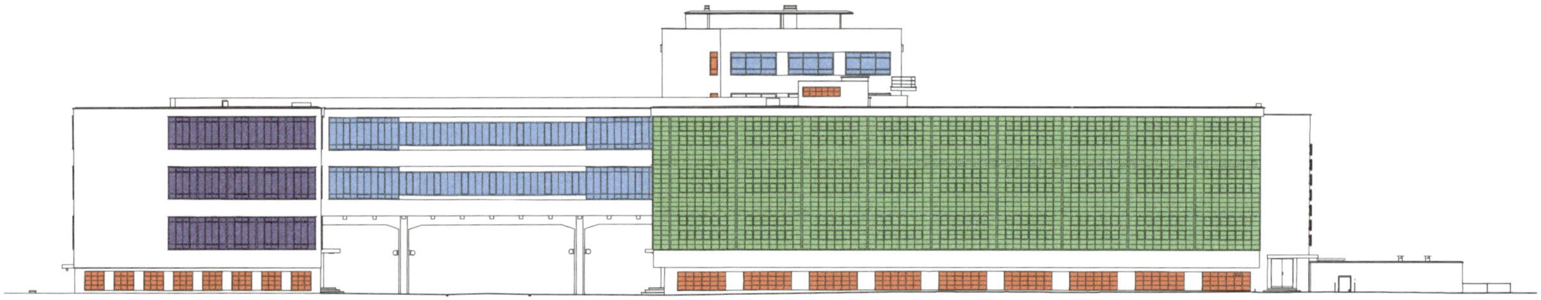

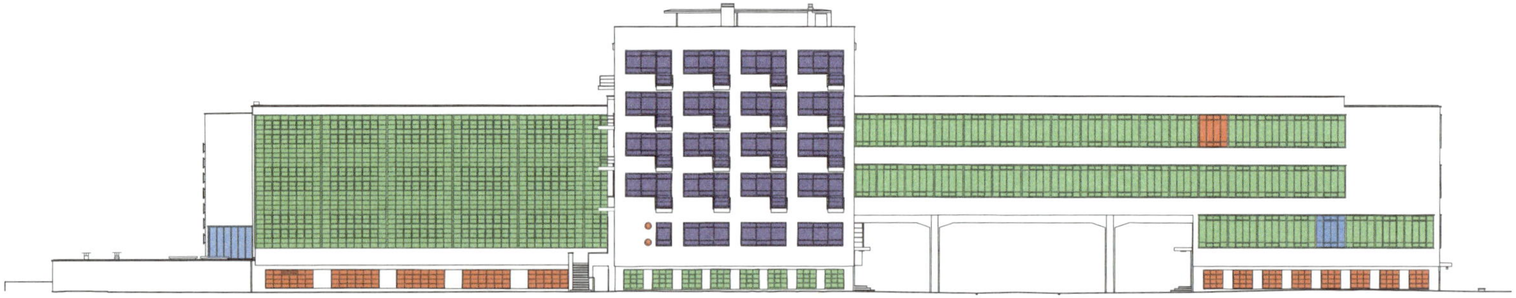

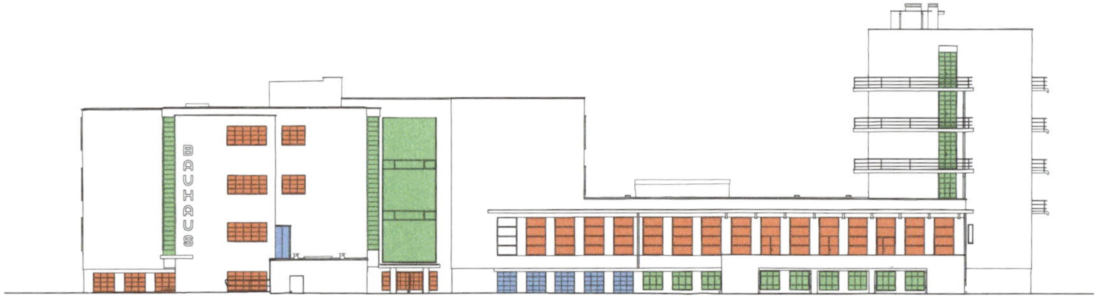
BAUHAUS

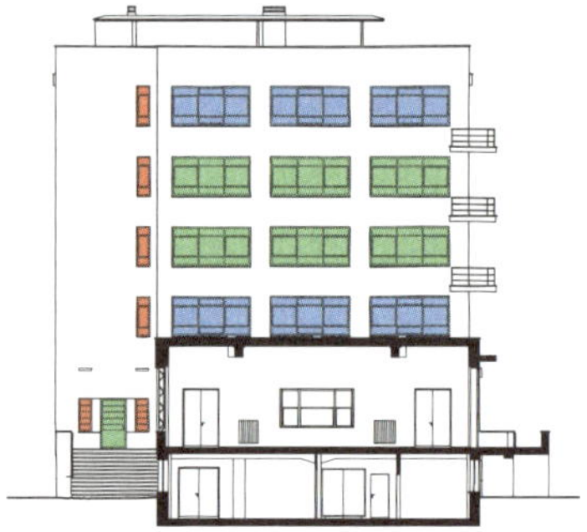

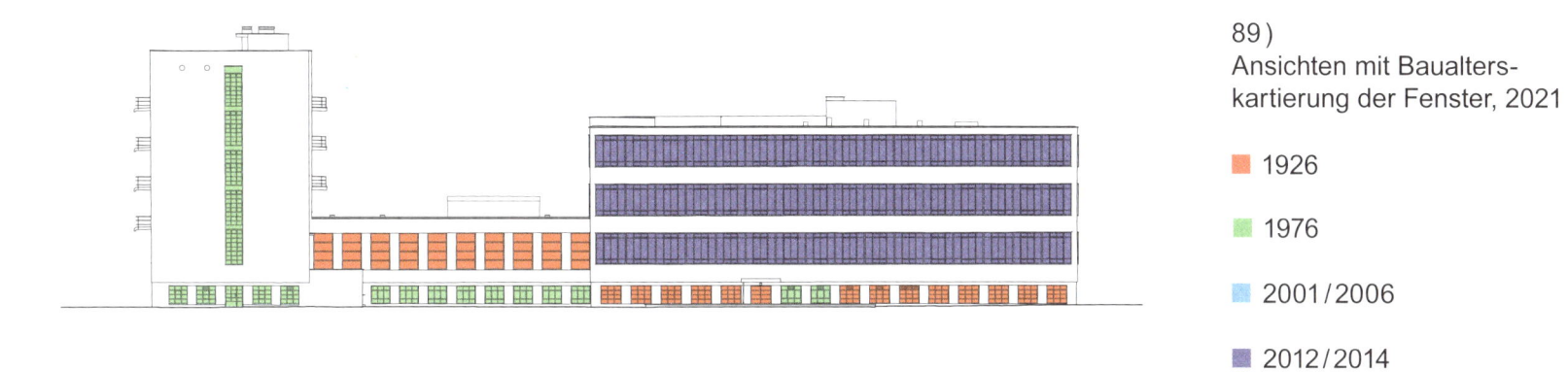

89)
Ansichten mit Baualters-
kartierung der Fenster, 2021

■ 1926

■ 1976

■ 2001 / 2006

■ 2012 / 2014

90)
Fenster im Vergleich

Ansicht von außen,
daneben Details:
oben 1926, Mitte 1976,
unten 2011

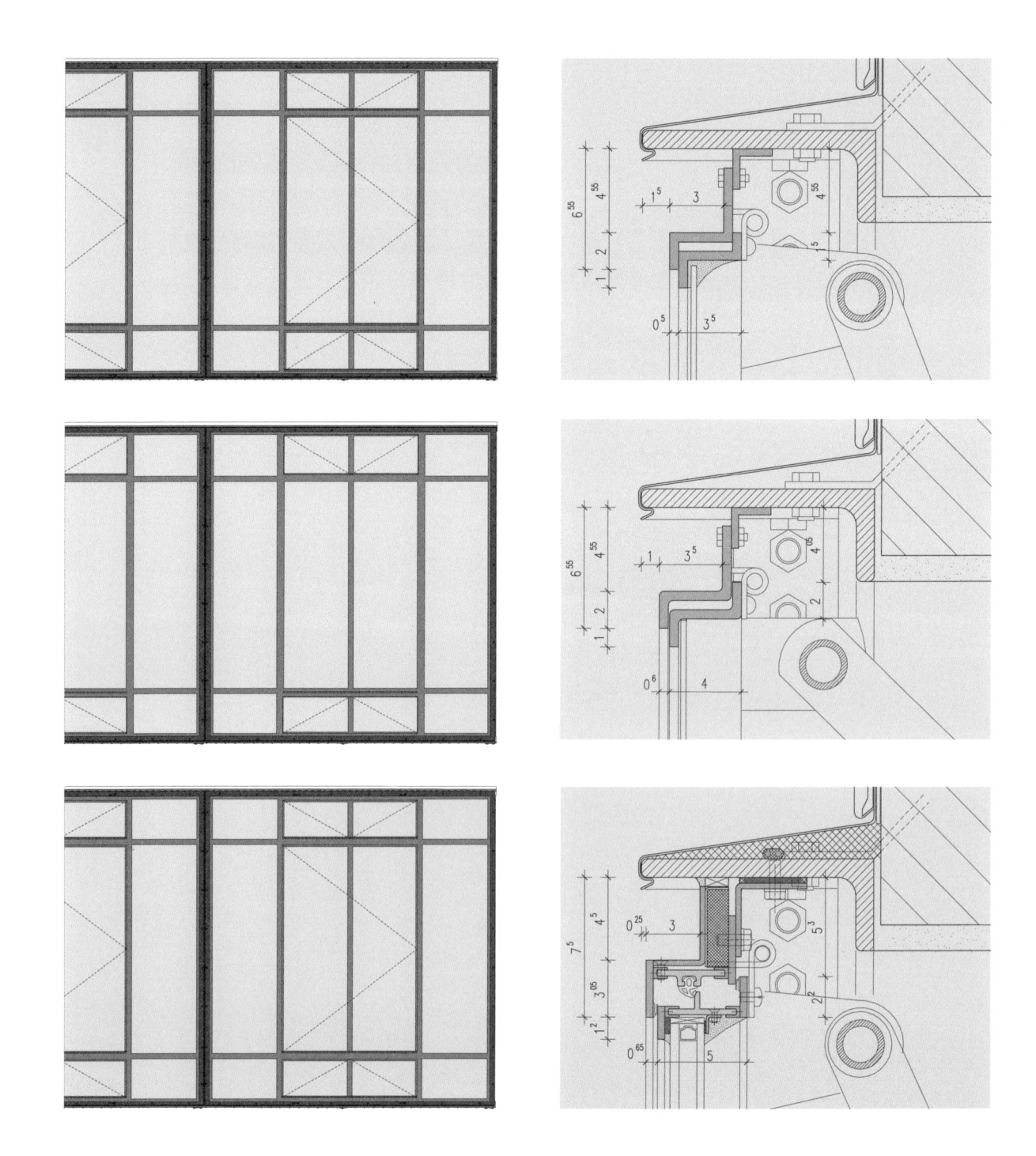

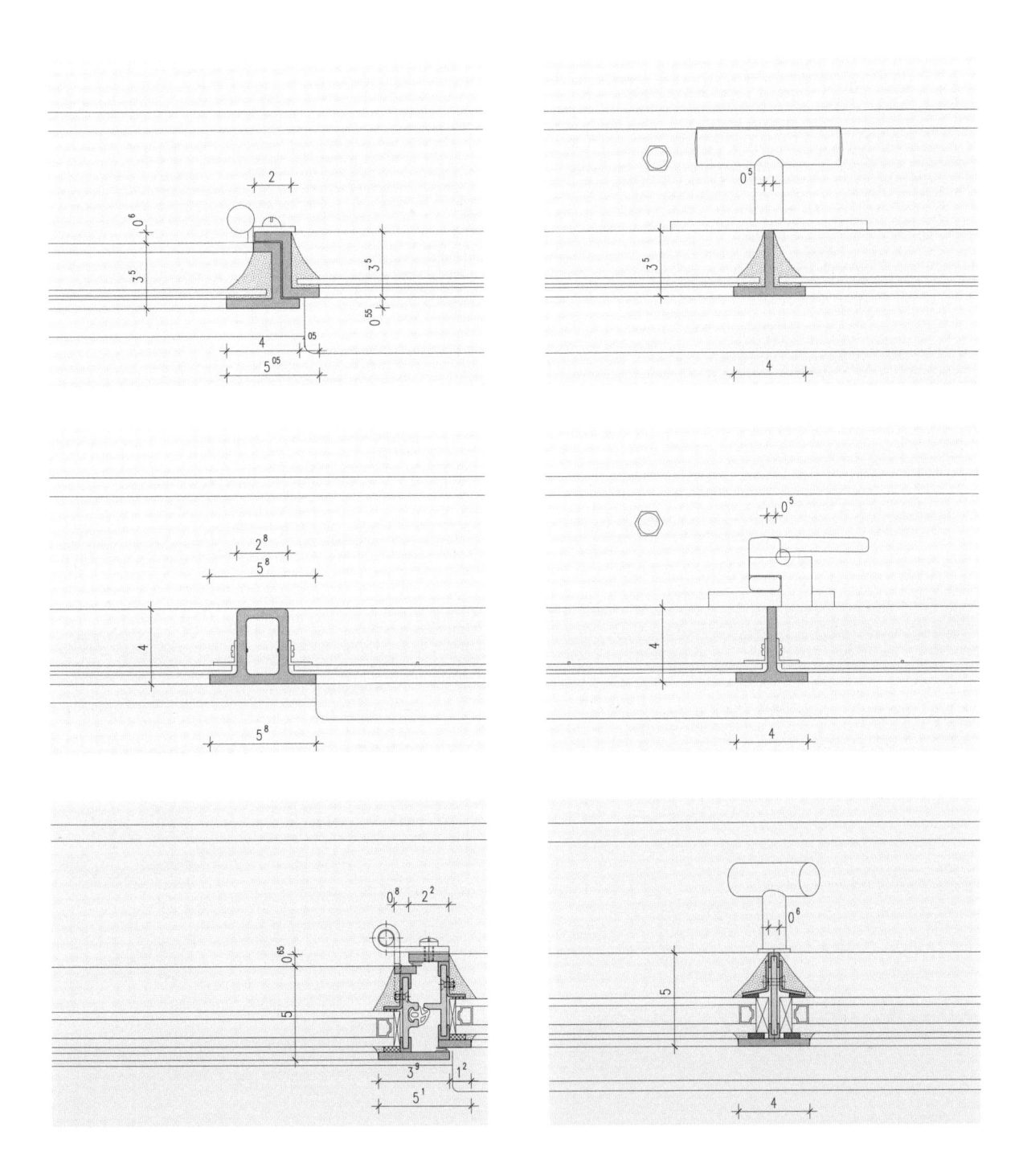

105

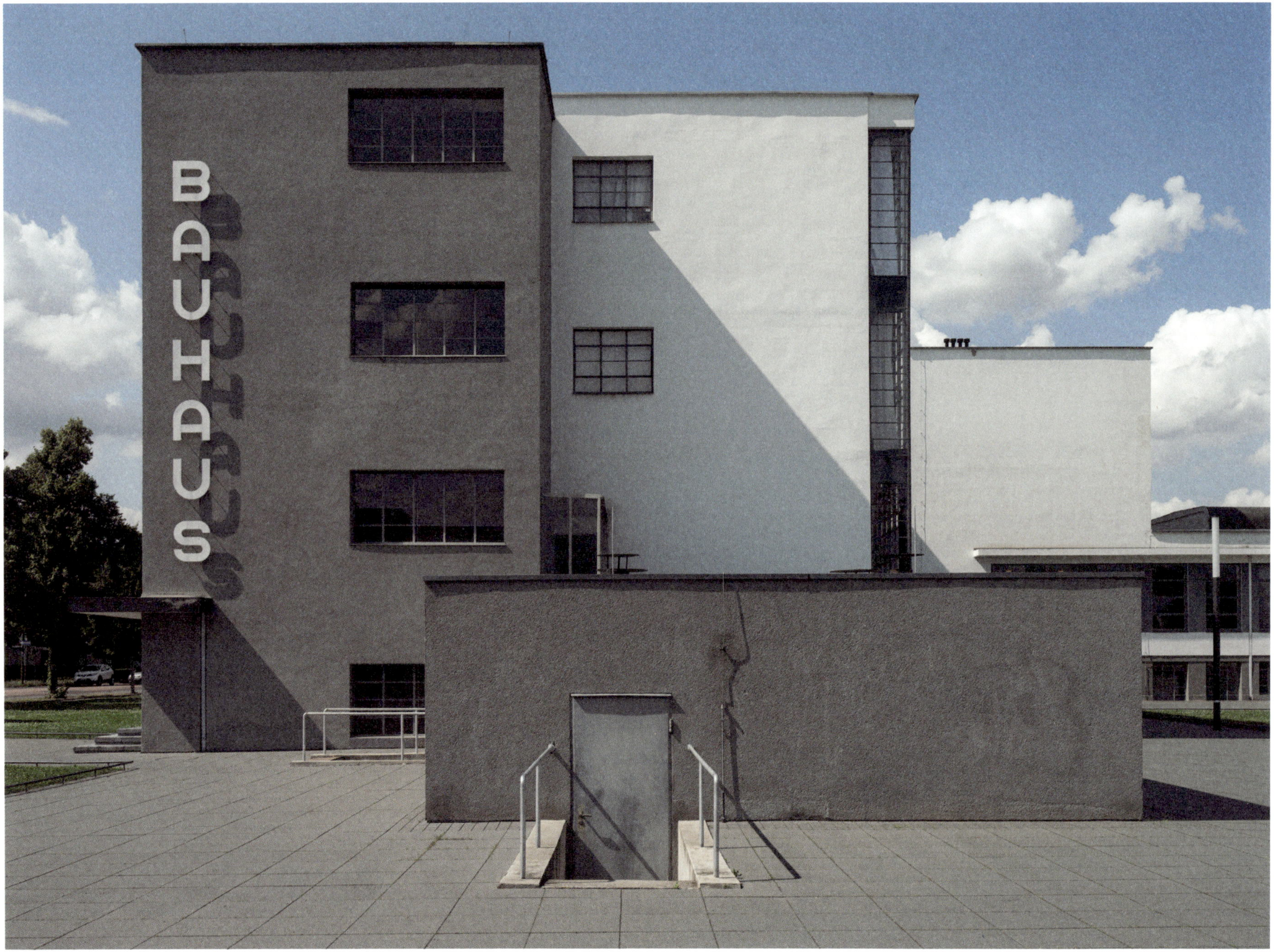
BAUHAUS

Gebäudehülle
Putzfassaden und Dächer

Putzfassaden

Die Außenwände am Bauhausgebäude sind als Stahlbetonskelett mit Füllungen aus Mauerwerk aus unterschiedlichen Materialien konstruiert, teilweise auch als vollflächig gemauerte Wände. Diese Wände sind außen verputzt und dafür wurde „1926 ein baustellengelöschter, natürlich hydraulischer Kalk verwendet und lokale, feinkörnige, vorwiegend silikatische Zuschlagstoffe mit geringem Überkornanteil. Die Verarbeitung erfolgt nach dem Vorspritz in Form eines einlagigen Kellenglättputzes, der anschließend mit dem Brett ausgerieben wird."[1] Für den Anstrich kam Kalkfarbe freskal, also nass in nass, zum Einsatz. Die Sockelbereiche des Gebäudes sowie der südliche Abschluss des Werkstattflügels sind als grauer, durchgefärbter Kratzputz mit hohem Glimmeranteil (Muskovitglimmer, Plättchengröße 3–6 mm) ausgeführt.

Bei der Rekonstruktion 1976 und in den darauffolgenden Jahren wurde der bauzeitliche Kalkputz an den Obergeschossen großflächig durch Zementputz und einen diffusionsdichten Anstrich ersetzt. Nur am Atelierhaus ist der bauzeitliche Putz weitgehend erhalten. Auf diesen Flächen befanden sich bis 2001 mehrere Farbschichten: bauzeitliche Kalktünche, ölhaltiger Tarnanstrich aus dem Zweiten Weltkrieg und PVC-haltige, diffusionsdichte Farbe aus späterer Zeit, vermutlich von 1976. Nach einer groben Kartierung des Bestands wurden die Schichten über den bauzeitlichen Putzflächen mit so großer Sorgfalt entfernt, dass bauzeitliche Anstriche teilweise erhalten werden konnten. Der noch erhaltene bauzeitliche Putz wurde sorgfältig gesichert, Zementplomben und stark geschädigte Putzflächen, die nicht zu erhalten waren, wurden entfernt.

Die Schließung der Fehlstellen erfolgt mit einem dem historischen Material nachgestellten Mörtel, der mit Kalkfarbe freskal gestrichen wird. Wie geplant, entstand so – unter Verwendung der historischen Materialien und Werktechnik – ein Bild mit gewissen Unregelmäßigkeiten, wie es auch in den 1920er-Jahren vorhanden war.

Die 1976 anstelle des ursprünglichen Kalkputzes angebrachten Zementputzflächen bildeten zusammen mit dem diffusionsdichten Anstrich, der sich nicht entfernen ließ, eine dicke Schicht aus Putz und Farbe. Es hatten sich bereits Hohllagen gebildet und es bestand die Gefahr der langfristigen Schädigung des Gebäudes. Daher wurde diese Schicht bei der Sanierung 2001 möglichst schonend entfernt und durch Kalkmörtel mit Kalkanstrich nach bauzeitlichem Vorbild ersetzt. Infolge der Witterungseinflüsse wird es an den weiß gestrichenen Putzfassaden regelmäßig erforderlich, Ausbesserungen vorzunehmen und die Anstriche zu erneuern. Dies geschah zuletzt 2018 am Atelierhaus, 17 Jahre nach dem letzten Anstrich im Jahr 2001.

Beim Ersetzen des ursprünglichen Sockelputzes durch einen schwarz pigmentierten Zementputz bei der Rekonstruktion 1976 war auch die Profilierung des Sockels verändert worden. Mit einem kleinen Rest des bauzeitlichen Sockelputzes wurde 2001 am Atelierhaus ein Nachweis für die ursprüngliche Zusammensetzung, Farbigkeit und den Glimmeranteil geborgen und im Bauforschungsarchiv der Stiftung Bauhaus gesichert. Der nichtbauzeitliche dunkelgraue Sockelputz wurde entfernt und durch den glimmerhaltigen Kalkputz mit der ursprünglichen Profilierung ersetzt.

91) Wandflächen mit grau durchgefärbtem, glimmerhaltigem Kratzputz und mit weißem Glattputz, 2017

92)

Da der Sockel am Bauhausgebäude durch diesen Putz gebildet wird, ist er einer hohen Belastung durch Spritzwasser sowie Schnee und Streusalz ausgesetzt. Kleinteilige Reparaturen sind an dem durchgefärbten Sockelputz nicht möglich, sodass der 2002 rekonstruierte Putz in den Jahren 2019–2021 vollständig erneuert wurde, was wiederum nach gleicher Zusammensetzung auf Grundlage des bauzeitlichen Befundes erfolgte.

In der verputzten Außenhaut des Bauhausgebäudes sind Risse vorhanden, die nicht vollständig beseitigt werden können, da sie konstruktiv bedingt sind. Ein Beispiel ist das Dach des Atelierhauses, an dem die beiden Bauteile Deckenplatte und Attika beziehungsweise Brüstung der Dachterrasse aneinanderstoßen und sich unterschiedlich bewegen, weil sie verschiedenen klimatischen Bedingungen ausgesetzt sind. Die Bauteile reagieren daher auf Klimaschwankungen mit unterschiedlichen Bewegungen, wodurch der Putz reißt. An den Rissen blättert die Farbe ab, Wasser dringt ein, Putz bröckelt, und die Fassade ist zunächst optisch beeinträchtigt, später in ihrem Bestand gefährdet. Die Fugen werden deshalb mit eingedrehten Hanffasern unter einer dauerelastischen Schicht aus Acryl verschlossen und mit einer mineralischen Schicht aus aufgeblasenem Feinsand bedeckt, auf den die Fassadenfarbe gestrichen wird. So können die Fugen die Bewegung aufnehmen, ohne dass ein Schaden am Gebäude entsteht. Seit 2021 werden die Putzflächen am Bauhausgebäude auch im Hinblick auf Auswirkungen aus dem Klimawandel mit Extremwetterlagen wie großer Hitze oder Starkregen beobachtet und untersucht. Diese Veränderungen können zu neuen Belastungen der Oberfläche oder zu größeren Bewegungen der Konstruktion und damit zu Rissen führen. Es bleibt zu überprüfen, ob die bisherigen Erhaltungs- und Reparaturmethoden auch unter den Bedingungen des Klimawandels bestehen oder zukünftig angepasst werden müssen.

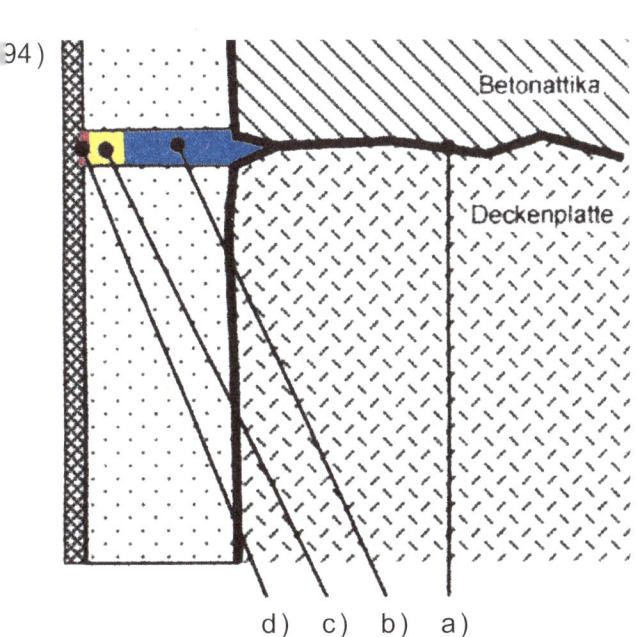

92)
Atelierhaus nach Instandsetzung der Fassade, 2021

93)
Sicherung von hohl liegenden Putzflächen, 2019

94)
Sanierung von Rissen im Putz, 2004

Schnitt durch den vorgeschlagenen Schichtenaufbau (Grafik: Dipl. Restaurator P. Schöne)

a) Rissverlauf im Beton
b) Fugenverschluss mit organischem Fasermaterial
c) dauerelastische Schicht
d) mineralische Schicht

Kalkmörtelputz

Kalkanstrich

95)
Dach über dem
Zwischenbau, 1926

96)
Nachträglich auf dem
Dach über dem
Zwischenbau eingebaute
Schichten, 2000

Dächer

Walter Gropius betrachtete das Dach als eine Fassade des Gebäudes, die beachtet werden muss: „die verkehrswege in der luft erheben eine neue forderung an die erbauer von häusern und städten: auch das bild der bauten aus der vogelschau, das die menschen in früheren zeiten nicht zu gesicht bekamen, bewusst zu gestalten."[2] Er setzte sich für die Ausführung flacher Dächer ein, zum Beispiel mit der Organisation einer Umfrage zu den Erfahrungen mit flachen Dächern unter international anerkannten Architekten wie Peter Behrens, J.J.P. Oud oder Le Corbusier, die 1926 in der Zeitschrift „Bauwelt" veröffentlicht wurde.[3] Als Vorteile benannte er etwa die besser nutzbaren eckigen Dachräume, die Nutzbarkeit der Dachflächen oder die besseren Anbaumöglichkeiten. Bei notwendigen Sanierungsarbeiten sind deshalb nicht nur Schäden oder Undichtigkeiten an der Dachhaut zu beseitigen, sondern auch die bewusste Gestaltung muss berücksichtigt werden.

Die Dächer über dem Bauhausgebäude waren 1926 mit Ausnahme der Dachterrasse über dem Atelierhaus als nicht begehbare Flachdächer mit innen liegender Entwässerung ausgebildet. Walter Gropius beschreibt die Dachdeckung: „die begehbaren flachen dächer mit verlöteten asphaltplatten auf torfoleumisolierlage, die nicht begehbaren flachdächer mit kaltlack auf jutegewebe über torfoleumisolierlage mit abgleichbeton belegt […]."[4]

Nach der Schließung des Bauhauses in Dessau wurde das Atelierhaus mit einem flach geneigten Dach überdeckt. Außerdem veränderten Dachüberstände und außen liegende Regenrinnen sowie Fallrohre Funktion und Aussehen der Dächer. Diese Veränderungen wurden während der Rekonstruktion 1976 zurückgebaut. Zu Beginn der 1990er-Jahre wurden die Dächer über Werkstattflügel, Brücke sowie Nordflügel erneuert und 2013 ertüchtigt. 2001 erfolgte die Sanierung des Daches über der Festebene und der Dachterrasse über dem Atelierhaus. 2014 war eine erneute Sanierung des Daches über dem Atelierhaus erforderlich.

Auf dem Dach über der Festebene waren im Lauf der Jahrzehnte bei Reparaturen immer wieder Schichten von Gefälle, Dämmung und Dichtungsbahnen gegen eindringende Feuchtigkeit aufgebracht worden, sodass das Dach um einen knappen halben Meter „gewachsen" war. Durch diese Situation war nicht nur das Gebäudeäußere entstellt, weil Proportionen verändert und angrenzende Fenster zum Teil in den Dachaufbauten verschwunden waren, sondern auch die Decke selbst hatte sich an der Innenseite durch den Druck des erhöhten Gewichts bereits minimal durchgebogen. Mit der Entfernung dieser Dachaufbauten wurde in das gewachsene System des Denkmals eingegriffen. Zwar verminderte sich der Druck auf den Putz an der Innenseite der Decke, doch da dieser sich an die veränderte Beanspruchung nicht anpassen konnte und im Zuge der Baumaßnahmen Belastungen durch eindringendes Wasser und Erschütterungen hinzukamen, riss der Putz und löste sich in Teilen von der Decke. Einerseits waren die Arbeiten am Dach zur Erhaltung des Denkmals notwendig, andererseits waren dadurch Verluste im Inneren des Denkmals unvermeidlich. Das Beispiel zeigt, wie sehr die Bauelemente miteinander in Verbindung stehen und wie sehr beim Umgang mit einem Denkmal die gewachsenen Zusammenhänge beachtet werden müssen.

Bei der Entfernung der nachträglich aufgebrachten Schichten wurden auch Reste der bauzeitlichen Dämmung aus Torfoleum entdeckt. Da die zukünftige Sicherung und Abdichtung des Daches bei Erhaltung dieser historischen Dämmschicht nicht möglich war, wurde das bauzeitliche Material ausgebaut und im Bauforschungsarchiv der Stiftung Bauhaus gesichert. Nach Entfernung der Dachaufbauten wurden Dämmung und Dichtung aus modernen Materialien eingebaut.

Die Terrasse auf dem Dach des Ateliergebäudes hatte Gropius als „dachgarten auf dem atelierhaus (gymnastikplatz für die studierenden)"[5] geplant. Hier wurde in den 1920er-Jahren Sport getrieben, Theater gespielt, und die Meister des Bauhauses kamen zum Fototermin zusammen. Die Dachterrasse erhielt 1934 ein flach geneigtes Walmdach, das der Abwehr eindringenden Regenwassers diente. Jedoch wurde dies auch für erneute Angriffe gegen die Architektur des Bauhauses genutzt: „Das Dessauer Bauhaus ist bereits wiederholt durch erhebliche bauliche Mängel und Materialschäden unliebsam aufgefallen. So mußten schon mehrfach ausgedehnte Instandsetzungsarbeiten vorgenommen werden. Augenblicklich bekommt der eine Gebäudeteil ein neues Dach, da das alte sich im Zustand des Verfalls befand."[6] Im Rahmen der Rekonstruktion 1976 wurde die Terrasse wiederhergestellt. Dabei musste statt des Sonnendaches ein Ausdehnungsgefäß für die Heizung untergebracht werden, und statt des Belags aus großflächigen Asphaltplatten wurden kleinteilige keramische Platten verlegt. Die umlaufende Sitzbank wurde damals als vollflächige Brüstung aufgefüllt.

Bei der Sanierung im Jahr 2000 wurden zunächst, wie auf dem Dach über der Festebene, etliche Schichten Dachdichtungen, Gefälleestrich und Wärmedämmung entfernt und durch einen Dachaufbau mit modernen Materialien ersetzt. Da der Dachterrasse in der Konzeption des Bauhausgebäudes eine besondere Bedeutung zukommt, wurde das historische Sonnendach mithilfe von bauzeitlichen Fotos rekonstruiert. Dabei wurde die umlaufende bauzeitliche Sitzbank freigelegt und nach historischem Vorbild ergänzt. Sie erfüllt allerdings nicht den Anforderungen heutigen Baurechts. Hatte schon die 1976 entstandene, 80 cm hohe Brüstung nicht die notwendige Höhe für eine Absturzsicherung, so verstärkt die umlaufende Sitzbank diese Problematik, da die Umwehrung damit nur noch eine baurechtlich relevante Höhe von circa 45 cm hat. Da die Erhöhung der Brüstung die ausgewogenen und fein abgestimmten Proportionen des Gebäudes verändern würde, kam sie nicht infrage. Die denkmalpflegerische Wiederherstellung der bauzeitlichen Situation und die Einhaltung des Baurechts sind hier nicht zu vereinbaren. Im Zusammenhang mit Verbesserungen für die touristische Erschließung des Bauhausgebäudes wurden im Jahr 2014 noch einmal Lösungsansätze untersucht, über möglichst unauffällige oder temporäre Absturzsicherungen die Zugänglichkeit für die Öffentlichkeit zu ermöglichen. Geprüft wurden etwa Sicherungen aus Glasplatten oder aus beweglichen Drahtgittern. Die Abwägung ergab erneut, dass die notwendige Absturzsicherung sowohl im Einbau als auch im Betrieb zu gravierenden Veränderungen am Gebäude und seiner Wahrnehmung, insbesondere auf der Dachterrasse selbst, führt, die nicht mit dem Bau und seiner Wirkung in Einklang zu bringen sind. Mit der Entscheidung für die Erhaltung der historischen Sitzbank wird deshalb der künstlerischen Bedeutung des Gebäudes Vorrang vor den Anforderungen aus der Nutzung gegeben, indem auf die uneingeschränkte Benutzbarkeit verzichtet wird, aber die Terrasse als wesentlicher Bestandteil der Gebäudekonzeption von Walter Gropius gewonnen wird.

Auf den flachen Dächern über dem Nordflügel des Bauhausgebäudes und einem Nebengebäude wurde im Jahr 2011 im Rahmen der energetischen Verbesserungen nach ausführlicher Analyse, Bewertung und Abwägung eine temporäre Photovoltaikanlage errichtet. Beeinträchtigungen der Gebäudeansichten konnten vermieden werden, da die Anlage aus horizontalen Elementen besteht, die nur aus dem mehrgeschossigen Teil des Bauhauses, dem Atelierhaus, und aus der Luft sichtbar sind, aber nicht von den allgemein zugänglichen Bereichen im Gebäude oder aus der Umgebung. Gleichzeitig soll die Anlage dazu beitragen, den wirtschaftlichen Druck auf die Stiftung Bauhaus zur Energieeinsparung zu reduzieren und auf diese Weise Raum für die Entwicklung von anderen, auch langfristig verträglichen Lösungen zur Reduzierung der Energieverbräuche schaffen. Die denkmalrechtliche Genehmigung für die Photovoltaikelemente ist auf 15 Jahren begrenzt und nach Ablauf dieser Frist wird die Anlage abgebaut.

Für die langfristige Erhaltung der Dächer und des gesamten Gebäudes ist die regelmäßige Kontrolle mit Reinigung der Dachflächen und der Abflüsse von zentraler Bedeutung, um Schäden etwa durch verstopfte Abflüsse und eindringende Feuchtigkeit gar nicht erst entstehen zu lassen. Sie wird daher turnusmäßig sowie nach besonderen Wetterereignissen vorgenommen.

1
Thomas Danzl, „Bauhaus in Dessau", in: restauro 2002, Nr. 6, S. 387.

2
Gropius 1930 (1997), S. 16.

3
Gropius 1926/I.

4
Gropius 1930 (1997), S. 15.

5
Gropius 1930 (1997), S. 54.

6
Z. B. Anhalter Anzeiger, Nr. 34, 9.2.1934.

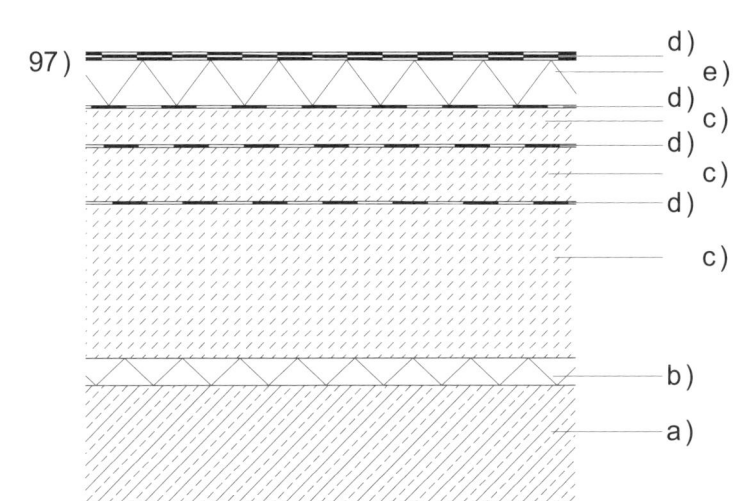

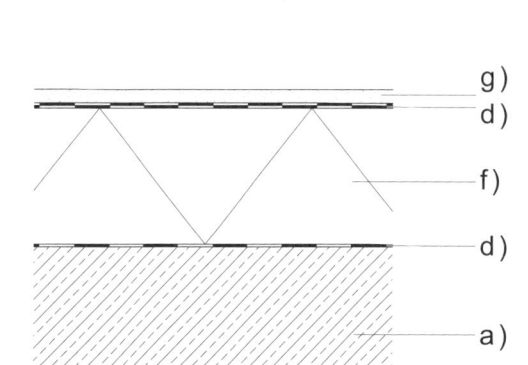

97)

97)
Dachaufbau: links bis 2001, rechts
ab 2001

a) Steineisendecke mit Aufbeton
b) Torfoleum-Dämmung 3 cm
c) Estrich 17 cm, 6 cm, 4 cm
d) Bitumen
e) Styropor 5 cm
f) Schaumglas in Heissbitumen
   (Gefälledämmung) 4–15 cm
g) Schiefersplitt Grau

98)
Dachterrasse über dem
Atelierhaus, 1926

99)
Dachterrasse nach der
Rekonstruktion, 1976

100)
Dachterrasse, 2006

Material und Konstruktion

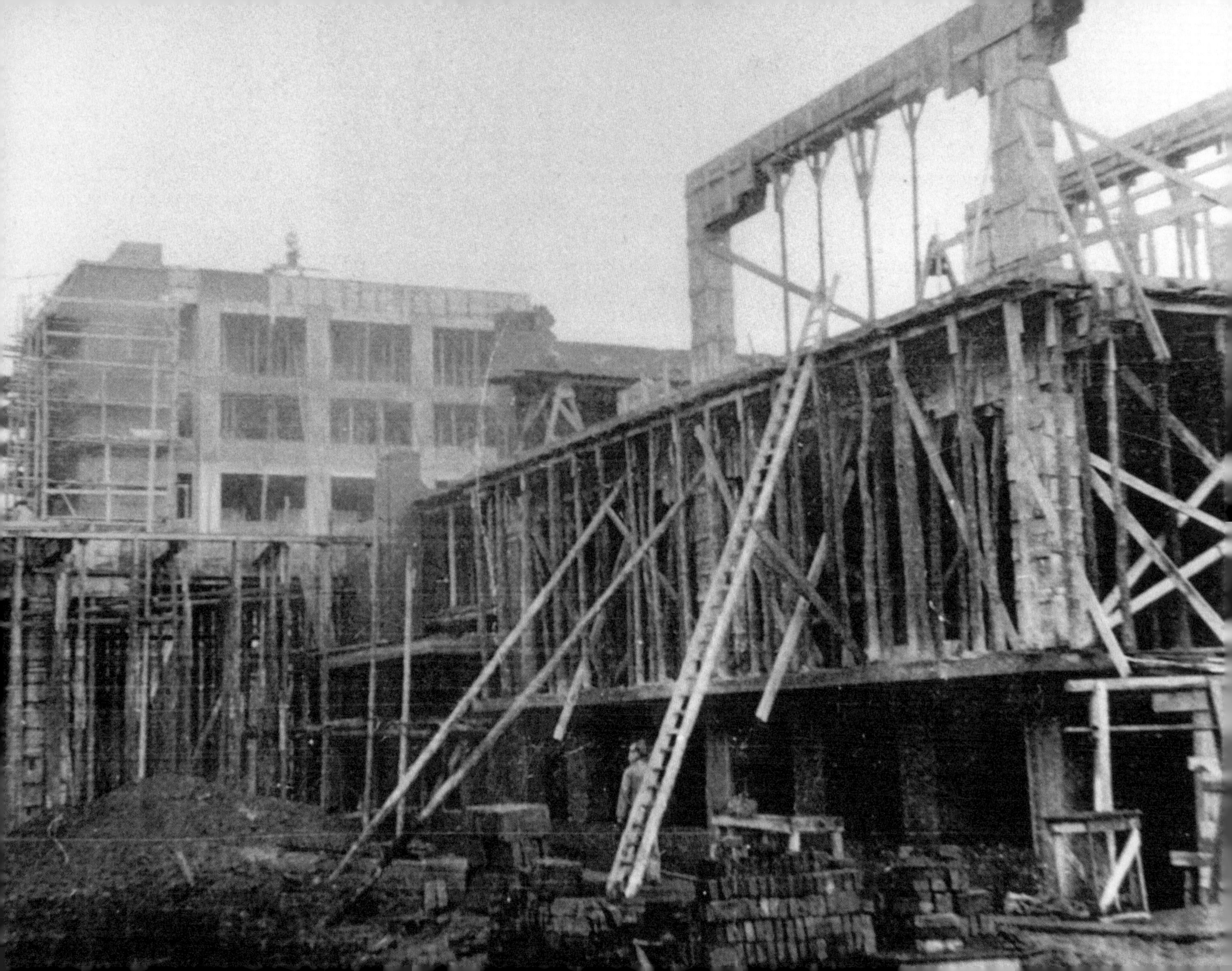

101) Blick auf den Werkstattflügel und das Atelierhaus im Bau, 1926

Die besondere Wirkung der Architektur des Bauhausgebäudes wird auch durch die schöpferische Verwendung damals moderner Materialien geprägt. So schreibt Walter Gropius im Jahr 1930: „diese neuen baumaterialien – eisen, beton, glas – haben es infolge ihrer festigkeit und molekularen dichtigkeit erst ermöglicht unter größter ersparnis an konstruktionsmasse, weitgespannte, lichtdurchflutete räume und gebäude zu erbauen [...]."[1] Auch Materialien im Inneren des Gebäudes wie Fußböden aus Triolin oder vernickelte Oberflächen von metallischen Elementen wie Beschlägen und traditionelle Materialien wie Kalkputz oder Terrazzo sind wichtige Teile der architektonischen Qualität, die im Zusammenspiel von industrieller Produktion, handwerklicher Arbeit und künstlerischem Schaffen entsteht.

Die Verfügbarkeit der Materialien prägt die Struktur und Form der Architektur, sie fördert die Entwicklung neuer Raumerlebnisse und einer eigenen Ästhetik. Die Umsetzung der sozialen, räumlichen und gestalterischen Ideen in gebaute Realität wird auch durch die Möglichkeiten und Grenzen der Materialien geformt. Die Baumaterialien und -konstruktionen sind Zeugnisse der damaligen Bautechnik, elementare Bestandteile der Architektur und Träger deren künstlerischer und historischer Werte. Die Architektur über eine genaue Bestandsaufnahme und Analyse der Bauwerke in ihrer Materialität zu verstehen, ist das Thema der historischen Bauforschung, wobei die Zusammenarbeit mit anderen Fachdisziplinen wie der Kunstgeschichte oder verschiedenen Naturwissenschaften selbstverständlich ist. Vor diesem Hintergrund entstand bei der Stiftung Bauhaus Dessau das Bauforschungsarchiv als Beitrag für die Erforschung und Erhaltung der Bauhausbauten.[2]

Auch infolge wachsender Verluste an materieller Substanz der Baudenkmale des Neuen Bauens entwickelte sich die Notwendigkeit, die verbleibende Substanz sorgfältig zu erhalten und zu schützen. Damit ging einher, die Bauten nicht mehr nur im Hinblick auf ihre künstlerische Wirkung zu betrachten, sondern ihrer Bedeutung als geschichtliche Zeugnisse einschließlich ihrer Materialität und der Spuren ihres Alters mehr Aufmerksamkeit zu schenken. So wies Hartwig Schmidt bereits 1998 darauf hin: „Wenn wir bei Bauten der Moderne nicht bereit sind, gealterte Oberflächen, Veränderungen und einen geringeren Gebrauchswert zu akzeptieren, haben wir bald keine Baudenkmäler mehr, keine authentischen Sachzeugen, sondern nur noch originalähnliche Rekonstruktionen wie die Bauten der Stuttgarter Weißenhofsiedlung."[3]

Die Bauhausbauten haben bis heute eine moderne Ausstrahlung und werden daher oft als selbstverständlicher Bestandteil des Alltags wahrgenommen, der nach Bedarf an wechselnde Bedürfnisse angepasst werden kann. Die Gebäude entsprechen jedoch den zu ihrer Entstehung gültigen Normen und Standards, die sich häufig von heutigen Vorstellungen und Ansprüchen unterscheiden. Doch gerade die unzeitgemäßen, nicht in die heutige Zeit passenden Elemente sind für die Wahrnehmung der Architektur in ihrer Zeitgebundenheit und kulturhistorischen Bedeutung wertvoll: im Bauhausgebäude zum Beispiel die metallischen Ketten, mit denen laut rasselnd die Fenster geöffnet werden, der Bodenbelag Triolin mit seinem besonderen Geruch oder der bauzeitliche Steinholzestrich mit seinen Gebrauchsspuren.

Das Material mit seinen Unvollkommenheiten, seinen mitunter altmodisch wirkenden Eigenschaften sowie den Spuren von Alterung und Gebrauch eröffnet eine Seite der Architektur, die die Wahrnehmung des strahlend weißen Äußeren des ikonischen Gebäudes erweitert. Die genaue Kenntnis und Sicherung der Architektur auch in ihrer Materialität ist daher von wesentlicher Bedeutung, um das Bauhausgebäude in allen Aspekten zu verstehen und die sinnliche Wahrnehmung auch durch Geräusche, Gerüche oder Berührungen für zukünftige Generationen zu erhalten.[4] Der Kunsthistoriker und Denkmalpfleger Georg Mörsch hat die Relevanz der Materialien mit diesen Worten unterstrichen: „Die Verteidigung dieser Denkmalaussage ist auch die Verteidigung der materiellen Denkmalsubstanz, weil nur in ihr […] die immer neu besondere Wirkung und Befragbarkeit des Denkmals erreichbar ist."[5]

Da die Architektur der Moderne mit industrieller Produktion und neuartigen, teilweise industriell hergestellten Bauprodukten in Verbindung steht, wird oftmals auch angenommen, dass verschlissene oder zerstörte Bauteilen problemlos austauschbar sind. Da die reguläre industrielle Herstellung von Produkten jedoch oft bereits nach kurzer Zeit beendet wurde, ist der gleichwertige Ersatz eines nicht mehr erhaltungsfähigen oder bereits verlorenen Bauelements fast nicht möglich. Die Nachfertigung in einer Kleinserie ist in der Regel unrealistisch, und der Ersatz durch ein ähnliches Produkt führt oft zu einer veränderten architektonischen Wirkung und Aussage. In manchen Fällen entstehen auch konstruktive oder bauklimatische Probleme, wenn das neue Bauteil veränderte Materialeigenschaften aufweist. Auch diese Aspekte unterstreichen die Dringlichkeit, die ursprünglichen Bauelemente zu erforschen und für die Zukunft zu bewahren.

Die genaue Kenntnis eines Baustoffs, die Zusammensetzung, das Alterungsverhalten, das bauphysikalische und statische Zusammenwirken mit anderen Baustoffen sowie Veränderungen der Materialeigenschaften durch historische und aktuelle Sanierungsmaßnahmen sind entscheidend für zukünftige Pflegekonzepte. Dies erfordert umfangreiches Wissen nicht nur über die historischen Materialien, sondern auch über das Alterungsverhalten bestimmter Substanzen, die bauklimatischen Eigenschaften insbesondere im Zusammenklang mit anderen, teilweise neuzeitlichen Baustoffen, den Pflegebedarf und im Falle eines abgängigen Bauteils mögliche Ersatzbaustoffe. Das fehlende Wissen um die materialspezifischen Eigenschaften der historischen Baustoffe führt bei Instandsetzungen immer wieder zum Verlust an bauzeitlicher Substanz. Damit verbunden sind Einbußen in der charakteristischen Wirkung – der Verlust des Denkmalwerts kann die Folge sein.

Daher ist die Bauforschung bei der Stiftung Bauhaus Dessau Bestandteil der wissenschaftlichen Arbeit zur Bauhausgeschichte. In ihrem Rahmen wird das Gebäude in seinen historischen, konstruktiven und materialtechnischen Aspekten untersucht und dokumentiert. Es wurde in zwei Forschungsprojekten[6] damit begonnen, notwendige Baumaßnahmen wissenschaftlich zu begleiten und Bauteile, Konstruktionselemente und Materialien zu erfassen, zu dokumentieren und in einem Bauforschungsarchiv[7] zu bewahren. Nicht nur der bauzeitliche Zustand soll so weit wie möglich erforscht werden, sondern es sind auch die Veränderungen von Interesse, die an und in den Bauten vorgenommen wurden. Damit werden Grundlagen sowohl für die weitere Forschung als auch für die Bearbeitung von konkreten baulichen Problemen geschaffen. Ziel ist es, konkrete Erkenntnisse für die Sanierung von Bauten der klassischen Moderne zu gewinnen und Grundlagen zur Einordnung und Bewertung dieser Gebäude innerhalb der Architekturgeschichte des 20. Jahrhunderts zu erarbeiten.

102)
Fragmente des bauzeitlichen Betons (1926) mit Waschputz (1976) an den Außenkanten, 2019

Beton

Für die Erhaltung des Bauhausgebäudes ist die Sicherung der tragenden Stahlbetonkonstruktion von zentraler Bedeutung. Der Beton hat in den Gebäudeteilen eine sehr unterschiedliche Qualität: Einerseits wirkten bei der Errichtung des Gebäudes verschiedene Rohbaufirmen mit und arbeiteten damals in deutlich unterschiedlicher Qualität; andererseits sind die Bauteile durch ihre Lage sehr unterschiedlich belastet, beispielsweise durch eindringende Feuchtigkeit. Bei Sanierungsmaßnahmen ist deshalb in einigen Bereichen nur die Verpressung von Rissen zur Stabilisierung des Betons notwendig, in anderen Abschnitten müssen Bauteile aus Beton in größerem Umfang repariert oder weitgehend erneuert werden.

Auch bei Arbeiten an der tragenden Konstruktion geht es darum, bautechnische oder wirtschaftliche Fragen gegenüber den historischen und denkmalpflegerischen Aspekten abzuwägen, wie das Beispiel der tiefgreifenden Sanierung der tragenden Konstruktion durch Stützen und Unterzüge unter der Brücke zeigt. Diese waren ursprünglich in Sichtbeton ausgeführt, die Oberfläche in handwerklicher Arbeit gespitzt und an den Kanten scharriert. In diesem Bereich ist die Konstruktion der Witterung ausgesetzt, sodass im Lauf der Zeit Feuchtigkeit in den Beton eindringen konnte. Das führt zur Carbonatisierung des Materials, also zu einer chemischen Umwandlung der alkalischen Bestandteile, die die Entstehung von Rost an der Bewehrung fördert. In der Folge kommt es zu Abplatzungen des Materials, weiterem Eindringen von Feuchtigkeit und weitreichenden

103) Konstruktion aus Sichtbeton unter der Brücke, 2004

Schäden an der tragenden Stahlbetonkonstruktion. Bei der grundhaften Sanierung dieser Konstruktion unter der Brücke im Jahr 2003 zeigten Spuren am Beton, dass hier bereits seit Jahrzehnten Ausbesserungen vorgenommen worden waren.

Bei der Rekonstruktion 1976 versuchte man das Problem zu lösen, indem auf die bauzeitliche Oberfläche der Stützen und Unterzüge ein Waschputz aufgebracht wurde, der die Konstruktion ummantelte. „Da durch das Schlagen der Scharrierung auf einer neuen Betonummantelung sich diese als Schale wieder gelöst hätte, wurde eine Lösung gesucht und im Auftragen eines feinkörnigen Kieselwaschputzes gefunden. So wurde ein dem Original nahekommendes kristallines Aussehen erreicht", wie Wolfgang Paul, damals als Vertreter des Rats der Stadt Dessau beteiligt, erläutert.[8] Mit dieser Maßnahme wurde die vorhandene bauzeitliche Substanz erhalten, jedoch eine abweichende Oberfläche und dadurch auch eine geringfügig veränderte Abmessung geschaffen. An den Resten der bauzeitlichen Oberfläche, die an wenigen Stellen unter dem Waschputz erhalten war, blieb auch die gespitzte und an den Kanten scharrierte Oberfläche nachweisbar.

In den folgenden Jahrzehnten setzte sich trotz der Ummantelung mit Waschputz der Zerstörungsprozess von Beton und Bewehrung fort, sodass schließlich 2003 die grundlegende Sanierung der Stützen mit weitgehendem Austausch des Materials – trotz des intensiven Bemühens um einen möglichst weitgehenden Erhalt des Betons – unvermeidlich wurde. Die Schädigung der geschützt liegenden Unterzüge war geringer, weshalb diese repariert werden konnten, indem der Beton nach Entfernung der schadhaften Stellen und Verstärkung der Bewehrung wieder ergänzt wurde.

Neben der statischen Problematik und der technischen Durchführung galt die Aufmerksamkeit einer möglichst originalgetreuen Nachstellung des bauzeitlichen Materials sowie der Oberflächengestaltung des Betons, da die Tragkonstruktion unter der Brücke mitten im öffentlichen Raum ein wichtiger Teil der Gesamtwirkung der Architektur des Bauhausgebäudes ist. Auch Details der Ausführung befinden sich daher stets im Blickpunkt.

Bei der Sanierung der Konstruktion unter der Brücke im Jahr 2003 wurde der marode Beton soweit erforderlich ausgetauscht, die originale Bewehrung jedoch nicht angetastet, um das statische Gefüge möglichst nicht zu beeinträchtigen. Bei Erhaltung der historischen Bewehrung und Ersatz des Betons mit der notwendigen Überdeckung vergrößern sich jedoch die Abmessungen der Stützen auf etwa die vor der Sanierung vorhandenen Maße einschließlich Waschputz. Um die originalen Abmessungen wiederherzustellen und die notwendige Überdeckung zu erreichen, wären die Verlegung der Bewehrung in das Innere der Stütze und damit ein größerer Eingriff in das statische Gefüge sowie in intakte bauzeitliche Substanz notwendig gewesen. Fachingenieure, Denkmalbehörden, Staatshochbauamt, Architekt und die Stiftung Bauhaus waren übereinstimmend der Meinung, dass die kaum wahrnehmbare Vergrößerung der Abmessungen den geringfügigsten Eingriff in das Denkmal darstellt.

Die Zusammensetzung des historischen Betons wurde analysiert und in Farbigkeit, Körnung und Detailverarbeitung nachgestellt. Nach Entfernung des maroden Materials wurde die Bewehrung ergänzt, der neue Mörtel wurde geschüttet und die schalungsraue Betonoberfläche abschließend steinmetzmäßig gespitzt und an den Kanten scharriert. Die horizontalen Streifen zeigen die Höhen der Abschnitte an, die beim Schütten des Betons in die Schalung entstehen. Diese Werkspur ist nicht ganz zu vermeiden und war ursprünglich ebenfalls vorhanden.

104)

104)
Fragment von Spiegel-
glas aus dem Neubau der
Gewerbeschule und des
Kunstgewerbemuseums
Zürich (1933), 2019

105)
Glasfassade mit Transparenz
und Spiegelung, 2006

Kristallspiegelglas

Am Bauhausgebäude in Dessau wurde 1926 kein gewöhnliches Glas eingesetzt, sondern Kristallspiegelglas, wie Walter Gropius in seinem Buch *bauhausbauten dessau* erläutert: „sämtliche fenster aus doppelt überfälzten profileisen mit kristallspiegelglas verglast."[9] Da Transparenz und klare Reflexion der großen Glasfassaden elementar für die ästhetische Wirkung der Architektur sind, legte Gropius großen Wert auf die Verwendung dieses Materials, dessen Vorteile er in einem Aufsatz 1926, also während der Errichtung des Bauhausgebäudes, folgendermaßen lobt: „fensterglas […] gibt unklare lichtreflexe von außen und eine verzerrende durchsicht von innen, erst die durch schliff und politur vollkommen ebene kristallglasscheibe, […] gibt die vollendete exaktheit und klarheit des edlen glasbaustoffes."[10] Bei der Herstellung wird die flüssige Glasmasse gegossen und gewalzt, nach Abkühlung geschliffen und mit filzbelegten Scheiben mit feinem Schlamm aus Wasser und Eisenoxyd poliert.[11] Erst ab 1959 ermöglichte die Produktion von Floatglas eine preisgünstigere Fertigung in vergleichbarer Qualität.

Die Faszination von Glas als Baumaterial beschreibt der Architekt Arthur Korn 1929 so: „Und damit zeigt sich die große Eigenart des Glases allen anderen bisher angewandten Materialien gegenüber: Es ist da und es ist nicht da. Es ist die große geheimnisvolle Membrane, zart und stark zugleich. Es schließt und öffnet nicht nur in einer, sondern in vielen Richtungen. Diese Fülle von Eindrücken, die das Glas hervorzurufen im Stande ist, macht seine eigentliche Stärke aus."[12] Diese Komplexität des Materials erhält durch die Eigenschaften des Spiegelglases eine besondere Ausprägung, die bis heute fasziniert.

Die bauzeitlichen Glasflächen am Dessauer Bauhausgebäude sind zerstört, und es sind nach derzeitigem Kenntnisstand keine eindeutig nachweisbaren Materialproben des bauzeitlichen Glases erhalten. Nachdem ein Teil der Flächen im Zweiten Weltkrieg zerstört worden war, sind weitere große Flächen mit der Erneuerung der Fenster im Zuge der Rekonstruktion 1976 verloren gegangen. Bei der Rekonstruktion der Vorhangfassade in diesem Jahr wurden auch die Verwendung von „Thermoglas" und die Verwendung einer Sonnenschutzbeschichtung diskutiert, aber verworfen, da solche Materialien die Wirkung der Fassade stark beeinträchtigt hätten. Hans Berger, der die Maßnahme für das zuständige Institut für Denkmalpflege in Halle seinerzeit betreute, erklärte dazu: „Es geht bei dem ‚Denkmal' Bauhaus nicht darum, was Gropius heute in gleicher Situation tun würde, sondern darum, die Leistung von 1926 zu respektieren und zu dokumentieren."[13]

Für das von Walter Gropius eingesetzte Kristallspiegelglas[14] dient heute ein Fragment dieses Materials aus dem 1933 errichteten Neubau der Gewerbeschule und des Kunstgewerbemuseums Zürich als Referenz,[15] um die Wirkung der Glasfassaden am Bauhausgebäude besser zu verstehen. Daher werden am Bauhausgebäude Glasscheiben aus weißem Floatglas, das Kristallspiegelglas sehr ähnlich ist, für die Verglasungen eingesetzt.

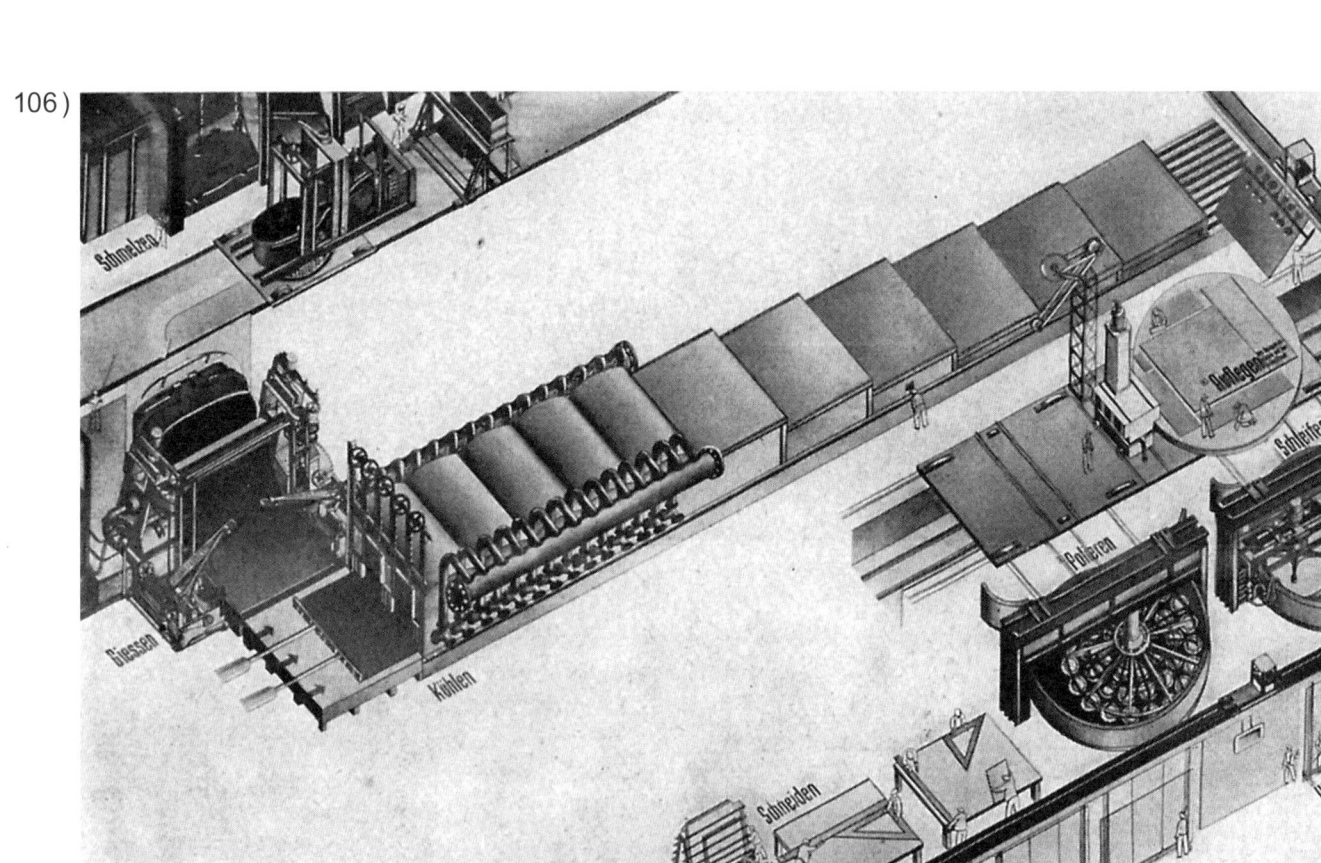

106)
Herstellung von Spiegelglas, 1948

107)
Poliermaschine in einer Spiegelglashütte, 1948

07)

108)
Fragment einer Torfoleum-Dämmplatte (1926), 2019

109)
Werbung für Torfoleum, 1930

110)
Bauhäusler auf dem mit Torfoleum gedämmten Dach des Atelierhauses, 1926

109)

110)

Torfoleum

Das Bauhausgebäude verliert ebenso wie andere Bauten der Moderne über seine großen Glasflächen im Winter viel Wärme und nimmt im Sommer viel Wärme auf. Auch aus diesem Grund ist die Dämmung der anderen Flächen der Gebäudehülle wichtig, zumal seit den 1920er-Jahren das Bedürfnis nach einem angenehmem Raumklima gestiegen ist. Zur Verbesserung des Wärmeschutzes wurden bereits 1926 im Bauhausgebäude die flachen Dächer, die Fußböden der Hausmeisterwohnungen in den Sockelgeschossen und die Fußböden der unteren Ebene der Brücke mit Dämmplatten aus Torf belegt. Das Material wurde teilweise auch für die Dämmung von Rohrleitungen genutzt.

Die Dämmung mit Torfoleum war in den 1920er-Jahren noch nicht allgemein gebräuchlich und stellte für die ausführenden Firmen eine Herausforderung dar, wie der Dessauer Unternehmer Robert Richter in einem Schreiben an Walter Gropius formulierte: „Sie verwenden bei diesem Bau derartig neue Baumaterialien, welche durchaus noch nicht in jeder Beziehung als einwandfrei erwiesen sind, dass Sie nicht von einem Unternehmer verlangen können, dass er über die Art und Weise der Verarbeitung eingehend unterrichtet sein soll."[16]
Der Magistrat der Stadt Dessau bestätigt die fehlende Erfahrung mit dieser Bauweise in dem Streit darüber, ob Risse, die nach Verlegung der Platten im Überbeton entstanden waren, auf die Art der Konstruktion oder auf eine falsche Bearbeitung zurückzuführen seien: „Über die bei dem Bauhaus angewandte Bauart, Einbau von Torfoleumplatten ohne Befestigungsmittel oberhalb der Massivdecke und unterhalb des Leichtbetons, der als begehbares Dach dient, fehlt uns jede Erfahrung, um uns ein sachverständiges Urteil zutrauen und uns gutachtlich äußern zu können; […]."[17]

Torfoleum ist eine Markenbezeichnung für ein Dämmmaterial aus gepresstem Torf, das gegen Feuchtigkeit und Entflammbarkeit imprägniert ist. Für diese Torfplatten gab es verschiedene Hersteller; für das Bauhausgebäude wurde Material der Torfoleum-Werke Eduard Dyckerhoff eingesetzt.[18] Dyckerhoff produzierte am Rande eines Moorgebiets bei Hannover, hatte sich den Markennamen Torfoleum schützen lassen und präsentierte beispielsweise im *Bauweltkatalog 1929/30* auf neun Seiten ausführlich die Vorzüge des Materials sowie Hinweise zur fachgerechten Verarbeitung.[19] Die leichten Platten sind 2–5 cm stark und haben eine Abmessung von 50 × 100 cm. Nach Angaben von Dyckerhoff besitzt das Material einen Wärmeleitwert von 0,04 W/mK,[20] womit eine 3 cm dicke Torfoleumplatte den Wärmeleit- oder Dämmwert einer 56 cm dicken Wand aus Ziegelmauerwerk hat. Das Material wurde in Dessau nicht nur im Bauhausgebäude, sondern beispielsweise auch in den Meisterhäusern, der Siedlung Dessau-Törten und dem Stahlhaus eingesetzt.

Da das Dämmmaterial auf den Dächern und in den Fußböden im Bauhausgebäude beschädigt war, wurden die Torfoleumplatten aus dem Bauhausgebäude vorsichtig ausgebaut und durch Wärmedämmung aus Schaumglas ersetzt. Fragmente der historischen Platten werden im Bauforschungsarchiv bewahrt.

111)

Fußböden

Nicht nur die Farbigkeit und Oberflächenstruktur von Decken und Wänden bestimmen die Wirkung der Räume im Bauhausgebäude. Auch die Fußböden in ihrer Materialität und mit ihren harten und glänzenden Oberflächen prägen den Gesamteindruck der Räume mit. Entsprechend den Funktionen der Räume hatte Gropius unterschiedliche Materialien für die Böden eingesetzt. So weisen Eingangsbereiche und Treppen sowie Sanitärbereiche einen Belag aus schwarzem Terrazzo mit Waldheimer Serpentinit auf, während im Werkstattflügel die Oberflächen von Riffelestrich und unpigmentiertem Steinholz dominieren. In den Unterrichtsräumen im Nordflügel, auf der Brücke und im Atelierhaus sind ebenfalls Bodenbeläge aus Steinholzestrich zu finden, die Büroräume dagegen besaßen mit dem fugenlosen elastischen Material Triolin einen anderen Belag. Im Sockelgeschoss des Nordflügels wurden teilweise Asphaltplatten verlegt, welche die Firma DASAG GmbH bis zur Einstellung der Produktion um das Jahr 2013 noch in denselben Farben und Abmessungen produzierte.[21]

Bei der Pflege, Instandhaltung und Sanierung der Fußböden wird die bauzeitliche Substanz weitgehend bewahrt, Ausbesserungen werden materialidentisch vorgenommen. Optische Beeinträchtigungen durch Gebrauchsspuren oder Veränderungen werden belassen, soweit es sich nicht um grobe Entstellungen handelt. Diese Spuren sind ein Beleg für das Alter und die Authentizität des Gebäudes und damit eine Bereicherung für dessen Wahrnehmung nicht nur als Kunstwerk, sondern auch in seiner historischen Dimension als Geschichtszeugnis.

Da die Fußböden wesentliche Teile der komplexen Gestaltung darstellen, gleichzeitig jedoch besonderer Belastung durch die Nutzung ausgesetzt sind, hat die Stiftung Bauhaus für diese Materialien Informationen über Entwicklungsgeschichte, Zusammensetzung, Herstellung, Besonderheiten und Pflege systematisch zusammengetragen, und ausgewertet.

112)

111)
Treppe und Treppenpodest
mit Belag aus Terrazzo, 2006

112)
Bestandteile von Terrazzo,
2019

113)
Riffelestrich im Werkstattflügel, 2021

114)
Deckenaufbau mit Belag aus Terrazzo, Triolin und Steinholz-estrich (1926), 2006

114)

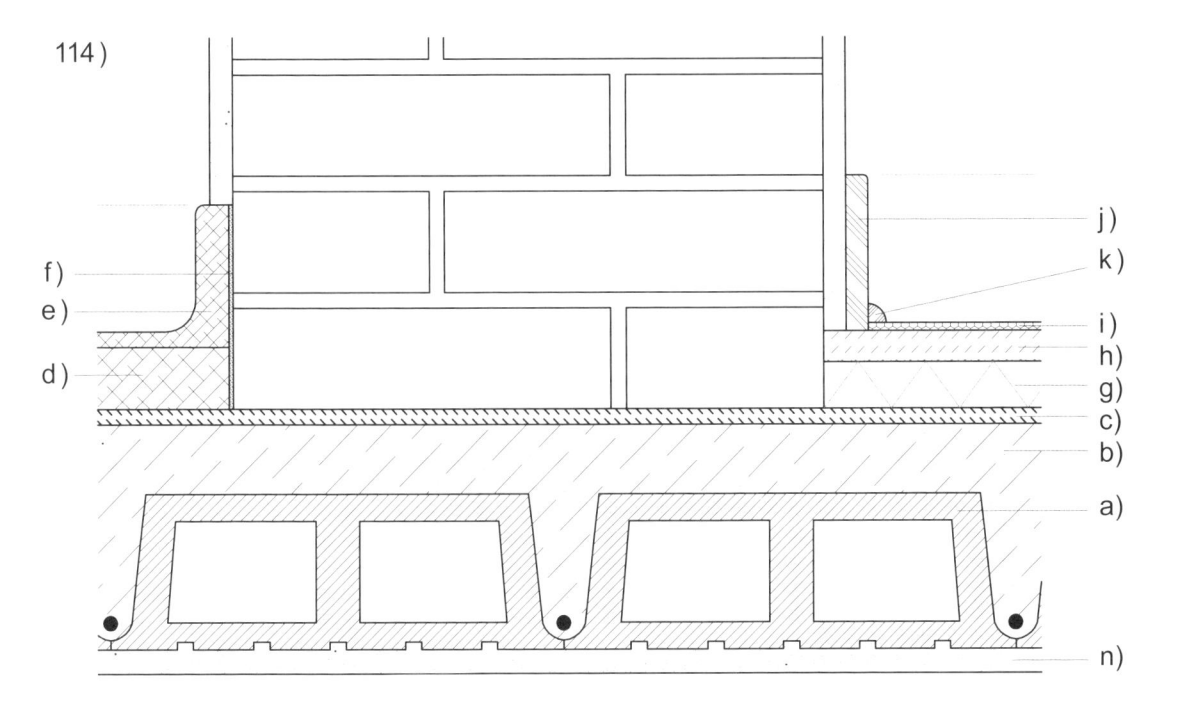

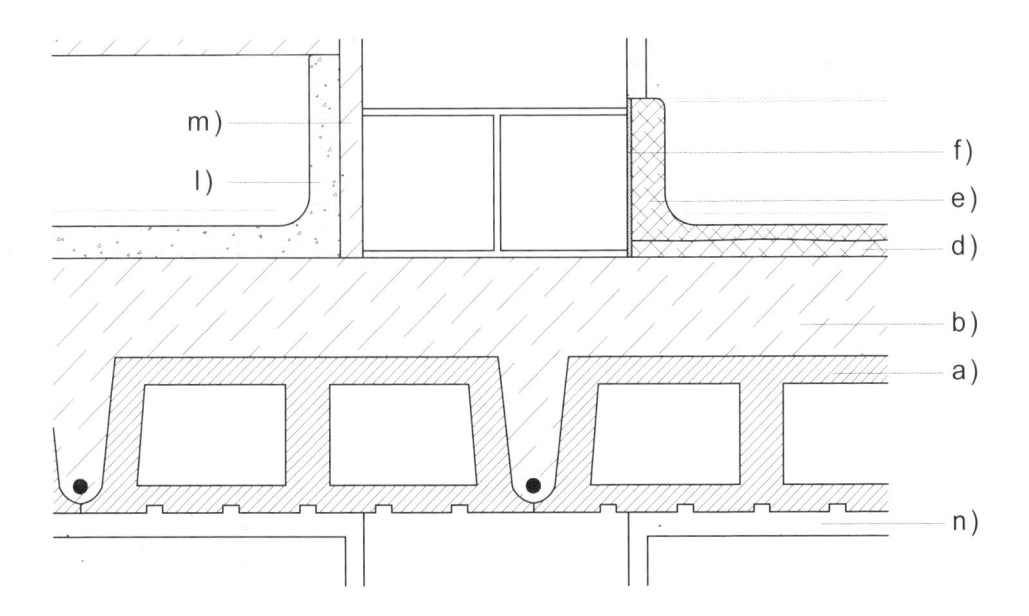

a) Steineisendecke mit Bewehrung, Hohlsteine 10 × 30 cm
b) Aufbeton 4–6 cm
c) Ausgleichsschicht
d) Steinholzunterschicht mit sehr hohem Holzanteil (1–4 cm)
e) Steinholzoberschicht mit angeformter Fußleiste 1 cm
f) Isolierschicht
g) Torfoleum-Dämmung 3 cm
h) Zementestrich mit Drahtgewebeunterlage 2 cm
i) Triolin-Fußbodenbelag
j) Holzfußleiste
k) Viertelstab
l) Terrazzobelag mit angezogener Fußleiste 2 cm
m) Wandputz mit Leimfarbe
n) Deckenputz mit Leimfarbe
o) Außenputz

115)

116)

1925

KÖLN-ROTTWEIL AKTIENGESELLSCHAFT · BERLIN NW40

Was spricht für
TRIOLIN
Bodenbelag
?

VERKAUFSKONTORE: HAMBURG · BONN · LEIPZIG · NÜRNBERG · STUTTGART

In München zu beziehen durch TRIOLIN-SPEZIAL-GROSSHANDLUNG
Sendlingerstrasse 26 **Rudolf Frey, München** Prinz Ludwigstrasse 10
Lieferung von Triolin u. Übernahme von kompletten   Lieferant staatl. und städt. Behörden, Architekten
Verlegungen.   TELEFON 25744   und bekannter Baufirmen.

Triolin

Ein Ergebnis der Forschungen zur Materialität der Bauhausbauten war im Jahr 2002 die Erkenntnis, dass Walter Gropius im Bauhausgebäude und in den Meisterhäusern nicht, wie bisher angenommen, mit Linoleum gearbeitet, sondern Triolin verwendet hat,[22] einen Bodenbelag, der bereits im Haus Am Horn in Weimar verlegt worden war. Triolin, ein früher elastischer Kunststoffbelag, besteht aus Cellulosenitrat mit Füllstoffen und Bindemitteln auf einem Gewebe von Hanffasern und wurde in verschiedenen Farben hergestellt. Das Material wurde nach dem Ende des Ersten Weltkriegs entwickelt, als die von Importen abhängige Produktion von Linoleum eingebrochen war. Gleichzeitig wurden neue Nutzungen für die stillgelegten Produktionsanlagen für Pulver und Sprengstoff, in denen hochnitrierte Kollodiumwolle verarbeitet wurde, gesucht. Die Köln-Rottweil AG, eine Sprengstofffabrik, entwickelte den Bodenbelag Triolin unter Verwendung dieses Materials, erhielt 1919 das Deutsche Reichspatent und produzierte diesen preiswerten Fußbodenbelag. Das zunächst sehr erfolgreiche Produkt konnte sich im Konkurrenzkampf mit anderen nicht behaupten, und so wurde die Produktion von Triolin 1927, die des Nachfolgeprodukts Prisma nach 1930 eingestellt.[23] Das führt heute zu dem Problem, dass für notwendige Ausbesserungen der Fußböden kein Material zur Verfügung steht. Im Bauforschungsarchiv der Stiftung Bauhaus werden daher gebrauchte Stücke des historischen Bodenbelags aus den Bauhausbauten und aus anderen Bauten der Moderne für zukünftige Reparaturen und für die Forschung gelagert.

Triolin ist auf den ersten Blick kaum von Linoleum zu unterscheiden. Das Material besitzt jedoch eine andere Farbpalette und einen anderen Glanzgrad, es ist in der Regel dünner und altert anders als Linoleum. Insbesondere bei der Ausbesserung von Triolin-Böden mit Linoleum zeigen sich die Unterschiede deutlich. Im Bauhausgebäude sind nur noch wenige Quadratmeter des Materials erhalten und werden seit 2004 regelmäßig durch einen Fachmann für Kunststoffrestaurierung sorgfältig gesichert, restauriert und gepflegt.[24] Die Restaurierung von Kunststoffen an Bauten der Moderne ist eine relativ junge Wissenschaft, in der noch erheblicher Forschungsbedarf besteht.[25]

117)

115)
Fragment des Bodenbelags Triolin (1926), 2019

116)
Werbung für Triolin, 1925

117)
Historisches Direktorenzimmer mit Bodenbelag Triolin, 2006

118)

119)

120)

118)
Fragment von Steinholzestrich (1926), 2021

119)
Fußboden aus Steinholzestrich im Werkstattflügel, 2006

120)
Steinholzestrich (1926), 2021

Steinholzestrich

Steinholzestrich ist ein fugenloser Bodenbelag mit harter, glänzender Oberfläche. Er besteht aus einer Mischung von Magnesit als Bindemittel, Holzspänen und weiteren Zuschlagstoffen. Ende des 19. Jahrhunderts entwickelt, hat der Fußbodenbelag hinsichtlich Schall- und Wärmedämmung bessere Eigenschaften als Steinfußboden. Die untere Lage ist durch einen hohen Anteil an Holzspänen poröser und weist gute Dämmeigenschaften auf. Die obere Schicht ist dichter und damit robuster. Die Fußleiste wird durch eine Hohlkehle angearbeitet. Die Herstellung von verschiedenen Farben durch Zugabe von Pigmenten ist möglich und die Oberfläche wird durch die Pflege mit Öl und Wachs geschützt.

Im Bauhausgebäude wurde bauzeitlich ein unpigmentierter Steinholzestrich verwendet, aus späteren Phasen findet sich auch pigmentierter Boden. Bei der Pflege, Instandhaltung und Sanierung werden Fehlstellen, Risse und Hohllagen im Boden bearbeitet, um das weitere Abbröckeln und schließlich den Verlust des bauzeitlichen Materials zu verhindern.

Bei der Sanierung 1996–2009 wurden zunächst nichtbauzeitlichen Bodenbeläge wie Teppichboden oder PVC-Belag über dem Steinholzestrich entfernt, sodass die ursprüngliche Raumwirkung sich wieder entfalten kann. Die Grundreinigung wurde damals in mehreren Arbeitsgängen durch Fräsen und Schleifen vorgenommen. Da diese Maßnahmen auf Dauer zum Verlust des bauzeitlichen Materials führen, wurden im Jahr 2020 schonende Methoden für die langfristige Pflege und Instandhaltung der Steinholzböden[26] mittels Kompressen untersucht und festgelegt.[27]

Risse im Steinholzestrich können unterschiedliche Ursachen und unterschiedliche Ausmaße haben. Während kleine Haarrisse unbearbeitet bleiben, werden größere Risse gefüllt, um den Substanzverlust infolge fortgesetzter Reibung zu vermeiden. Die Bearbeitung erfordert folgende Schritte: Aufweitung der Risse, Anrauen der Rissflanken mittels Mikrofräse (Dentalbedarf) entlang des Rissverlaufs, Reinigung des Risses, Bohrungen zum Ansetzen des Packers innerhalb des Rissverlaufs, Einbringen des

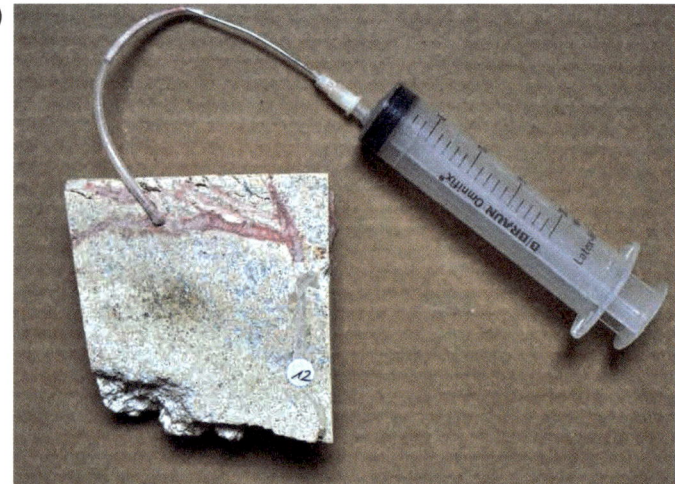

121)
Versuche zur
Sanierung
von Rissen im
Steinholzestrich,
2018

122)
Versuche zur
Hinterfüllung
von Hohlstellen,
2020

Füllmaterials im Injektageverfahren, in einer Farbigkeit, die mit Pigmenten an den Bestand angepasst ist, und abschließend oberflächiges Verspachteln und kleinteiliges händisches Verschleifen des Rissverschlusses im unmittelbaren Flankenbereich.[28]

Hohlstellen entstehen durch die Verformung des Untergrunds beziehungsweise der Konstruktion und die Bewegung des Steinholzestrichs. An den Hohlstellen entstehen Risse, die durch fortgesetzte Bewegung der Estrichschollen zu Abrieb und Substanzverlust an den Risskanten führen. Da sich die materialidentische Hinterfüllung mit Magnesit, das Bestandteil des Steinholzestrichs ist, als ungeeignet erwies, wurde ein differenziertes Konzept erarbeitet. Die Bearbeitung erfolgt demnach in Abhängigkeit etwa von der Lage im Gebäude, der Nutzung oder dem Zustand des Estrichs und umfasst ein komplexes Paket von Empfehlungen für Maßnahmen, die vom Verzicht auf Eingriffe bis zu kleinteiligen oder punktuellen Hinterfüllungen reichen.

Sofern der Bodenbelag aus Steinholzestrich nicht mehr erhalten ist, aber nachweislich bauzeitlich vorhanden war, kann er rekonstruiert werden, wie zum Beispiel im historischen Speisesaal. Flächige Ausbesserungen und Rekonstruktion werden materialidentisch, auf Grundlage von Analysen des bauzeitlichen Steinholzestrichs,[29] ausgeführt. Das heutige Material hat eine andere Farbe, weil es beispielsweise an anderen Orten abgebaut wird. Weil das historische Material nicht nur an der Oberfläche durch die Patina bereits dunkel und unregelmäßig geworden ist, können Fehlstellen und Risse nicht vollkommen unsichtbar verschlossen werden. Krasse farbliche Abweichungen werden mit wenigen Umbrapigmenten, die der Einpflege beigemischt werden, temporär angepasst. Leichte Abweichungen der Ausbesserung in Struktur und Farbe werden akzeptiert, zumal im Lauf der Zeit durch die Entstehung einer Patina auf dem neuen Material die Unterschiede verblassen. Abschließend ist festzustellen, dass wesentlich für die langfristige Erhaltung der bauzeitlichen Fußböden deren kontinuierliche und fachgerechte Pflege ist, für die detaillierte Empfehlungen erarbeitet wurden.[30]

1
Gropius 1930 (1997), S. 37.

2
Vgl. Markgraf 2019.

3
Schmidt 1998, S. 43.

4
Zur Denkmalpflege der Moderne vgl. auch Wüstenrot 2011.

5
Mörsch 2003, S. 140.

6
Zwei Forschungsprojekte wurden durch das Land Sachsen-Anhalt gefördert: „Wissenschaftlich-Technische Untersuchung 1998–2001: Bauforschung Bauhausbauten Dessau, Schwerpunkt Siedlung Dessau-Törten" (Projektleitung: Margret Kentgens-Craig/Monika Markgraf, Bearbeitung und Promotion: Andreas Schwarting) und „Wissenschaftlich-Technische Untersuchung 2002–2004: Bauforschung Bauhausbauten Dessau, Architekturoberflächen" (Projektleitung: Omar Akbar/Monika Markgraf, Bearbeitung: Bettina Lietz).

7
Das Archiv entstand im Rahmen des Forschungsprojekts „Bauforschung Bauhausbauten Dessau" und geht auf eine Initiative von Prof. Berthold Burkhardt, damals TU Braunschweig, zurück. Es wurde von Andreas Schwarting und Monika Markgraf aufgebaut. Vgl. Schwarting/Markgraf 2002; Markgraf 2019.

8
Paul 1978, S. 48.

9
Gropius 1930 (1997) S. 15.

10
Gropius 1926/II, S. 161.

11
Völkers 1948, S. 22ff.

12
Korn 1929 (1999) S.5 f.

13
Berger 1976, S. 725.

14
Vgl. z. B. Gropius 1930 (1997), S. 15; Rehm 2005, S. 33ff.

15
Hier gilt ein besonderer Dank Ruggero Tropeano, der das Fragment dem Bauforschungsarchiv übergeben hat.

16
Schreiben von Robert Richter an Walter Gropius, 12.6.1926, in: Stadtarchiv Dessau, SB 1, fol. 140.

17
Schreiben des Magistrats der Stadt Dessau, 18.6.1926, in: Stadtarchiv Dessau, SB I, fol. 154.

18
Gropius 1930 (1997), S. 15.

19
Bauweltkatalog 1929/30, S. 359ff.

20
Nach eigenen Angaben der Torfoleum-Werke Eduard Dyckerhoff in: Bauwelt-Katalog 1929/30, S. 361.

21
Eine Übersicht zu den Fußböden findet sich in Lietz/Markgraf 2004.

22
Vgl. Lietz 2005.

23
Linke 2020, S. 96ff.

24
Die Restaurierung des Triolin-Bodenbelags erfolgte durch das Restaurierungsatelier Linke, Dietmar Linke, Berlin.

25
Vgl. Lattermann 2009.

26
Die Entwicklung einer Pflegekonzeption für Steinholzböden erfolgte im Rahmen des von der Getty Foundation im Programm „Keeping it Modern!" und dem Land Sachsen-Anhalt geförderten Projekts zur Ausarbeitung eines Conservation Management Plans für das Bauhausgebäude in Dessau; vgl. Schöne 2020.

27
Die Entwicklung der Pflegekonzeption erfolgte durch das Restaurierungsatelier Schöne, Halle/Saale.

28
Schöne 2018.

29
Schöne 2002.

30
Linke 2020; Schöne 2020.

Raumstruktur

123)

123)
Großzügige Räume im Werkstattflügel, 2012

124)
Nachträglich eingebaute Glaswände im Werkstattflügel, 2021

125)
Nordflügel mit Einbauschränken, 2018

Die Raumstruktur im Bauhausgebäude wurde 1926 in den Gebäudeteilen sehr unterschiedlich ausgebildet. Für die Nutzung oder für Umbauten ergeben sich daher unterschiedliche Vorgaben, die auch in der Denkmalpflegerischen Zielstellung von 1999/2014 dokumentiert sind.

Der Werkstattflügel, das „Laboratorium der Ideen" mit den Werkstätten des Bauhauses, wird durch die hauchdünne Membran der Vorhangfassade frei umspannt und geprägt. Im Inneren befinden sich große, lichtdurchflutete Werkstatträume, aber auch kleinere Räume, die etwa als Materiallager, Meisterbüro oder für besondere Arbeiten wie Galvanisieren oder Löten genutzt wurden. Die Trennwände für die Werkstattnutzung waren pragmatisch, entsprechend dem Bedarf gesetzt und teilweise gemauert, teilweise als Leichtwände oder aus Einbauschränken gebaut. Im Lauf der Jahrzehnte wurden Wände hinzugefügt und Wände entfernt. Die heutige Raumaufteilung entspricht der historischen Mischung aus überwiegend großzügigen und einigen kleinen Räumen, weicht jedoch entsprechend dem auch historisch eher pragmatischen Raumgefüge im Detail ab, indem beispielsweise 2005 Räume mit modernen Glastrennwänden abgeteilt wurden.

Der Nordflügel ist im Unterschied dazu durch die regelmäßige Aufteilung in Klassenräume bestimmt, die durch gemauerte Trennwände beziehungsweise Einbauschränke mit Glasoberlichtern zum Flur entsteht. Oder in den Worten von Gropius: „ökonomische lösung eines zweiseitig bebauten schulflurs. belichtung der längsflurwände durch gegen schallwirkung

126)

127)

doppelt verglaste oberlichter über den reiß-
brettschränken. querlüftung durch die gegenüberliegenden klassen und durch die fenster
des treppenhauses."[1] Im Lauf der Jahrzehnte
war diese klare Struktur durch die Abtrennung
kleinerer Räume verunklärt worden. Außerdem
fiel kaum noch Licht in den Erschließungsflur,
da einige Türen nicht mehr verglast waren oder
zusätzliche Trennwände hinter den Glastüren
standen. Es in diesem Bereich wichtig, die
klare und regelmäßige räumliche Gliederung
dieses Gebäudeteils zu erhalten und die Flure
natürlich zu belichten.

Die Brücke verbindet Werkstattflügel und Nordflügel miteinander. Im unteren Geschoss sind
die Räume für die Verwaltung symmetrisch
zu beiden Seiten des im Zentrum gelegenen
Zimmers für den Bauhausdirektor angeordnet.
Diese Räume sind entsprechend ihrer Funktionen unterschiedlich groß, durch eine interne
Erschließung miteinander verbunden und mit
Einbauschränken in der Wand zum Flur ausgestattet. Das Obergeschoss der Brücke
wird durch einen großen Raum dominiert, der
1926–1928 als „bauatelier gropius" mit einer
Schrankwand gegenüber einem Verbindungs-
gang abgegrenzt war. Nachdem Walter Gropius
das Bauhaus verlassen hatte, nutzte die Archi-
tekturabteilung des Bauhauses den Raum ohne
Abtrennung durch die Schrankwand. Diese
historische Struktur der Brücke war nach 1932
durch Raumteilungen stark verändert und wurde
bei der Sanierung 1996–2009 mit den unterschiedlichen Räumen auf beiden Geschossen
wiederhergestellt.

Die Struktur des Atelierhauses besteht aus
gleich großen Räumen, die über einen Mittelflur
mit Teeküche erschlossen werden und dem individuellen Rückzug dienen. Die ursprüngliche
Ausstattung mit Einbauschränken anstelle von
Trennwänden und die Raumgliederung durch
die Bettnischen wurde teilweise bereits vor
1932 verändert. Mit der Rekonstruktion 1976
erfolgte die Wiederherstellung der gleichförmi-
gen Raumstruktur als wesentliches Merkmal;
auf die historischen Einbauschränke, Bettnischen und andere Details wurde verzichtet.
Mit Ausnahme des dritten Obergeschosses, in
dem 2015 in zwei Räumen die historischen
Einbauten reinszeniert wurden, soll die 1976
entstandene Struktur erhalten werden. Sie ist
an der bauzeitlichen Situation orientiert und
überdies ein Zeugnis der 1976 durchgeführten
Rekonstruktion.

128)
Brücke im 2. Obergeschoss,
2021

127)
Raumfolge auf der Brücke
im 1. Obergeschoss, 2021

128)
Flur im Atelierhaus, 2021

129)
Festebene: Speisesaal mit geöffneter Faltwand, 2021

130)
Festebene: Speisesaal mit geschlossener Faltwand, 2021

131)
Festebene: Bühne und Aula, 2021

Die Struktur der Festebene im Zwischenbau ist durch räumliche Flexibilität geprägt: Da sich große Türen zwischen Vestibül und Aula sowie bewegliche Faltwände zwischen Bühne und historischem Speisesaal schließen oder öffnen lassen, ermöglicht dies die Nutzung der Räume wahlweise getrennt voneinander oder als zusammenhängende große Festebene. Diese Raumstruktur war nach Schließung des Bauhauses durch Einbauten komplett verändert und wurde mit der Rekonstruktion 1976 wiederhergestellt. Seither wird die klare und markante bauzeitliche Struktur unverändert erhalten. Die Treppenräume im Bauhausgebäude weisen sehr unterschiedliche Merkmale auf. So wirken die beiden gegenüberliegenden Treppen von Werkstatt- und Nordflügel nur von außen gleich. Im Inneren führt die Treppe im Werkstattflügel auf ein repräsentatives Vestibül, das sich durch großflächige Verglasungen öffnet und den Blick auf die Vorhangfassade freigibt. Die Treppe am Nordflügel dagegen führt auf einen Erschließungsflur, der mit einer intensiven farbigen Fassung überzeugt.

Die Treppenräume an der Südseite des Werkstattflügels sind durch einzelne Lochfenster und eine intensiv rote Wand geprägt, während die Treppe im Atelierhaus mit dem vertikalen Fensterband und der farbigen Kennzeichnung der Etagen wiederum einen anderen Charakter aufweist.

Da das räumliche Gefüge des Bauhausgebäudes sehr differenziert angelegt ist, geht mit der Wiederherstellung der historischen Raumsituation nicht in jedem Fall die genaue Rekonstruktion des bauzeitlichen Grundrisses einher. Wichtiger ist hingegen die Wiederherstellung der differenzierten räumlichen Struktur. Deshalb wird im Nordflügel und auf der Brücke die Erhaltung des bauzeitlichen Grundrisses angestrebt, während im Atelierhaus die vorgefundene Struktur von 1976 bestehen bleibt und für den Werkstattflügel innerhalb eines festgelegten Rahmens die Neufassung der Raumverteilung möglich ist.

1 Gropius 1930 (1997), S. 62.

132)
Treppenhaus im Nordflügel,
2017

133)
Treppenhaus am Werkstatt-
flügel, 2006

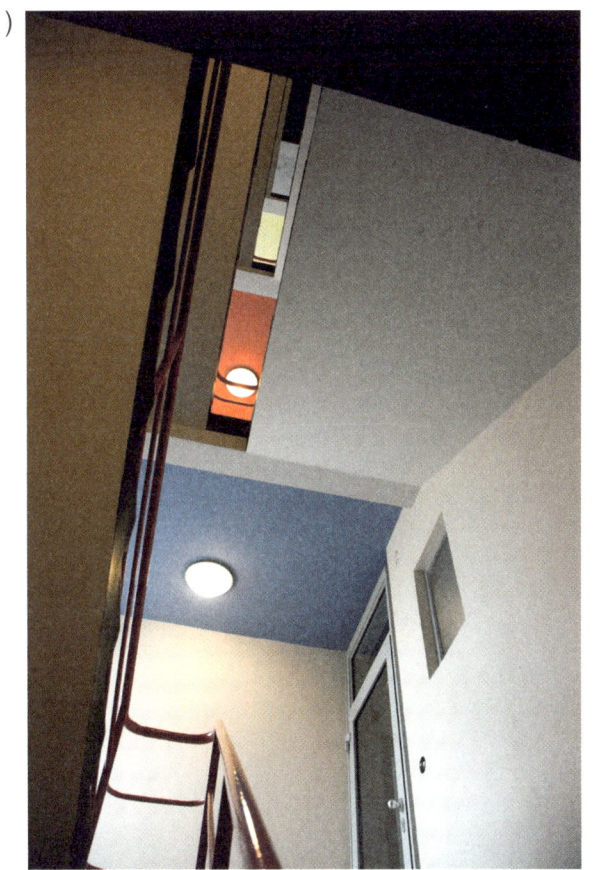

134)
Südliches Treppenhaus am
Werkstattflügel, 2018

135)
Treppenhaus im Atelierhaus,
2010

Farbe und Oberflächen

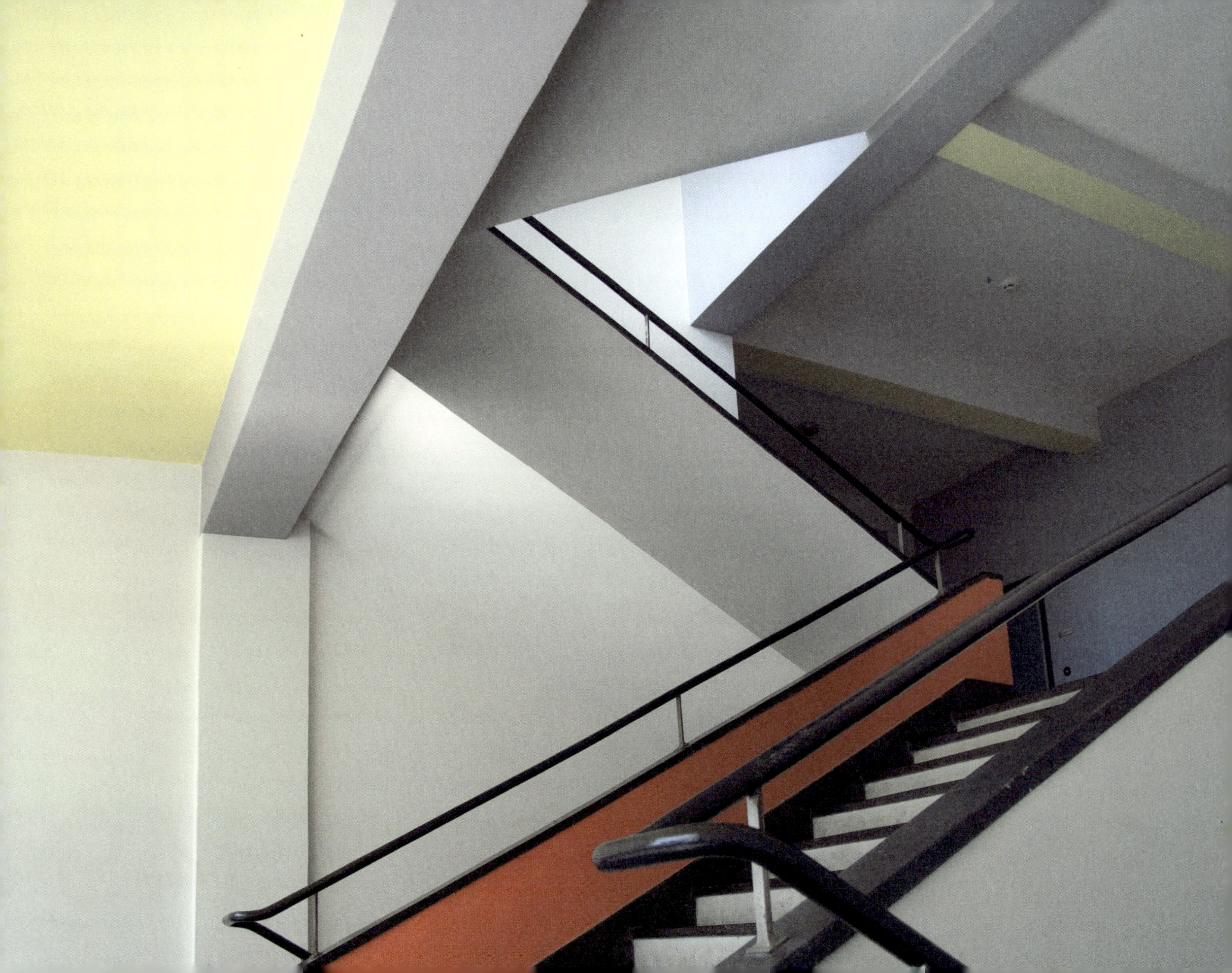

136)
Farbe im Treppenhaus
Nordflügel, 2011

Die Gestaltung der Oberflächen hat für das Bauhausgebäude – wie auch für andere Bauten der klassischen Moderne – eine besondere Bedeutung. Die Architektur mit ihren klaren und reduzierten Formen, dem Verzicht auf Ornamente sowie der Arbeit mit Licht und Schatten stärkt die Wirkung von Farben, Materialien und Oberflächen als wesentliche Elemente des architektonischen Entwurfs mit eigenem künstlerischen Ausdruck, wie Thomas Danzl hervorhebt: „Die von der Wandmalereiklasse am Bauhaus geprägte farbige Flächenbehandlung stellt sich Mitte der zwanziger Jahre als eine zeitgemäße Variante der monumentalen Wandmalerei und nicht nur als eine eigene (kunst)handwerkliche Bauaufgabe dar, ja sie muss darüber hinaus vielmehr als originäre und autonome, wenngleich im Gesamtkunstwerk ‚Bau' assimilierte, künstlerische Manifestation begriffen werden."[1]

Die farbige Gestaltung einer Oberfläche erfolgt durch die Farbigkeit des Materials oder durch eine Beschichtung.[2] Die Beschichtung kann als Schmuck, als Schutz der Konstruktion oder zur Gliederung der Architektur eingesetzt werden. Viele Flächen oder Elemente wirken durch ihre Materialfarbigkeit, also sichtbare Farbigkeit eines Materials, wie beispielsweise Beton, Terrazzo oder Stoff. Die starke Wirkung der Architekturoberfläche beschreibt der niederländische Maler und Architekt Theo van Doesburg: „Letzten Endes ist doch nur die Oberfläche für die Architektur entscheidend, der Mensch lebt nicht in der Konstruktion, sondern in der Atmosphäre, welche durch die Oberflächen hervorgerufen wird!"[3]

Die Bauhäusler beschäftigten sich unter sehr verschiedenen Aspekten mit Farben und Oberflächen.[4] Mit Bezug auf die Gestaltung des Bauhausgebäudes sollen hier in aller Kürze Impulse von László Moholy-Nagy, der Leiter des Vorkurses war und an der farbigen Gestaltung des Bauhauses mitwirkte, Wassily Kandinsky, dem die Leitung der Werkstatt für Wandmalerei bis 1925 oblag, und Hinnerk Scheper, der ab 1925 die Werkstatt für Wandmalerei und die farbige Gestaltung des Bauhauses leitete, angesprochen werden.

Moholy-Nagy führte die Begriffe „Struktur" für den inneren Aufbau des Materials, „Textur" für die organisch entstandenen und „Faktur" für die durch äußeren Einfluss entstandenen Oberflächen ein.[5] Die Struktur des Untergrundes, die Textur durch die Materialität der Farbe und die Faktur, die mit der Werktechnik entsteht, bieten eine Fülle von Möglichkeiten für äußerst differenzierte Gestaltungen, die die Wirkung von Architektur entscheidend prägen. Da diese Oberflächen nicht nur das Sehen, sondern auch die anderen Sinne ansprechen, indem sie etwa die Akustik beeinflussen oder einen Geruch verströmen, wurden bei den Übungen im Vorkurs alle Sinne einbezogen, beispielsweise mit Tafeln, auf denen unterschiedliche Oberflächen mit den Händen zu ertasten waren. Schließlich war Licht als gestalterisches Element für Moholy-Nagy interessant: „statt farbe:licht […] heutige bemühungen zielen dahin, selbst den farbstoff (das pigment) zu überwinden oder ihn wenigstens so weit wie möglich zu sublimieren, um aus dem elementaren material der optischen gestaltung, aus dem direkten licht, den ausdruck zu realisieren."[6]

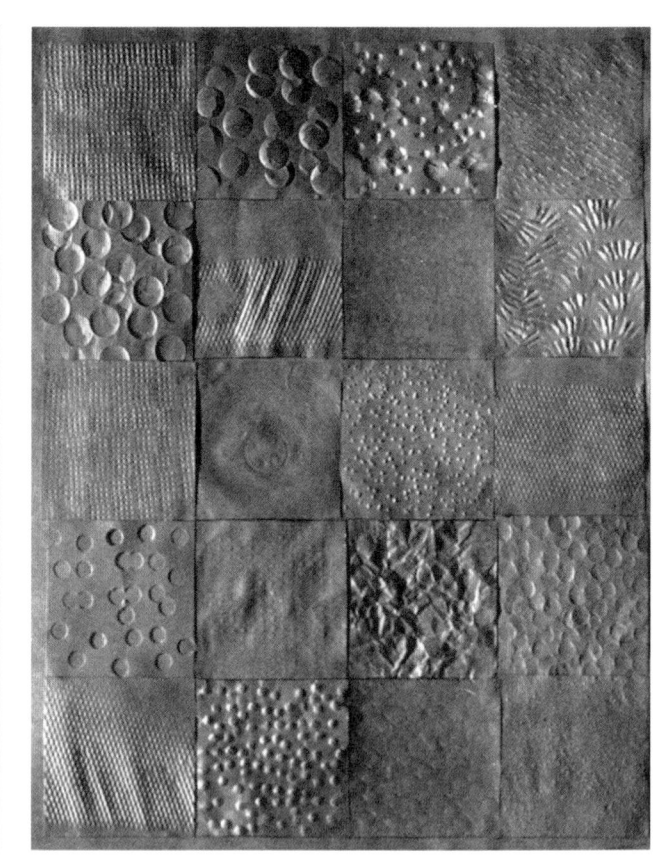

137)

38)

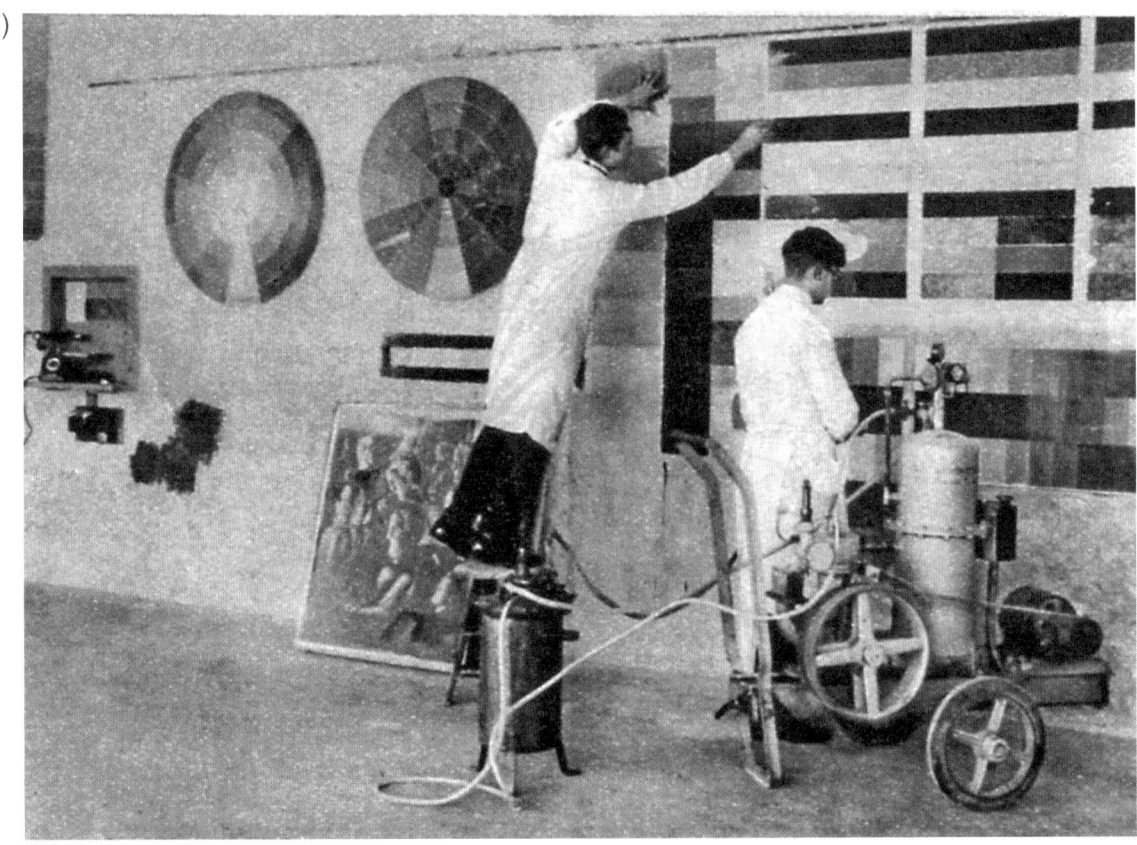

137)
Struktur – Textur – Faktur,
1929

138)
Werkstatt für Wandmalerei,
um 1929

Einen anderen Impuls gab Kandinsky, der die Wirkung von Farbe analysierte und feststellte, dass „die Farbe eine wenig untersuchte, aber enorme Kraft in sich birgt, die den ganzen menschlichen Körper, als physischen Organismus, beeinflussen kann".[7] Dabei hatte er nicht nur die Wirkung der isolierten Farben – etwa das Abkühlende und Tiefgehende von Blau, die geistige Wärme von Gelb oder das In-sich-Ruhende von Grün – untersucht, sondern auch die Wirkung in Abhängigkeit von der Zusammenstellung der Farben und Formen. Dabei kam sowohl der materiellen Substanz mit den chemisch-physikalischen Eigenschaften der Farbe als auch den psychologischen Eigenschaften der Farbe, gleichsam ihren schöpferischen Kräften, eine hohe Bedeutung zu.

Scheper wiederum vermittelte in der Ausbildung sowohl gründliche handwerkliche Kenntnisse und Fertigkeiten als auch die Fähigkeit zur Entfaltung und Umsetzung der schöpferischen und experimentellen Absichten. Entwürfe wurden deshalb technisch und formal bearbeitet. Scheper beschreibt die Aufgabe der farbigen Gestaltung wie folgt: „Die Farbe in der Architektur kann nicht das Produkt eines persönlichen, individuellen Geschmacks sein, sondern im Gegenteil: Sie ist ästhetisch mit den formalen und technischen Gesetzmäßigkeiten des betreffenden Gebäudes verbunden; hier ist nicht von dekorativer Bemalung als solcher die Rede, sondern von der seiner architektonischen Bedeutung entsprechenden Ausgestaltung eines gegebenen Raumes. Die Wandmalerei kann und darf die architektonische Form nicht verdrängen und die Verbindung mit ihr verlieren. [...] Kurz gesagt, die Farbe soll nicht als äußeres Gewand dienen, sie soll eine natürliche Eigenschaft der Archi-

139)
Zusammenspiel von blauer Wand mit weißer und gelber Decke, grauen Türen, metallischen und gläsernen Oberflächen sowie unpigmentiertem Fußboden, 2021

140)
Hinnerk Scheper: Farbiger Organisationsplan des Bauhauses in Dessau, 1926

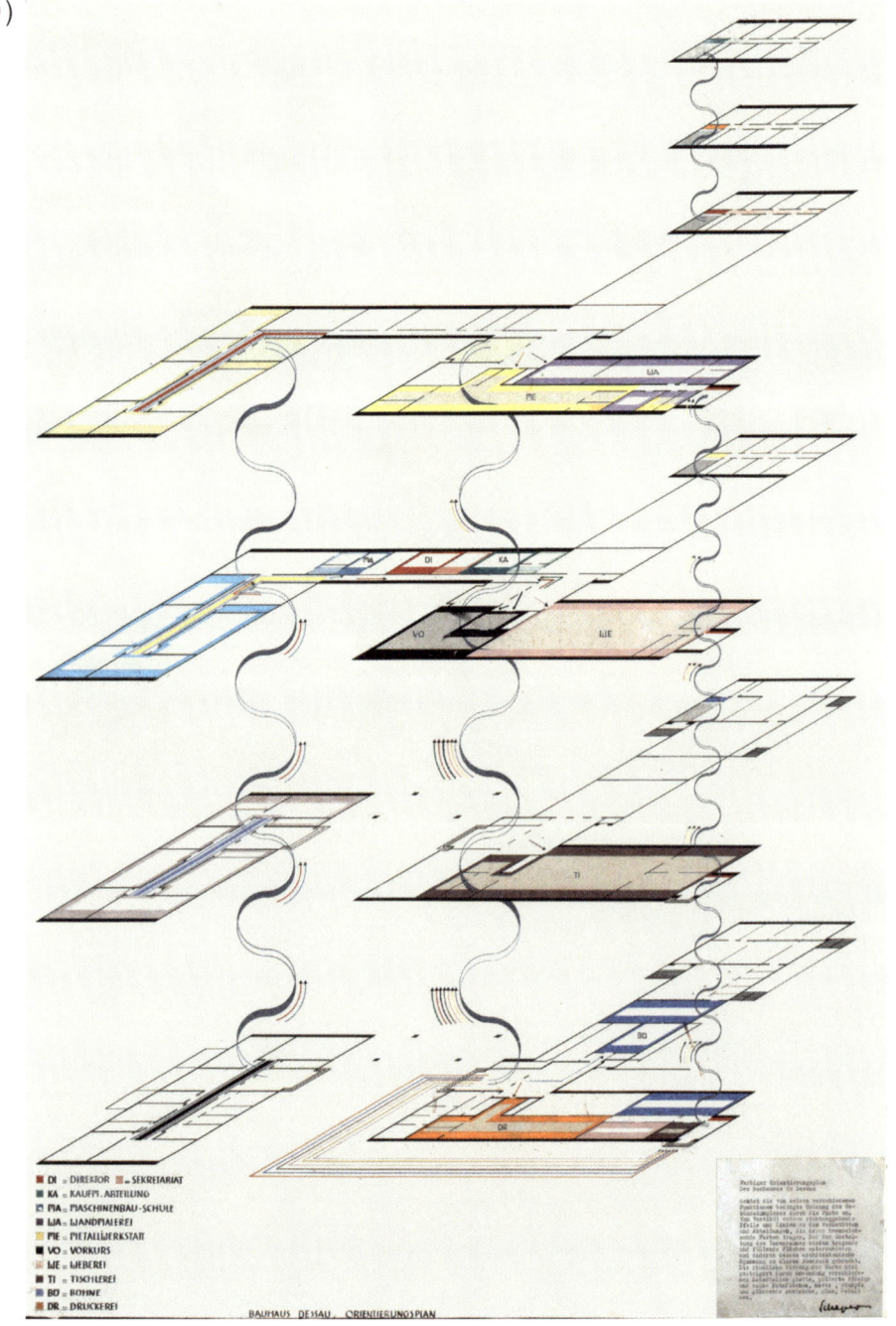

tektur sein."⁸ Die Farbigkeit hat demnach die Aufgabe, der Architektur einen stärkeren Ausdruck zu verleihen und ist funktional in dem Sinne, dass sie als Element des Gesamtwerks verstanden und eingesetzt wird. Sie ist damit ein integrierter Bestandteil der neuen Baukunst.

Der materielle Charakter der Farbe selbst, die Eigenschaften des Untergrunds, auf den sie aufgetragen wird, die Technik, mit der das Auftragen der Farbe erfolgt, und die abschließende Bearbeitung der Oberfläche waren für Scheper wichtige Mittel zur Gestaltung des Raumes, indem der architektonische Ausdruck einzelner Teile beeinflusst wird. Die Vermittlung der entsprechenden handwerklichen Fähigkeiten in der Ausbildung beschreibt Hans Fischli so: „Auf dem Musterpapier, auf dem Holzblatt der Tür, auf der verputzten Mauer entstanden, weil die Unterlage verschieden war, aus demselben Topf drei verschiedene Töne. Die Sprache des Anstreichers ist reich an Wortbildern: Gebrannte Erde, Siena, Englisch Rot, Krapplack, Signalrot, Bleiweiß, Kremser und Zinkweiß, Rebschwarz, Ultramarin, grüne Erde holen Vergleiche herbei und die Flächen können mit Seiden- oder Eierschalenglanz, mit Lacken aller Art noch mehr zum Leuchten gebracht oder stumpf, matt gestoßen werden. […] Man wurde zum Feinriecher; man roch diesen Lack, diese Säure und jenes Öl und alle die Bindemittel; die Nase wird fein wie ein Gaumen des Chefs in der Hotelküche."⁹ Auch die physiologische und die psychologische Wirkung von Farbe fand Berücksichtigung in Schepers Konzepten, indem etwa beruhigende oder aufheiternde Farbtöne eingesetzt wurden oder dunkle Räume einen gelben Anstrich erhielten, Sonnenseiten jedoch einen kühlen grünen Anstrich.

Die Gestaltung der Oberflächen und Farben am Bauhausgebäude wurde im Wesentlichen in der Abteilung für Wandmalerei unter der Leitung von Hinnerk Scheper¹⁰ entwickelt und ausgeführt, eine Ausnahme ist das Vestibül vor der Aula, an dessen farbiger Gestaltung László Moholy-Nagy mitwirkte.¹¹ Scheper prägte mit seiner Auffassung nicht nur die farbige Gestaltung dieses Gebäudes wesentlich mit, sondern auch die weiterer Bauhausbauten, wie der Meisterhäuser und der Siedlung Dessau-Törten. In Schepers Konzeption unterstreicht die Farbigkeit die Gliederung der Architektur, dient der Orientierung im Gebäude und wird durch unterschiedliche Materialität und Struktur der Oberfläche differenziert. Auf dem farbigen Orientierungsplan des Bauhauses 1926 vermerkte er: „Bei der Gestaltung des Innenraumes werden tragende und füllende Flächen unterschieden und dadurch dessen architektonische Spannung zu klarem Ausdruck gebracht. Die räumliche Wirkung der Farbe wird gesteigert durch Anwendung verschiedener Materialien: glatte, polierte, körnige und rauhe Putzflächen, matte stumpfe und glänzende Anstriche, Glas, Metall usw."¹² Die farbige Fassung ist in der Regel auf die gesamte Wandfläche oder Elementfläche, etwa die Unterseite des Unterzugs, bezogen und unterstreicht auch damit die architektonische Wirkung.

Die Gliederung des Bauhausgebäudes ist daher nicht nur durch Funktion, Volumen, Fassaden und räumliche Struktur bestimmt, sondern auch durch die Gestaltung der Oberflächen und die Farbfassung.

Aus dem Jahr 1926 sind von Scheper unterzeichnete Pläne für die farbige Gestaltung des Bauhausgebäudes erhalten. Für die Restaurierungsarbeiten waren trotzdem umfassende restauratorische Untersuchungen am Gebäude notwendig, denn in diesen Plänen sind nicht alle Flächen dargestellt; einzelne Bereiche wie das Hauptvestibül, Details wie Türen oder Ausbauelemente und Angaben zu Material und Struktur der Oberflächen fehlen. Außerdem war zu erkunden, ob die Farbgebung wie geplant realisiert wurde. Bei der Auswertung der Befunde sind auch Fragen zu Materialität und Zusammensetzung der Farben sowie zu deren Alterungsverhalten zu untersuchen. In die abschließende gemeinsame Bewertung durch Restaurator, Architekt, Bauhistoriker und Denkmalpfleger fließen auch Kenntnisse zu Werktechniken, zum Zusammenwirken von Farbe und Architektur im Gebäude, zu Vergleichen mit anderen Bauten und zum Gesamtwerk Schepers ein.

141)

141)
Hinnerk Scheper: Bauhaus-
neubau, Erdgeschoss, Farbplan des Bauhauses, 1926

142)
Farbiger Anstrich der Decken
und Wände im Erdgeschoss,
2021

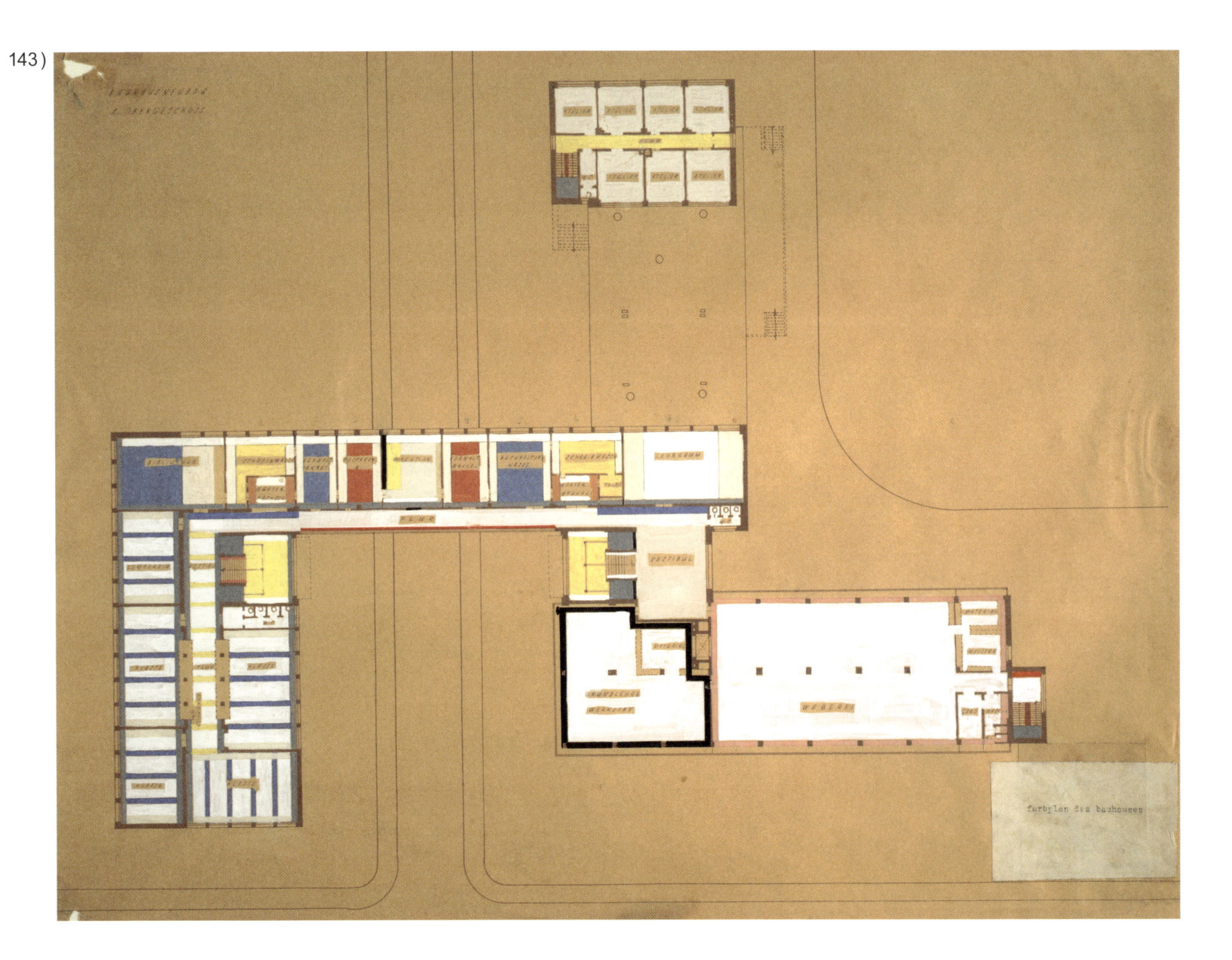

143)

farbplan des bauhauses

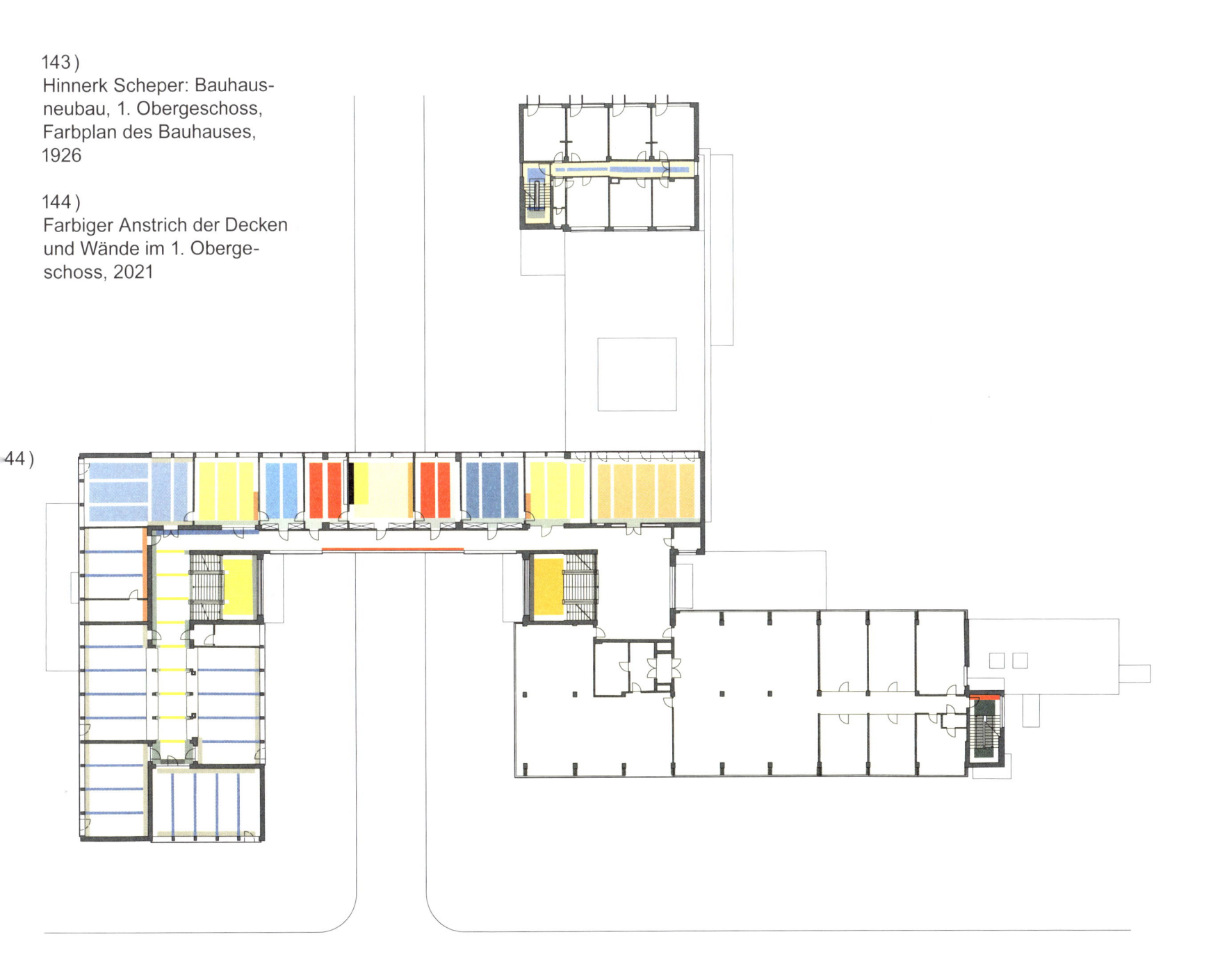

143)
Hinnerk Scheper: Bauhaus-
neubau, 1. Obergeschoss,
Farbplan des Bauhauses,
1926

144)
Farbiger Anstrich der Decken
und Wände im 1. Oberge-
schoss, 2021

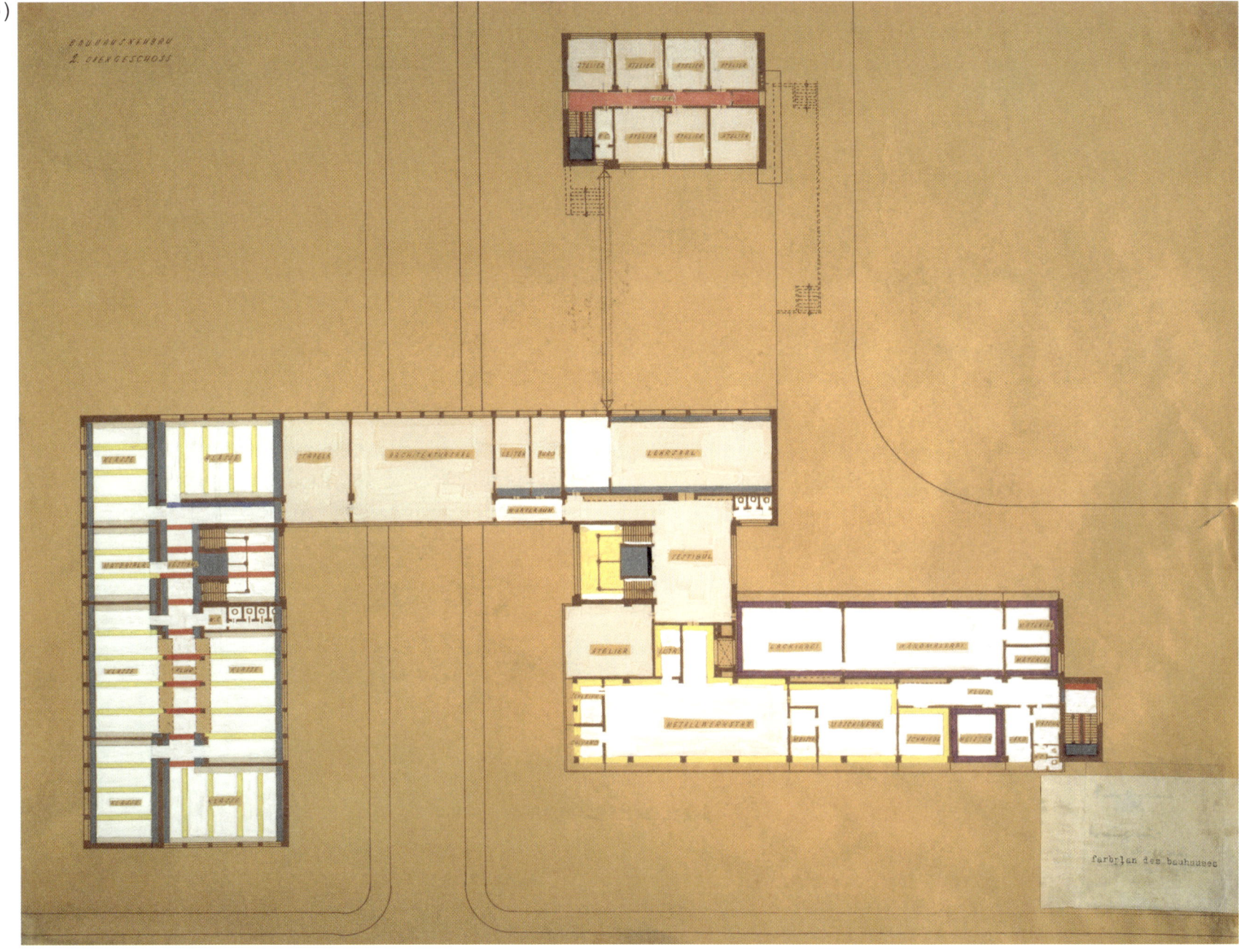

145)

BAUHAUSNEUBAU
2. OBERGESCHOSS

farbplan des bauhauses

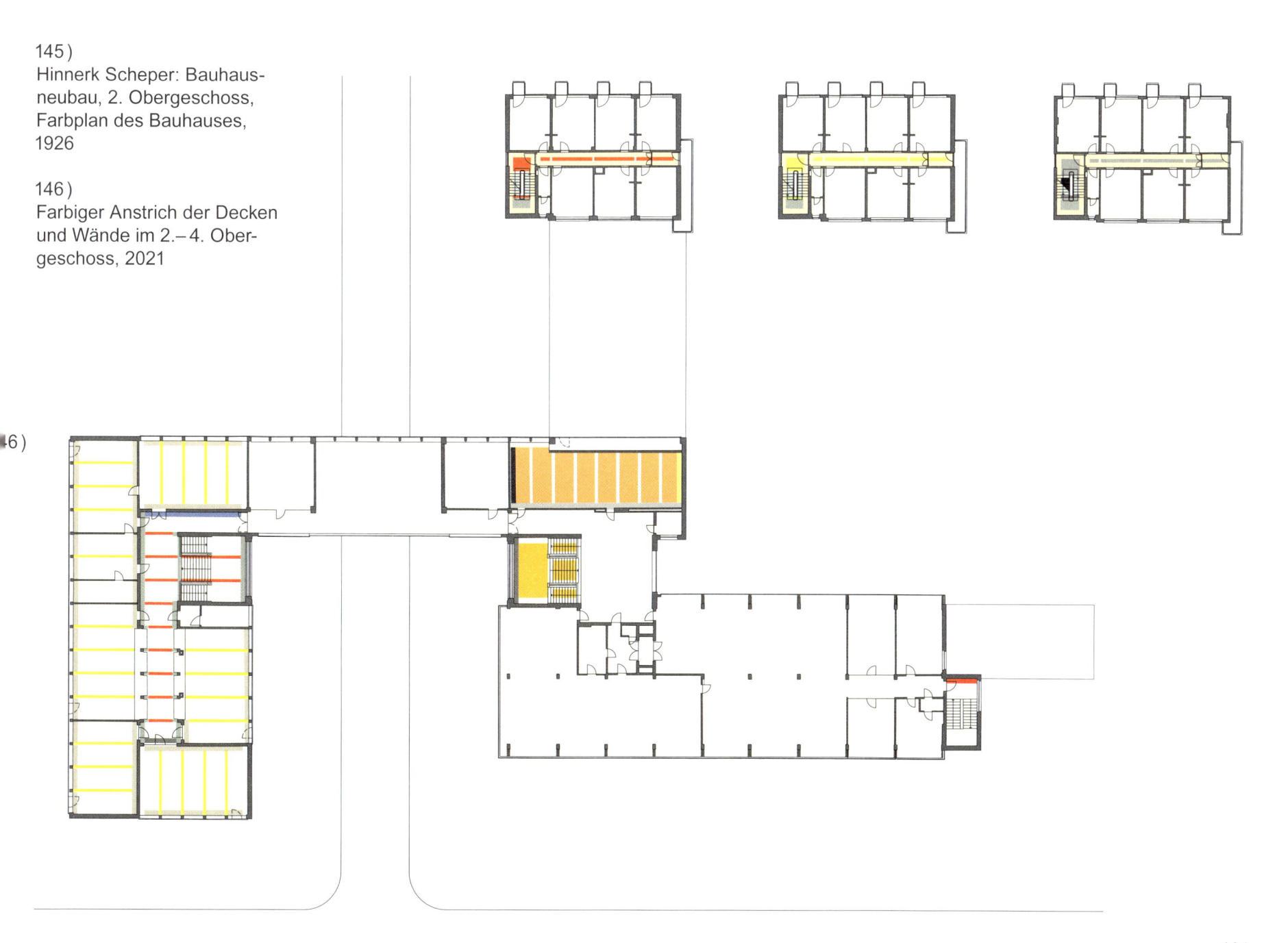

145)
Hinnerk Scheper: Bauhaus-
neubau, 2. Obergeschoss,
Farbplan des Bauhauses,
1926

146)
Farbiger Anstrich der Decken
und Wände im 2.–4. Ober-
geschoss, 2021

147)
Restauratorische Farbuntersuchung eines bauzeitlichen Fensterrahmens, 1999

148)
Tabelle der bewerteten Farbtöne für Flächen

149)
Farbangaben zu den Bauteilen, Einbauelementen und technischen Einbauelementen, 2005

Dessau, Bauhaus, Fachschule (FS), R 2.14 (Bibliothek)
Tabelle der bewerteten Farbtöne für Flächen mit historischem Befund

Bauteil	Farbtonbeschreibung	Ausm.	Farbaufstrich
Ostwand, einschließlich Wandpfeiler und Fensterlaibungen	Weiß; Leimf., DA, m	Keim 9870	
Ostwand - Standort Bücherregal	vormals ziegelsichtig belassen, keine gerade Beschneidekante zum historischen Putz vorhanden		
Ostwand - Fensterbrüstungen	Grau; Leimf., DA, m	Ausm. 68	
Nord- und Südwand, einschl. der Fensterbrüstungen in der Nordwand	Weiß; Leimf., DA, m	Keim 9870	
Westwand, einschl. Laibungsfläche des Wandversatzes	Grau; Leimf., DA, m	Ausm. 68	
Westwand - Ölsockel neben Türanlage	Grau; Emulsion, DA, m	Ausm. 68	
Westwand - Standort Bücherregal	vormals ziegelsichtig belassen, keine gerade Beschneidekante zum historischen Putz vorhanden		
Wandpfeiler - fensterseitige Sirnflächen	Grau; Leimf., DA., m	NCS - S 6000 - N	
Deckenfelder	Ultramarinblau, hell; Leimf., DA., m	Ausm. 17	
Unterzüge	Weiß, gebr.; Leimf., DA, m	Keim 9870	
T 2.01.07 - Rahmen	Grau; Ölf., DA, sg	NCS S 5005 - R80B	
T 2.01.07 - Blatt	Schwarz; Ölf., DA, sg	Sik ON.00.10	
Fußboden	unpigmentierter Steinholzestrich		

Stiftung Bauhaus Dessau
Gropiusallee 38, 06846 Dessau,
Tel: 0340/ 6508-0 Fax: 0340/ 615 222

Generalsanierung des Bauhausgebäudes
Nordflügel – Fachschule

Farbangaben zu den Bauteilen

Bibliothek – restauratorischer Bereich
Raum FS 2.14

Nachtrag 02.11.2005

Bauteil	Farbton / Material	Ausmischung Näherungswert	Glanzgrad Oberfläche	Aufstrichproben
Wand a1 Standort Bücherregal	Weiß, Leimfarbe	Keim 9870	matt	
Wand a2	Grau, Leimfarbe	Ausmischung 68	matt	
Wand a3 Ölsockel	Grau, Alcyd- bzw. Kunstharzfarbe	Ausmischung 68	matt	
Wand b, d	Weiß Leimfarbe	Keim 9870	matt	
Wand c1, c2 Fensterleibung, Pfeiler	Weiß Leimfarbe	Keim 9870	matt	
Wand c2 Brüstung	Grau, Leimfarbe	Ausmischung 68	matt	
Deckenfelder	Hellblau Leimfarbe	Ausmischung 17	matt	
Unterzüge dreiseitig	Weiß Leimfarbe	Keim 9870	matt	
Boden / Sockelleisten	Unpigmentiert Steinholz			
Wandpfeiler außen fassadenseitig	Dunkel Grau Leimfarbe	NCS – S 6000 N	matt	

Farbprojekt Nordflügel EG – 2.OG
Öffentlicher Bereich

Stiftung Bauhaus Dessau
Gropiusallee 38, 06846 Dessau,
Tel: 0340/ 6508-0 Fax: 0340/ 615 222

Generalsanierung des Bauhausgebäudes
Nordflügel – Fachschule

Farbangaben zu den Einbauelementen

Bibliothek – restauratorischer Bereich
Raum FS 2.14

Bauteil	Farbton / Material	Ausmischung Näherungswert	Glanzgrad/Oberfläche	Aufstrichproben
Türanlage T2.01.07	Türblatt Alcyd- bzw. Kunstharzfarbe	SIK ON.00.10	seiden-glänzend	
	Türrahmen Alcyd- bzw. Kunstharzfarbe	NCS-S 5005-R80B	seiden-glänzend	
Türanlage T2.14.01	Türblatt Alcyd- bzw. Kunstharzfarbe	RAL 7044	seiden-glänzend	
	Türrahmen Alcyd- bzw. Kunstharzfarbe	RAL 7044	seiden-glänzend	
Fensteranlagen (Innen)	Weiß Alcyd- bzw. Kunstharzfarbe	NCS-S 0500-N	seiden-glänzend	bereits ausgeführt 4. BA
Fensterbank Bestand	materialsichtig Terrazzo	Bestand		

Farbangaben zu technischen Einbauelementen

Bibliothek – restauratorischer Bereich
Raum FS 2.14

Bauteil	Farbton / Material	Ausmischung	Glanzgrad/Oberfläche	Aufstrichproben
Installationsrohre Heizleitungen	Reinweiß Alcyd- bzw. Kunstharzfarbe	RAL 9010	seiden-glänzend	
Heizkörper	Reinweiß Alcyd- bzw. Kunstharzfarbe	RAL 9010	seiden-glänzend	
Elektrotrassen Boden- und wandseitig falls Aufbodentrasse	Quarzgrau Pulverbeschichtung	RAL 7039	seiden-glänzend	
Lichtschalter Steckdosen Fa. Berker / Serie 1930 Unterputzmontage Ringplatte u. Schalter	Schwarzbraun	RAL 8022		

Farbprojekt Nordflügel EG – 2.OG
Öffentlicher Bereich

150)
Farbprojekt für
das Vestibül
im Atelierhaus,
2003

Für die Wiederherstellung der historischen Farbigkeit ist nicht allein die Bestimmung des Farbtons wichtig, sondern auch die Erforschung von Untergrund, Materialität und Struktur der Oberfläche. Für die Entstehung einer Oberfläche, die dem Original möglichst ähnlich wird, ist es unverzichtbar, sich mit Materialzusammensetzungen und Werktechniken zu beschäftigen, da auch Werkspuren aus der Herstellung oder die Art der Patina Bestandteile der Gestaltung sein können.

Heute ist im Gebäude nicht in allen Bereichen die ursprüngliche Farbigkeit wiederhergestellt. Da beispielsweise in den Gästezimmern im Atelierhaus oder in Teilen des Sockelgeschosses nur Fragmente der bauzeitlichen Farbigkeit nachweisbar sind – etwa weil historische Wände oder bestimmende bauzeitliche Einbauten nicht mehr vorhanden sind –, werden die bauzeitlichen Farbfragmente unter einer Schutzschicht konserviert und mit einer „neutralen" Farbfassung überstrichen. Doch nicht nur, weil sie nicht lückenlos nachweisbar ist, ist die bauzeitliche Farbigkeit nicht vollständig wiederhergestellt, sondern auch deshalb, weil neue Bauteile wie beispielsweise Glastrennwände oder zusätzliche Einbauschränke hinzugefügt werden. Im Bewusstsein, dass es in einem farbigen Umfeld keine neutrale Farbigkeit geben kann, wurde für diese Flächen und Bauteile eine Palette von vier Farbtönen festgelegt, die die historische Farbigkeit möglichst wenig stören: die RAL-Farbtöne Schwarzbraun (8022), Quarzgrau (7039), Seidengrau (7044) und Reinweiß (9010). Bei kleineren Abweichungen vom bauzeitlichen Bestand hat die räumliche Gesamtwirkung bei der Farbgestaltung Vorrang. Deshalb erhalten zum Beispiel Fenster und Türen aus verschiedenen Jahrzehnten innerhalb eines Raumes oder in der Fassadenfläche eine einheitliche Farbfassung. Funktionale Veränderungen oder Ergänzungen für die Nutzung wie beispielsweise die Kabelkanäle sollen als solche erkennbar sein, aber den Gesamteindruck nicht stören oder dominieren. Sie werden deshalb in einem Ton aus der Palette der vier Farbtöne für Flächen ohne restauratorischen Befund gefasst, sodass sie sich in das Gesamtbild einfügen.

Ein zusammenfassendes Farbprojekt[13] wurde bis 2006 durch die Architekten ausgearbeitet und wird bei Bedarf fortgeschrieben, etwa wenn neue Elemente hinzugefügt werden oder neue Erkenntnisse entstehen. Das Farbprojekt basiert auf den Untersuchungen und Bewertungen des Restaurators, bezieht die neuen Elemente wie Einbauten oder Kabelkanäle ein und stellt die historische wie auch die ergänzte Farbigkeit in Zeichnungen und tabellarischen Übersichten der Farbtöne und Materialien sowie erläuternden Texten dar. Bei der Wiederherstellung der bauzeitlichen Farbgebung wird mit Kalkfarbe für die Außenwände, modifizierter Leimfarbe für die Innenwände und Alcydharzfarbe für Fenster, Türen und andere Einbauten gearbeitet.

Im Bauhausgebäude sind nur an wenigen ausgewählten Orten die historischen Farbschichten freigelegt, restauratorisch gesichert und ergänzt. Es sind nur noch Teile der bauzeitlichen Oberflächen vorhanden und die Belastung und Gefährdung der empfindlichen historischen Schichten durch die intensive Nutzung des Hauses ist so hoch, dass die Substanz unwiederbringlich verloren ginge. Mit einer Schutzschicht werden außerdem grobe Störungen im Putz ausgeglichen, und es entsteht eine Fläche, die in Materialität und Struktur den bauzeitlichen Oberflächen entspricht. In den überwiegenden Bereichen im Gebäude wird deshalb auf Decken- und Wandflächen eine reversible, dünne mineralische Putzschlämme aufgebracht, indem zunächst der vorhandene bauzeitliche Kalkputz an Decken und Wänden bearbeitet wird. Lockere Farb- und Putzstellen werden ebenso wie Zementputzplomben entfernt und notwendige Festigungen durch Injektage vorgenommen. Nachdem die Fehlstellen mit modifiziertem zweilagigem Kalkputz ergänzt sind, wird die ganze Fläche mit einer dünnen, mit Methylzellulose versetzten Kalkputzglätte überzogen, in die ein Glasvlies eingearbeitet ist. Abschließend wird die modifizierte Kalkputzglättegefilzt und mit einer Kalktünche nass in nass gestrichen. Unter der so entstandenen Fläche, die der bauzeitlichen Oberfläche entspricht, sind die historischen Putz- und Farbreste geschützt und konserviert. Der abschließende Anstrich erfolgt nach restauratorischem Befund mit einer modifizierten Leimfarbe. Bauzeitliche Oberflächen von Einbauten wie Türen werden ebenfalls geschützt.

Der Vergleich der Scheper'schen Planung mit der Farbfassung, die durch die restauratorischen Untersuchungen nachweisbar ist und wiederhergestellt wurde, zeigt, dass es 1926 in der Realisierung Abweichungen von der Planung gab. Die Festlegungen aus den Farbprojekten sind heute Bestandteil der Denkmalpflegerischen Zielstellung und des Conservation Management Plans.

Die Oberflächen von Decken und Wänden sind in den meisten Teilen des Bauhauses (Nordflügel, Brücke, Zwischenbau, Atelierhaus) verputzt, einschließlich der sichtbaren Konstruktion aus Stahlbeton mit Stützen und Unterzügen. Werkstattflügel und Sockelgeschosse haben einen anderen Charakter, weil Decken und Wände, Unterzüge und Stützen unverputzt sind, wie es für Werkstätten und Nebenräume üblich war. Diese rauen Oberflächen sind durch die unter einer dünnen Schlämme sichtbaren Spuren der Betonschalung an Stützen und Unterzügen oder die Struktur der Deckenhohlziegel beziehungsweise der Mauersteine geprägt. Die sichtbare Installation der Leitungen in diesen unverputzten Bereichen des Hauses unterstreicht ebenfalls deren Charakter. Besondere Orte wie die Festebene und das Direktorenzimmer sind hervorgehoben, indem Teile der sonst im Gebäude sichtbaren Konstruktion aus Stahlbetonunterzügen verdeckt sind.

Der Entwurf für die farbige Fassung des Bauhausgebäudes aus dem Jahr 1926 ist komplex. So erhielten die Räume im ersten Obergeschoss der Brücke durch den farbigen Anstrich der Deckenflächen und weiße Unterzüge eine intensive Farbigkeit, die sich symmetrisch auf das Direktorenzimmer im Mittelpunkt bezieht. Die Räume im zweiten Obergeschoss sind dagegen mit schlichten weißen Anstrichen gefasst. Farbige Untersichten der Unterzüge, die geschossweise und nach öffentlichen und nichtöffentlichen Räumen differenziert sind, bestimmen das Bild im Nordflügel zusammen mit den weiß und grau gefassten Wänden. In den Räumen des Werkstattflügels ist ausschließlich weißer Kalkanstrich nachweisbar. Die farbige Markierung der Werkstätten in Schepers Orientierungsplan diente demnach der Orientierung im Plan und entsprach nicht der Farbigkeit am Gebäude. Mit kräftiger Farbe an Decken oder Wänden werden in allen Gebäudeteilen die Erschließungswege hervorgehoben.

151)

151)
Unverputzte Oberflächen im
Werkstattflügel, 2006

152)
Farbe im Atelierhaus, 2021

153)
Farbe im Vestibül im Erdgeschoss des Werkstattflügels, 2018

154)
Metallische, reflektierende Oberfläche an der Decke der Aula, 2017

155)
Raue und glatte, glänzende und matte Oberflächen im historischen Speisesaal, 2021

54)

55)

So bestimmt etwa im Treppenhaus des Nordflügels bestimmen das kräftige Rot der Brüstung des Treppenlaufes, wechselnde Farbe an den Decken der Treppenpodeste sowie graue und blaue Wandflächen in den Fluren das Bild.

In den öffentlichen Bereichen im Atelierhaus ist Farbe beispielhaft zur Orientierung eingesetzt: So weist im Vestibül kräftig rote Farbe den Weg, während die Decken der Etagen in jeweils unterschiedlichen Farben gefasst sind, auf die schon die Farbe des Auflagers des vorhergehenden Treppenpodestes hinweist. Die einheitliche Farbgebung der Etagendecken von Treppenraum, Flur und Teeküche weist auf deren räumliche Einheit hin. Die grauen, von den farbigen Decken abgesetzten Unterzüge betonen die konstruktiven Elemente und unterstreichen damit die Gliederung des Raumes durch die Konstruktion. Zwischen dem Treppenhaus und den Fluren befinden sich heute moderne Rauchschutztüren, die den räumlichen Zusammenhang von Treppen, Fluren und Teeküchen stören, aber aus Gründen des Brandschutzes notwendig sind.

In den Räumen von besonderer Bedeutung wird die Gestaltung nochmals komplexer, indem Farben von besonderer Materialität eingesetzt und die Oberflächen unterschiedlich bearbeitet werden. Im Direktorenzimmer etwa bestimmt neben den farbig gestrichenen Oberflächen von Decke, Wänden und Einbauten sowie dem Bodenbelag aus Triolin eine mit Bastgewebe bespannte Wand den Raumeindruck. Diese sehr lebendige, handwerklich hergestellte Oberfläche schafft eine besondere räumliche Spannung und Qualität auf der Schnittstelle zwischen der Ästhetik industriell hergestellter Perfektion und handwerklicher Produktion.

Die Festebene im Bauhausgebäude umfasst das Vestibül, die Aula, die Bühne und den Speisesaal. Diese multifunktional nutzbare Raumfolge ist ein repräsentativer Ort, an dem auch Veranstaltungen stattfanden und sich das Bauhaus der Öffentlichkeit vorstellte. Die Gestaltung kann daher als programmatisch gelten. Die auffällige farbige Fassung des Vestibüls entstand unter Mitwirkung von László Moholy-Nagy und wurde 1927 so beschrieben: „Der letzte und wichtigste Faktor aber ist die Farbe, so wie sie im Bauhaus zum immer wieder sichtbar werdenden Zwecke der Lichtreflektion verwandt ist. Ich erinnere mich an ein Rosa mit Hellgelb und Grau in Verbindung mit Spiegelglas und schwarzer Glasüberspannung im Vestibül, eine Komposition, die ebenso hell wie vornehm ist."[14] Restauratorische Befunduntersuchungen belegen die bauzeitliche Fassung für die meisten Flächen: Schwarz und Weiß für die Laibungen der Aulatüren, Rosa, helles Ocker, Schwarz und Weiß für die Wände sowie Grau und Ultramarinblau für Teile der Decke. Leider sind nicht mehr alle ursprünglichen Bauteile im Vestibül erhalten, sodass Türen, Hauptdeckenfeld und ein Teil der Südwand ohne bauzeitlichen Befund bleiben und deshalb die konsequente Restaurierung und Rekonstruktion nicht möglich ist. Auch mit einem Gutachten zur Rekonstruktion der bauzeitlichen Farbigkeit auf Grundlage einer Grauwertanalyse bauzeitlicher Fotografien ist ein Nachweis nur näherungsweise möglich.[15] Da eine „neutrale" Farbigkeit für den ganzen Raum im Zusammenhang mit der gesamten Festebene jedoch nicht verständlich ist, ist die bauzeitliche Farbigkeit so weit wie möglich wiederhergestellt und aus der Palette der Farben für Flächen ohne Befund so ergänzt, dass ein harmonisches Gesamtbild entstanden ist.

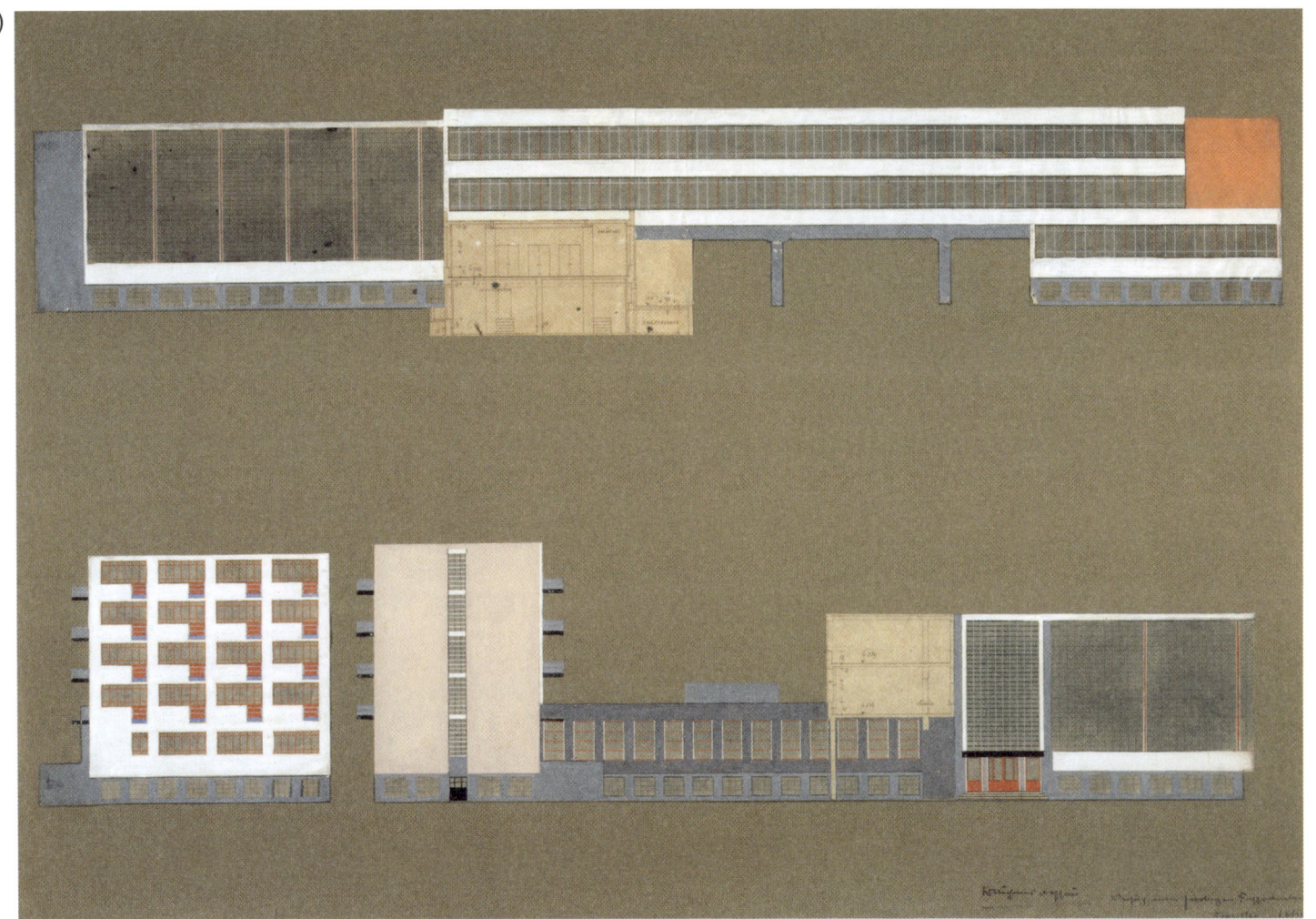

156)
Hinnerk Scheper:
Versuch einer farbigen
Fassadenbemalung,
1926

157)
Farbige Fassung der
Fassaden, 2021

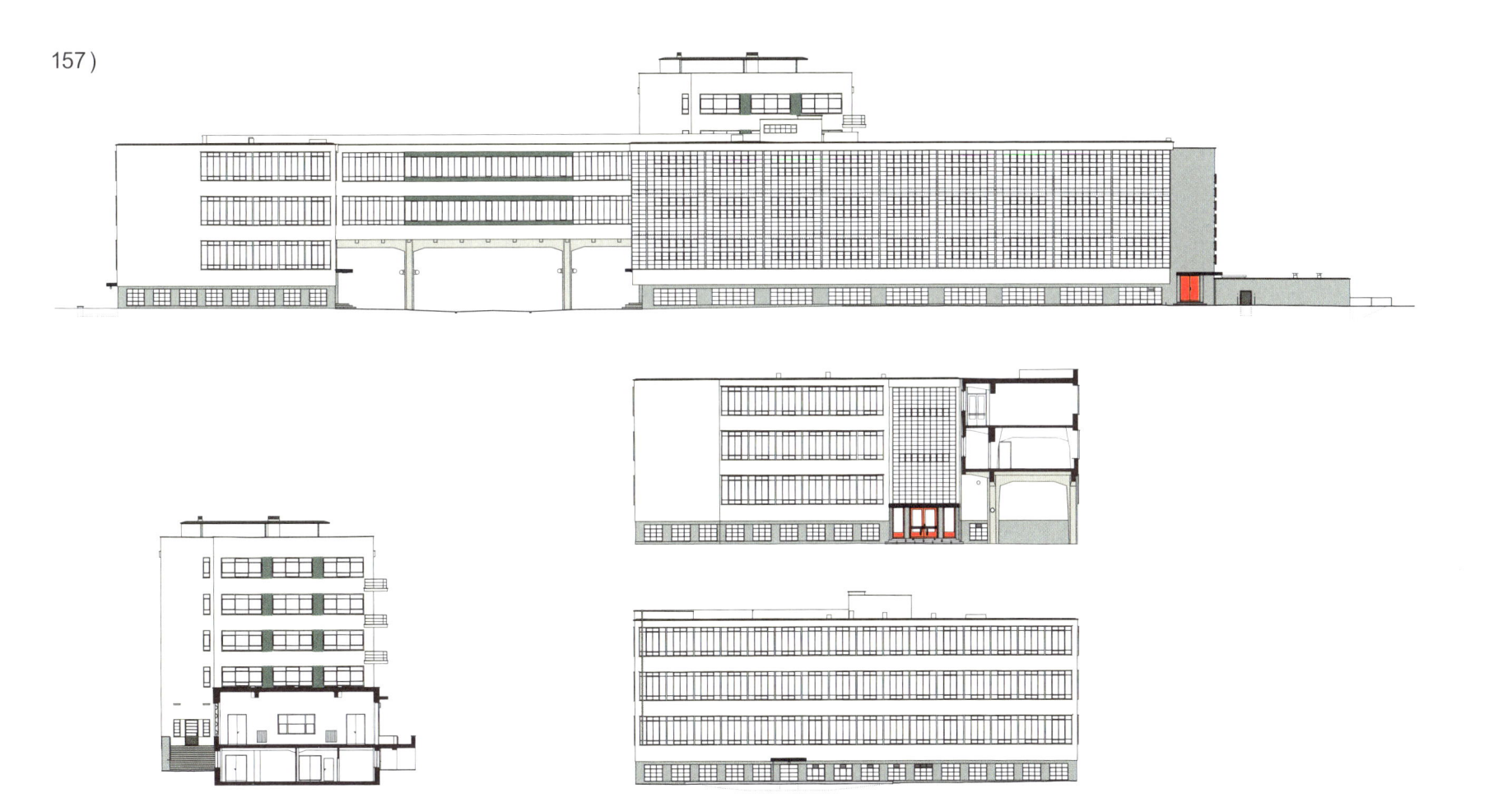

157)

158)

159)

158)
Verputzte und weiß
gestrichene Fassade, 2006

159)
Grau durchgefärbter Putz mit
Glimmeranteil, 2006

Struktur und Farbigkeit der ursprünglichen Oberflächen von Wänden und Decken in Aula, Bühne und Speisesaal zeigen die von Hinnerk Scheper entwickelte Gestaltung exemplarisch und sind anhand der bauzeitlichen Befunde rekonstruiert. Besonders interessant ist der Anstrich der Deckenfelder in der Aula. Die füllenden Flächen zwischen den weiß gefassten tragenden Unterzügen haben über einer matten, bunt pigmentierten, grauen Grundierung eine Fassung aus „Silberbronze". Diese Farbe, deren Pigmentierung durch Metallplättchen aus Aluminium erfolgt, wird aufgespritzt. Der Anstrich reflektiert das Tageslicht und das Licht aus der flächigen Deckenbeleuchtung aus Soffitten, sodass eine sehr lebendige, sich je nach Lichteinfall ständig verändernde Oberfläche entsteht. Auch das Zusammenspiel von matten Oberflächen der Wände und hochglänzenden Oberflächen der Türen, den glänzenden Oberflächen der vernickelten metallischen Elemente, den mit silberner Farbe gestrichenen Heizkörpern und den matten Textilien bestimmt die festliche Atmosphäre. Da es für den Fußboden weder einen materiellen bauzeitlichen Beleg noch eindeutige andere Nachweise wie beispielsweise Abrechnungen aus der Bauzeit gibt, ist Linoleum als Bodenbelag verlegt, dessen Farbton der Palette der Farben für Flächen ohne restauratorischen Befund entspricht und sich in die historische Farbigkeit des Gesamtbildes einfügt.

Wände und Decken der Bühne weisen die ursprüngliche weiße Farbfassung auf, um die Wirkung der Festebene mit Aula, Bühne und Speisesaal als Ganzes zu unterstreichen. Für spezielle Bühnenaufführungen besteht die Möglichkeit, durch Verhängen der weißen Wände eine Blackbox herzustellen. Da es für die Farbe des bauzeitlichen Bühnenbodens keinen eindeutigen Beleg gibt, ist er in dem schwarzen Farbton aus der Palette für Flächen ohne restauratorischen Befund gestrichen.

Auch der historische Speisesaal ist ein Musterbeispiel für die vielfältige Gestaltung der Oberflächen durch die Werkstatt für Wandmalerei unter der Leitung von Hinnerk Scheper. Die Farbigkeit unterstreicht die Gliederung der Architektur und die Oberflächen entfalten ihre Wirkung mit groben und feinen, rauen und glatten, matten und glänzenden Flächen. An der Decke des Speisesaals ist die originale Oberflächenstruktur entsprechend dem restauratorischen Befund auf Streckmetall als Putzträger in Materialität und Struktur rekonstruiert, die bauzeitlichen Reste bleiben unter dieser Oberfläche geschützt und bewahrt. An den Wänden ist der gut erhaltene bauzeitliche Putz restauriert. Restauratoren führten die Farbfassung auf den Wänden und an der Decke mit einer modifizierten Leimfarbe mit historischen Pigmenten aus. Der bauzeitliche Bodenbelag aus Steinholzestrich ist großflächig nach bauzeitlicher Mixtur rekonstruiert. Die restaurierten oder rekonstruierten Oberflächen entsprechen so in Struktur, Materialität und Farbigkeit dem bauzeitlichen Vorbild.

Die Fenster am Bauhausgebäude stellen eine Verbindung zwischen innen und außen her und sind auf Grundlage der bauzeitlichen Befunde außen mit grauer und innen mit weißer Farbe gestrichen. Beim Blick von außen lässt der heutige graue Anstrich die Stahlprofile vor den dunkel wirkenden Glasflächen fast verschwinden und gibt der Fassade einen leichten und eleganten Ausdruck. Beim Blick von innen spielen die hell gestrichenen Profile mit den hellen Wandflächen zusammen und treten in der Gesamtwirkung zurück.

Hinnerk Scheper hat nicht nur die farbige Gestaltung der Innenräume im Bauhaus entworfen, sondern auch für das Äußere eine farbige Gestaltung[16] geplant. In einem nicht ausgeführten Entwurf hatte Scheper für das Äußere des Gebäudes Akzente in kräftigen Farben vorgesehen. Historische Fotos belegen ebenso wie restauratorische Befunduntersuchungen, dass die Entwürfe in dieser Farbigkeit nicht ausgeführt wurden. Differenziert gestaltete Oberflächen bestimmen auch das Äußere des Bauhausgebäudes mit den handwerklich bearbeiteten Oberflächen der Konstruktion aus Sichtbeton unter der Brücke, dem rauen, grau durchgefärbten Putz mit Glimmeranteil an Sockel, Südtreppenhaus und Südanbau sowie den glatt ausgeriebenen und weiß gestrichenen Putzflächen. Bei den restauratorischen Untersuchungen konnte an den Resten des bauzeitlichen Putzes ein weißer Farbton und an Pfeilern zwischen einigen Fenstern ein grauer Farbton nachgewiesen werden. Allein die Deckenfelder in der Untersicht der Brücke waren nachweislich in hellem Gelb und die Eingangstüren mit roter Farbe gefasst.[17]

Mit der Entdeckung und Wiederherstellung der komplexen Farbigkeit und der differenzierten Oberflächengestaltung ist das Bauhaus innen und außen heute wieder in seiner ursprünglichen Ästhetik zu erkennen.[18]

1
Danzl 2003, S. 153.

2
Vgl. Markgraf 2017, S. 325ff.

3
Van Doesburg 1928 (1984), S. 221.

4
Grundlagen zur Farbe am Bauhaus vgl. Düchting 1996.

5
Moholy-Nagy 1929 (2001), S. 33ff.

6
Moholy-Nagy 1929 (2001), S. 88f.

7
Kandinsky 1912 (2004), S. 68.

8
Scheper 1930 (2012), S. 66–67.

9
Fischli 1968, S. 72.

10
Scheper hatte 1919–1922 am Bauhaus in Weimar studiert und unterrichtete 1925–1932 am Bauhaus Dessau. Nach 1945 war er Leiter des Amtes für Denkmalpflege in Berlin und später Professor an der TU Berlin.

11
Gropius 1930 (1997), S. 64.

12
Hinnerk Scheper, Farbiger Orientierungsplan des Dessauer Bauhauses, 1926, in: Nachlass Scheper, Dauerleihgabe im Bauhaus-Archiv Berlin.

13
Konzeption: Brambach und Ebert Architekten, Halle/Saale, Pfister Schiess Tropeano Architekten, Zürich, und Johannes Bausch, Architekt bei der Stiftung Bauhaus. Restauratorische Befunduntersuchungen und Bewertung der Farbtöne: Restaurierungsatelier Schöne, Halle/Saale.

14
Schwalacher 1927.

15
Über die Auswertung von zwei Aufnahmen, die Erich Consemüller 1927/28 vermutlich mit demselben Filmmaterial vom Vestibül im Bauhaus und von einem Wandteppich Gunta Stölzls gemacht hat, sollte eine Annäherung an die bauzeitliche Farbigkeit erfolgen. Da der originale Wandteppich existiert, konnten den Grauwerten auf beiden Fotografien über ein komplexes Verfahren Farbtöne annähernd zugeordnet werden. Demnach war die Decke in einem sehr hellen gelblichen Weiß gestrichen; vgl. Pollmeier 2005.

16
Hinnerk Scheper, Bauhaus Dessau. Versuch einer farbigen Fassadenbemalung, 1926, in: Nachlass Scheper, Dauerleihgabe im Bauhaus-Archiv Berlin.

17
Die restauratorischen Befunduntersuchungen, Bewertungen der Farbbefunde und Farbkonzepte erfolgten durch das Restaurierungsatelier Schöne, Halle/Saale. Die Farbprojekte für die Fassaden und das Sockelgeschoss des Werkstattflügels stammen von Brambach Architekten, Halle/Saale. Die Farbprojekte für die Innenräume erarbeitete Johannes Bausch (Stiftung Bauhaus Dessau).

18
Neben dem Bauhausgebäude wurden in den vergangenen Jahren weitere Bauhausbauten restauratorisch untersucht und saniert; zuletzt vgl. Wüstenrot Stiftung 2020. Die zusammenhängende wissenschaftliche Bearbeitung der Farbe an den Bauhausbauten, die bisher primär im Hinblick auf die konkreten Baumaßnahmen betrachtet wurde, als Beitrag zur Schaffung von Grundlagen für die Einordnung und Bewertung der Bauhausbauten in die Architekturgeschichte des 20. Jahrhunderts steht noch aus.

Ausstattung

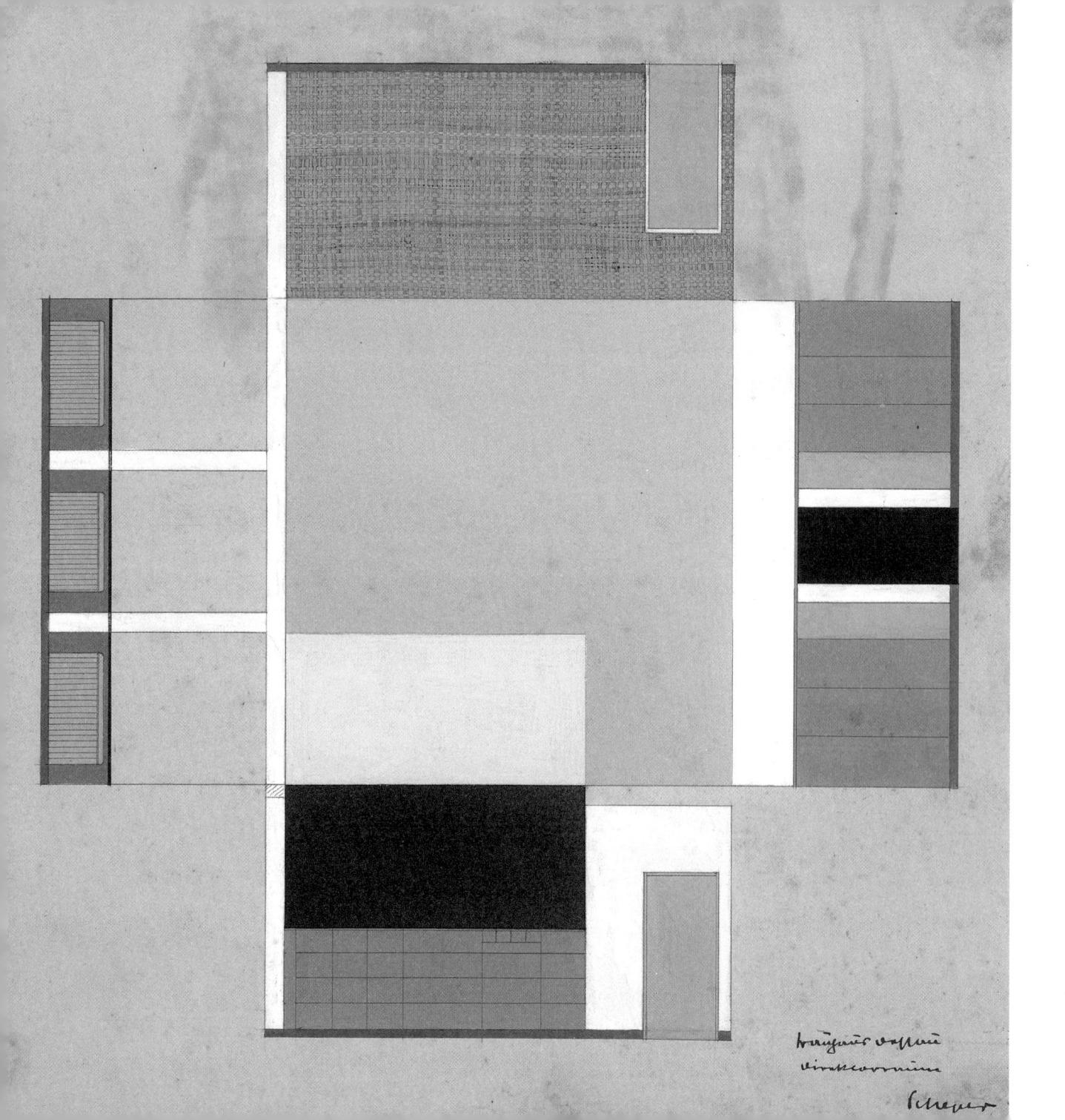

160)
Hinnerk Scheper: Bauhaus Dessau, Direktorium, 1926

Ausstattung
Einbaumöbel

Die Ausstattung des Bauhausgebäudes umfasst auch Einbaumöbel, Beschriftung oder Beschläge von Türen, die Walter Gropius und die Werkstätten des Bauhauses speziell für dieses Gebäude entworfen haben. Diese Elemente werden grundsätzlich erhalten. Da sie wesentliche Bestandteile des Gesamtwerks sind, ist in einigen Bereichen auch die Rekonstruktion nicht mehr vorhandener bauzeitlicher Elemente vorgesehen und in der Denkmalpflegerischen Zielstellung festgelegt. In manchen Räumen, in denen eine wissenschaftlich fundierte Rekonstruktion nicht möglich ist, da ausreichend belastbare Unterlagen fehlen, wird anstelle der Rekonstruktion eine Reinszenierung vorgenommen. Diese entspricht nicht den strengen wissenschaftlichen Anforderungen an eine Rekonstruktion, kann jedoch sinnvoll sein, um einen Eindruck von relevanten räumlichen Situationen an Besucher des Bauhauses zu vermitteln. Beispiele für die Reinszenierung, die mit großer Sorgfalt auf Grundlage von vorhandenen historischen Unterlagen wie Fotografien oder textlichen Beschreibungen und in Abstimmung mit den Vertretern der Denkmalpflege vorgenommen wird, sind die Ausstattung des Direktorenzimmers, zweier Atelierräume im Atelierhaus und die Möblierung der Aula.

Historisches Direktorenzimmer

Das historische Direktorenzimmer ist mit seiner von Walter Gropius 1926 geplanten Ausstattung ein programmatischer Bestandteil im Entwurf für das Bauhausgebäude. Für die farbige Gestaltung des Raumes liegt ein detaillierter Entwurf von Hinnerk Scheper, dem damaligen Leiter der Werkstatt für Wandmalerei, vor.[1]

Die Reinszenierung hat das Ziel, die historische Gestaltung, Nutzung und Bedeutung des Direktorenzimmers zu vermitteln.

Elemente der bauzeitlichen Ausstattung wie die Einbauschränke zum Flur, der bauzeitliche Fußboden aus Triolin und die farbig gefassten Oberflächen von Wänden und Decken sind überkommen und wurden in den Jahren 1997 und 2004 sorgfältig restauriert. Für die Beheizung sind historische Junkers-Heizkörper aus einem anderen Gebäude der Moderne eingebaut. Die Wandbespannung aus Bast[2] konnte anhand einer kleinen historischen Materialprobe und dem Entwurfsplan von Hinnerk Scheper nachgestellt werden. Weitere Rekonstruktionen wurden zunächst bewusst abgelehnt, da die wissenschaftlich fundierte Grundlage als nicht ausreichend bewertet wurde.

Charakteristisch ist die Idee von einem „Raum im Raum", der durch einen Bereich mit größerer Raumhöhe, durch die Anordnung einer Vitrine und eines Schreibtischs sowie der farbigen Gestaltung geschaffen wird. Hier hatte Walter Gropius seinen Arbeitsplatz. Als in den vergangenen Jahren das Interesse der Öffentlichkeit am Bauhaus wuchs, war dies auch mit dem Wunsch daran verbunden, den Raum in seiner räumlichen Wirkung einschließlich der Möblierung zu erleben. In den 1990er-Jahren wurde daher bereits der Schreibtisch rekonstruiert. Das Original des Tisches befindet sich im Wohnhaus Gropius in Lincoln (MA),[3] sodass eine detailgenaue Bestandsaufnahme als Grundlage für eine Rekonstruktion möglich war. Über dem Schreibtisch war ursprünglich eine Beleuchtung mit Soffitten angebracht.

161)

Da dieses bauzeitliche Element nicht erhalten ist, wurden an seiner Stelle 1997 zunächst moderne Linienleuchten eingebaut. Entsprechend der Zielstellung, hier den Zustand von 1926 so weit als möglich anzustreben, sollen diese zukünftig durch Soffitten ersetzt werden.

Die räumliche Qualität des Direktorenzimmers wird wesentlich auch durch die senkrecht in den Raum gestellte Glasvitrine geprägt, in der Produkte der Bauhauswerkstätten wie Keramiken von Otto Lindig, ein Aschenbecher von Marianne Brandt oder Tee-Eier von Hans Przyrembel präsentiert wurden, sowie durch die Regal- und Schrankeinbauten hinter dem Schreibtisch. Für die Einbauten von Regal und Registratur hatte Gropius in der Nordwand eine Nische vorgesehen. Als Grundlage für die Reinszenierung des Raumes mit diesen Einbauten dienten eine Analyse der sehr aussagekräftigen historischen Fotografien, der Scheper'sche Farbplan und eine Recherche zu den einzelnen Objekten wie etwa den Registraturen. Der Anstrich erfolgte in Farbtönen aus der Palette für Flächen ohne historischen Befund. Allein das leuchtende Rot der raumseitigen Holzwand der Glasvitrine beruht auf einem restauratorischen Befund an der Decke des Raumes. Für die Möblierung oder Beleuchtung des gegenüberliegenden Raumteils gibt es keine eindeutigen Belege, sodass hier keine Reinszenierung möglich war.[4]

161)
Historisches Direktorenzimmer, 2015

162)
Planung für den Nachbau der bauzeitlichen Einbauregale im Direktorenzimmer, 2014

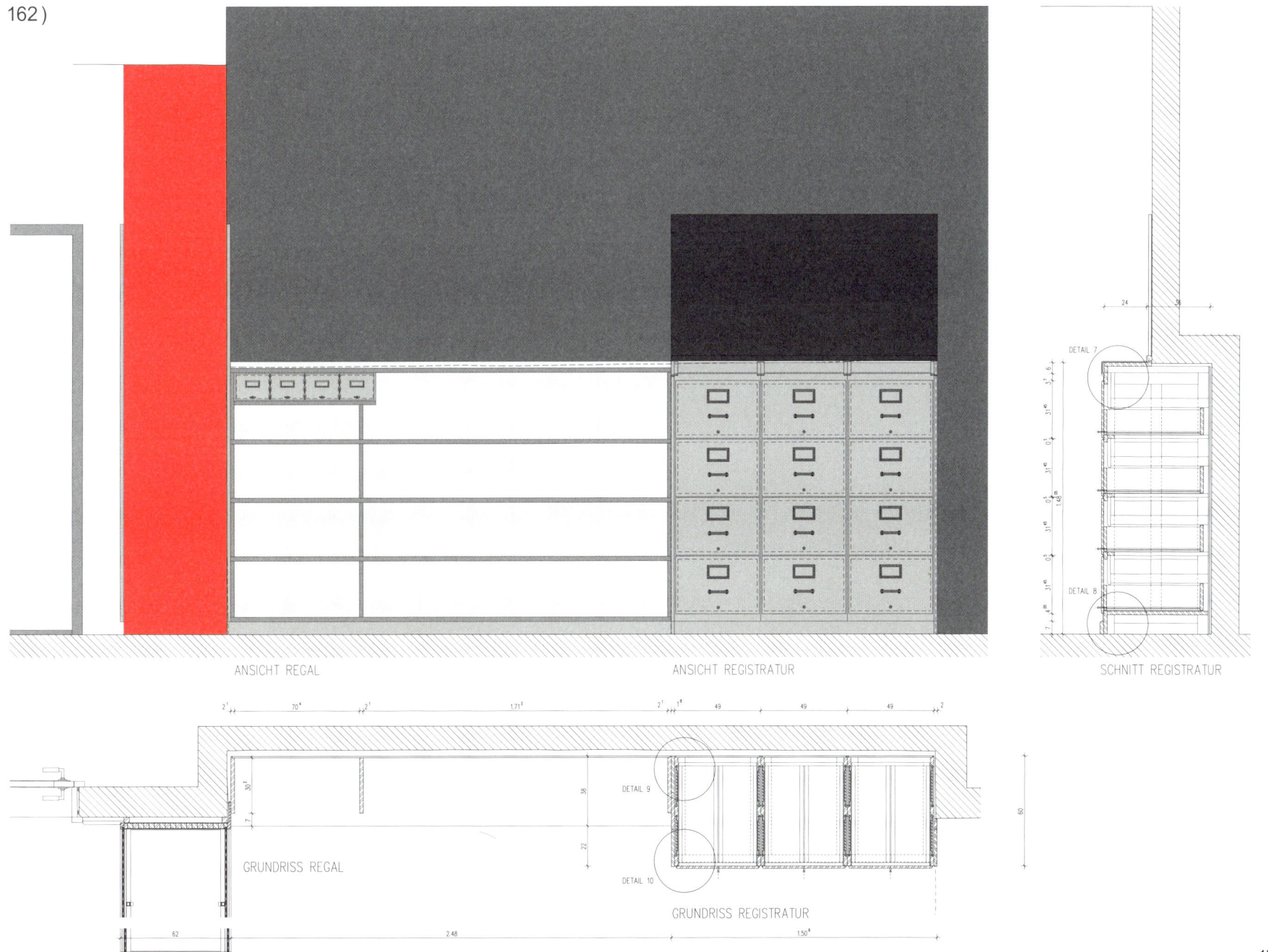

162)

ANSICHT REGAL ANSICHT REGISTRATUR SCHNITT REGISTRATUR

GRUNDRISS REGAL GRUNDRISS REGISTRATUR

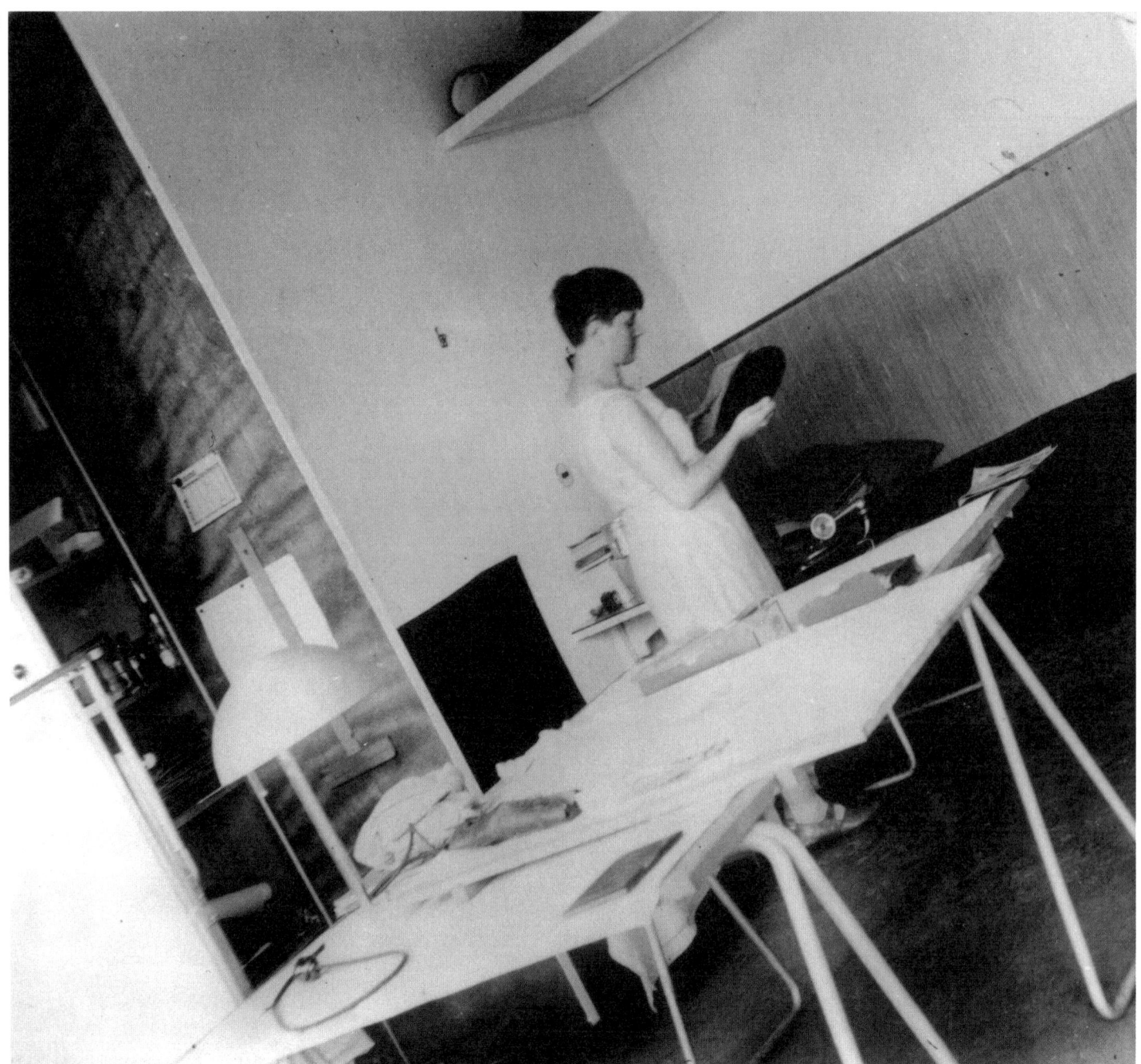

163)
Marianne Brandt in
ihrem Atelier, 1928/29

164)
Atelier nach der
Reinszenierung, 2014

64)

Atelierhaus

Im Atelierhaus, in dem Studierende und Jungmeister des Bauhauses lebten, demonstrierte Walter Gropius seine Vorstellungen vom modernen Wohnen. Die Zimmer waren mit Einbauten ausgestattet, die eine Bettnische mit Kofferablage, einen Klapptisch und Wandschränke umfassten. Die Einbauschränke waren so angeordnet, dass eine Schrankwand jeweils zwei Zimmer trennte und der eine Schrank in voller Tiefe von dem einen Zimmer aus, der andere in voller Tiefe von dem anderen Zimmer aus genutzt werden konnte.

Mit diesen Einbauten waren die Räume auch für eine zeitlich begrenzte Nutzung und damit für den modernen, mobilen Menschen gut geeignet. Die Architektur sollte so das Leben der Menschen verbessern, wie Walter Gropius bemerkte: „die standardisierung der praktischen lebensvorgänge, wie sie das bauhaus anstrebt, bedeutet daher keine neue versklavung und mechanisierung des individuums, sondern befreit das leben von unnötigem ballast, um es desto ungehemmter und reicher sich entfalten zu lassen."[5]

Das Atelierhaus wurde bereits in der Bauhauszeit umgebaut, um hier zusätzliche Unterrichtsräume einzurichten. Weitere Veränderungen führten zum Verlust fast aller Einbauten, bis auf eine Bettnische und einen Einbauschrank im ersten Obergeschoss, wie eine Dokumentation von 1964 zeigt.[6] Im Zuge der Rekonstruktion 1976 wurden die Räume im Atelierhaus um 1980 mit einfachen Trennwänden zwischen den Zimmern auf die ursprüngliche gleichmäßige Raumstruktur zurückgebaut und als Gästezimmer genutzt. Dabei gingen mit der bis dahin erhaltenen Bettnische und dem Einbauschrank auch die letzten Zeugnisse der bauzeitlichen Einbauten verloren. Da die um 1980 entstandene vereinfachte Struktur der bauzeitlichen zellenartigen Struktur dieses Gebäudeteils und den funktionalen Anforderungen entspricht, wird sie auch als Zeugnis der Rekonstruktion 1976 instandgehalten.

Mit dem gestiegenen öffentlichen Interesse an der Welterbestätte Bauhaus entstand der Bedarf, die historische Gestaltung, Nutzung und Bedeutung auch dieser Innenräume besser an Besucher zu vermitteln. Daher wurden im Jahr 2013 beispielhaft zwei Atelierzimmer reinszeniert, von denen das eine von Marianne Brandt bewohnt war und besonders gut dokumentiert ist. Als Grundlage diente die Untersuchung von Spuren der Einbauten an den erhaltenen Raumflächen aus der Erbauungszeit, wie den Fußböden aus Steinholzestrich sowie den Wänden und Decken. Anhand von historischen Fotografien und weiteren Dokumenten[7] fand eine detaillierte Recherche zu einzelnen Objekten statt, etwa die vergleichende Untersuchung von anderen bauzeitlichen Einbauschränken im Bauhausgebäude und in den Meisterhäusern. Die Reinszenierung umfasst den Abriss der nichtbauzeitlichen Trennwände und den Neubau der Wände zwischen den Räumen in nischenbildender Wandstellung, den Nachbau der Einbauschränke, die Wiederherstellung von bauzeitlichen Türöffnungen mit Türrahmen und -blatt, den Nachbau der Bettnische mit Kofferablage und Bastbespannung und den Nachbau des Klapptischchens neben dem Bett. Für die Beheizung sind historische Junkers-Heizkörper eingebaut, die aus einem anderen Gebäude der Moderne geborgen (und damit vor dem Container bewahrt) wurden, und schließlich ergänzt ein gebrauchter Waschtisch, der dem bauzeitlichen entspricht die Reinszenierung. Der Steinholzfußboden aus der Erbauungszeit ist gereinigt, repariert und neu eingepflegt, Wände und Decken sind nach historischem Befund auf den bauzeitlichen Wänden und Decken weiß gestrichen. Die neuen Einbauten haben einen weißen Anstrich aus der Palette der Farbtöne für Flächen ohne historischen Befund.[8]

165)
Theaterstuhl B 1 in der Aula des Bauhausgebäudes Dessau (Entwurf: Marcel Breuer, 1926), um 1927

166)
Aula mit neuer Stoffbespannung auf den Stahlrohrgestellen, 2019

Aula

Die Aula ist Teil der repräsentativen Festebene und entsprechend hat auch die Ausstattung programmatischen Charakter. Die damals äußerst moderne Bestuhlung mit 162 Sitzen, die fest mit dem Boden beziehungsweise untereinander verbunden sind, entstand nach einem Entwurf des Bauhäuslers Marcel Breuer. Die Gestelle sind aus vernickeltem Stahlrohr mit geschweißten, verschraubten und mit Schrauben gesteckten Verbindungen konstruiert.[9] Die Klappsitze können mit Gummipuffern arretiert werden. Die Gestelle waren mit robustem meliertem Baumstoff bespannt, der 1926 von Teppich Bursch in Berlin geliefert wurde.[10]

Da der große Raum im Lauf der Jahrzehnte umgenutzt und umgebaut worden war, sind die bauzeitlichen Gestelle und Spannstoffe nicht mehr vorhanden. Bei der Rekonstruktion 1976 wurde dann nicht nur die historische Raumfolge der Festebene wiederhergestellt, sondern auch die Möblierung nachgebaut. 1991 erfolgte auf Grundlage weiterer Forschungen und Erkenntnisse eine erneute Rekonstruktion der vernickelten Stahlrohrkonstruktion. Da der Stoff infolge der intensiven Nutzung der Aula starkem Verschleiß ausgesetzt ist, wird die textile Bespannung seit 1976 circa alle 14 Jahre erneuert, was für intensiv genutzte Textilien in öffentlichen Bereichen nicht ungewöhnlich ist. Als Bespannung wurde 1991 Eisengarn eingesetzt, das in der Weberei des Bauhauses allerdings erst ab 1927/28 entwickelt wurde und nicht Teil der Ausstattung von 1926 war. Da die Festebene jedoch heute als Bereich ausgewiesen ist,[11] in dem der bauzeitliche Zustand von 1926 so weit wie möglich wiederhergestellt wird, soll sich der Stoff an der ursprünglichen melierten Bespannung orientieren. Ein Fragment der bauzeitlichen Bespannung ist leider nicht erhalten, und so dienen vergleichbare Stoffe aus der Sammlung der Stiftung Bauhaus Dessau als Vorbild.[12] Diese melierten Stoffproben waren um 1926 für die Bespannung von Stahlrohrstühlen des Bauhauses verwendet worden und entsprechen nach aktuellem Kenntnisstand dem für die Aula verwendeten Stoff.

Bei der 2018 erfolgten Nachwebung des Stoffes wurde daher auf Grundlage von restauratorischen Untersuchungen, Analysen und Bewertungen die größtmögliche Übereinstimmung mit diesem historischen Vorbild in Struktur, Textur und Faktur sowie Farbe angestrebt. Im Hinblick auf den zentralen, programmatischen Raum im Bauhausgebäude wird die größtmögliche Nähe zur bauzeitlichen Materialität und Haptik sowie zum Erscheinungsbild von 1926 gesucht. Gleichzeitig wird langfristige Farbechtheit, Stabilität und Haltbarkeit gewünscht, da die Aula intensiv für Veranstaltungen genutzt wird, die Bestuhlung also ständig in Gebrauch ist. Neben der Belastbarkeit ist die Art und Weise, in welcher der Stoff unter Lichteinwirkung altert, ein wichtiges Thema, da sich der 2004 nachgewebte Stoff unter Lichteinwirkung farblich stark verändert hatte. Nachdem Garne hinsichtlich Dicke, Zwirndrehung und Farbe gefunden und getestet waren, wurden mit dem als geeignet ausgewählten Material Webproben hergestellt. Die Probe, die dem lebendigen Ausdruck des historischen Vorbilds am nächsten kam, diente schließlich als Vorlage für die Nachwebung, mit der die Bespannung ausgeführt wurde.[13]

1
Hinnerk Scheper, Bauhaus Dessau, Direktorium, o. J., in: Privatbesitz Dirk Scheper und Stiftung Bauhaus Dessau.

2
Solche Bastbespannungen wurden auch im Atelierhaus und in den Meisterhäusern – hier unter der Bezeichnung „Madagaskarbespannung" – eingesetzt.

3
Vgl. Bauhaus LAB 2016 2017.

4
Die Planung erfolgte durch Brenne Architekten, Berlin.

5
Gropius 1930 (1997), S. 101.

6
Schlesier/Püschel 1964, S. 25.

7
Werner 2014/II.

8
Die Planung erfolgte durch Brenne Architekten, Berlin.

9
Informationen zu den Stahlrohrmöbeln im Bauhausgebäude in Rehm 2005, S. 70ff.

10
Stadtarchiv Dessau SB/2, fol. 20 und 27.

11
ARGE Bauhaus 1999; Pro Denkmal 2014.

12
Hinweise von Lutz Schöbe und Rüdiger Messerschmidt, 2018.

13
Die Rekonstruktion des Stoffes erfolgte unter Leitung von Bettina Göttke-Krogmann, Professorin für Textildesign an der Burg Giebichenstein Kunsthochschule Halle; vgl. Göttke-Krogmann u. a. 2018.

167)
Heizkörper und Kugel-
leuchte im Treppenhaus am
Werkstattflügel, 2021

168)
Werbeprospekt für Junkers
Röhren-Radiatoren, o. J.

Ausstattung
Haustechnik

Die technische Ausstattung ist ein wichtiger Bestandteil der Architektur, denn auch die für den Gebrauch notwendigen technischen Elemente wie Leuchten oder Heizkörper erfüllen nicht nur eine Funktion, sondern bestimmen die Wirkung der Architektur mit. Gerade am Bauhaus, für das Walter Gropius das Motto „Kunst und Technik – eine neue Einheit" ausgegeben hatte, ist daher die Auseinandersetzung mit den technischen Teilen der Ausstattung wesentlich.

Die Bestandteile der Haustechnik mit Heizkörpern, Leitungen oder Aufzügen werden bei Bauten der Moderne oft nicht als erhaltenswerte Elemente gesehen, die als Bestandteile des Denkmals geschützt werden müssen – im Unterschied etwa zur Hypokaustenheizung in einem mittelalterlichen Kloster oder dem Kachelofen in einer Jugendstilvilla, deren Erhaltenswürdigkeit längst anerkannt ist.[1] Die Objekte der damals modernen Haustechnik entsprechen oft nicht den heutigen Anforderungen und gelten als Verschleißteile, die bei Bedarf umstandslos entfernt und durch neuere Elemente ersetzt werden. Auch im Bauhausgebäude sind daher nur wenige Elemente der bauzeitlichen technischen Ausstattung erhalten.

Heizungsanlage

Im Bauhausgebäude wurde 1926 durch die Dessauer Firma Karl Plöger eine Zentralheizung mit 2.000.000 WE[2] (Wärmeeinheiten) eingebaut. Im Sockelgeschoss unter der Festebene lag der Heizkeller[3] mit den fünf Kesseln, der Rauchabzug erfolgte über den horizontal gelagerten Fuchs zum vertikalen Schornstein neben dem Aufzug im Werkstattflügel. Neben dem Heizkeller, und damit außerhalb des Gebäudes unterhalb des Terrains, teilweise unter der Brücke, befanden sich die Kohlebunker. Im Außenbereich des Bauhausgebäudes ist die Betonoberfläche der Decke einschließlich der Luken für die Anlieferung der Kohle auch heute sichtbar. Zu den Räumen für die Heizung gehörten außerdem der Spänebunker, eine Werkstatt und ein kleiner Raum für die Heizer. Die Anlieferung der Kohle erfolgte später über eine Rampe von Süden in den Heizungskeller. Mit der schrittweisen Umstellung der Heizung[4] auf Warmwasser bis 1978, den Veränderungen durch die Rekonstruktion 1976, dem Anschluss an Fernwärme Mitte der 1990er Jahre und schließlich der Generalsanierung ab 1996 wurden nach und nach sowohl die Heizungstechnik als auch die gestalterisch wirksamen Objekte wie Leitungen, Regler oder Heizkörper durch neue Objekte ersetzt. Die Räume der ehemaligen Heizung werden heute für sanitäre Einrichtungen und Garderoben für Besucher genutzt.

Gestalterisch wirksame Bestandteile der Heizung im Bauhausgebäude sind insbesondere die Heizkörper. 1926 wurden die neuartigen Röhren-Radiatoren der Junkers-Werke aus Stahlröhren und indirekten Heizflächen in Form von speziell profilierten Blechlamellen eingesetzt. Ihre Vorteile waren eine gleichmäßige und sparsame Wärmeentwicklung und das im Vergleich zu herkömmlichen Gussheizkörpern deutlich geringere Gewicht. Diese modernen Heizkörper entfalten ihre gestalterische Wirkung im Bauhausgebäude beispielsweise im Treppenhaus am Werkstattflügel, wo sie so angeordnet sind, dass sie wie Kunstwerke wirken. Die bauzeitlichen Junkers-Heizkörper wurden mit Ausnahme derjenigen, die auch heute noch in Vestibül und Treppenhaus am Werkstattflügel zu sehen sind, entfernt. Da sie nicht mehr hergestellt werden, werden im Gebäude stattdessen andere Heizkörper verwendet.

So wurden mit der Rekonstruktion 1976 Rippenheizkörper eingesetzt, wie sie noch heute in der Aula zu sehen sind. Mit Anschluss an die Fernwärme in den 1990er-Jahren kam eine große Anzahl von damals üblichen Plattenheizkörpern zum Einsatz, um eine energiesparende Heizung mit niedrigen Temperaturen zu installieren. Inzwischen wurde die Anzahl der Plattenheizkörper etwa auf der Brücke zugunsten der Raumwirkung wieder reduziert. In anderen Bereichen wie dem Nordflügel und dem Werkstattflügel wurden bei der Installation von neuen Heizflächen Rippenheizkörper, die der gestalterischen Wirkung der bauzeitlichen Junkers-Heizkörper nahekommen, eingesetzt und mit einem silbernen Anstrich versehen. In ausgewählten Bereichen, in denen die Wiederherstellung des bauzeitlichen Zustands von 1926 angestrebt wird, etwa im Direktorenzimmer oder in den reinszenierten Ateliers, finden sich heute auch wieder historische Junkers-Heizkörper, die aus anderen Bauten der Moderne entsorgt, für das Bauhaus geborgen und im Archiv bewahrt worden waren.

Der Blick auf die Geschichte der Heizkörper im Gebäude zeigt, wie der Austausch entsprechend den jeweiligen Bedarfen erfolgte, aber auch von der jeweiligen Einschätzung der Erhaltenswürdigkeit der ursprünglichen Junkers-Heizkörper abhängig war, die sich im Lauf der Zeit wandelte. Wurden die bauzeitlichen Heizkörper in den 1970er-Jahren entsorgt, werden heute gleichartige Heizkörper aus anderen Bauten der Moderne restauriert und in ausgewählten Bereichen wieder am Gebäude eingesetzt. Diese Geschichte ist heute im Gebäude zu erkennen: Bauzeitliche Junkers-Heizkörper, die DDR-zeitlichen Rippenheizkörper, die Plattenheizkörper der Nachwendezeit und die heute eingesetzten Rippenheizkörper sowie die Junkers-Heizkörper aus anderen Bauten der Moderne stehen im Gebäude nebeneinander. In der Denkmalpflegerischen Zielstellung finden sich Festlegungen dazu, welche Ausstattung mit Heizkörpern in den jeweiligen Räumen zukünftig angestrebt wird. Um die Heizkörper in die Gesamtwirkung des Bauhausgebäudes einzufügen, werden Rippenheizkörper in Anlehnung an den Befund auf den bauzeitlichen Heizkörpern mit silbernem Farbton, Plattenheizkörper vor den weißen Wänden dagegen mit weißem Farbton aus der Palette für Flächen ohne historischen Befund gestrichen.

169)
Garderobe im ehemaligen Heizungskeller, 2016

170)
Zweizonige Glaskugel ME 94 (Entwurf: Marianne Brandt, 1926), 2018

70)

Beleuchtungskörper

Eine große Anzahl der Beleuchtungskörper für elektrisches Licht, mit denen das Gebäude 1926 ausgestattet war, wurde in der Metallwerkstatt des Bauhauses entwickelt und hergestellt. Sie sind Zeugnisse der Arbeit in den Werkstätten ebenso wie wichtige Beiträge zur historischen Raumfassung und zur Gesamtwirkung des Gebäudes. Ihre Wirkung entfaltet sich sowohl durch die Gestaltung als auch durch ihre Lichtwirkung in den Räumen und nach außen. Die ursprünglichen Leuchtentypen und ihre Standorte sind durch historische Fotos und die Untersuchung der Decken im Bauhausgebäude für viele Räume nachweisbar.
In der Denkmalpflegerischen Zielstellung ist vereinbart, welche Räume mit rekonstruierten Nachbauten der bauzeitlichen Leuchten ausgestattet werden.

Bei der Rekonstruktion der Beleuchtungskörper[5] dienen erhaltene bauzeitliche Objekte, zeichnerische Darstellungen von 1925/26 und historische Fotografien als Vorlage für den detailgenauen Nachbau. Ein Beispiel ist die Deckenleuchte mit zweizoniger Glaskugel ME 94, die 1926 nach einem Entwurf von Marianne Brandt in der Metallwerkstatt des Bauhauses angefertigt und später bei Schwintzer & Gräff in Berlin hergestellt wurde. Die Leuchte besteht im unteren Bereich aus Opalglas, das die Blendung verhindert und im oberen Bereich aus transparentem Mattglas, sodass das Licht an die Decke strahlt und reflektiert wird. Eine Wulst kaschiert die Unregelmäßigkeit, die bei der Verbindung der beiden Materialien entsteht. Fassung und Stange der Kugel mit einem

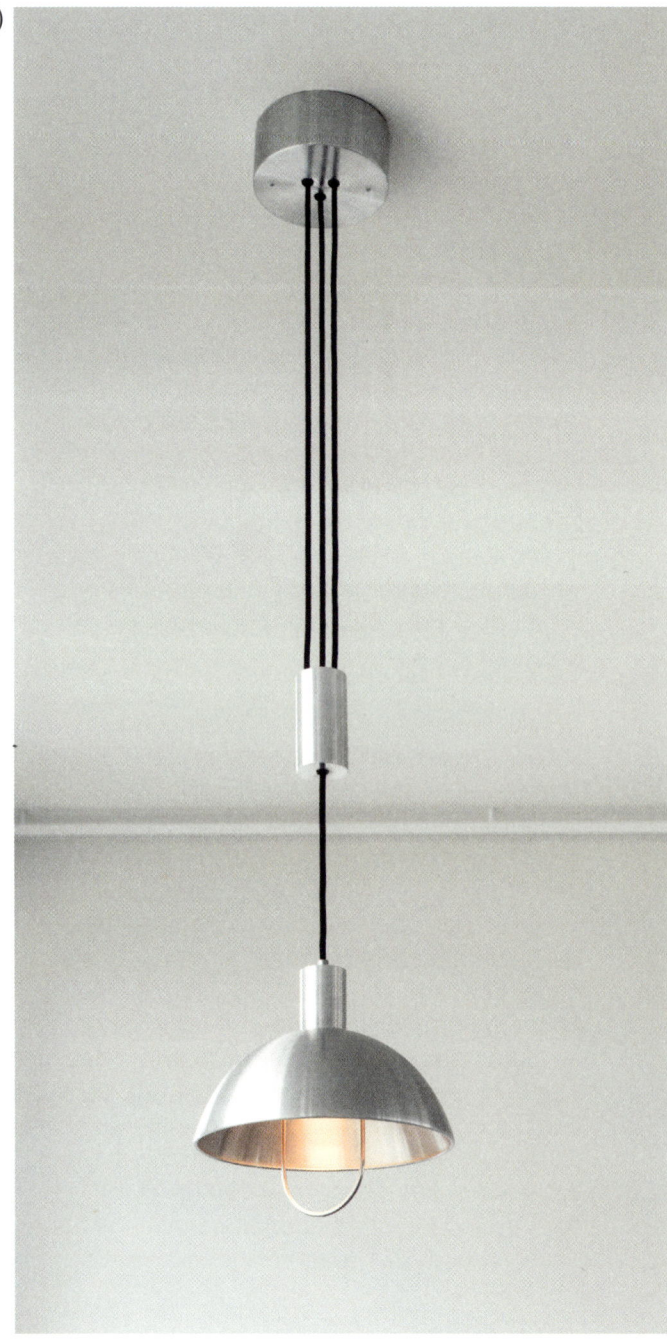

171)
Zugpendelleuchte aus Aluminium (Entwurf: Marianne Brandt und Hin Bredendieck, 1926), 2021

172)
Metallwerkstatt im Bauhaus Dessau: Marianne Brandt (links) und Hin Bredendieck bei der Entwurfsarbeit am Zeichentisch, um 1927/28

173)
Aula mit Soffittenbeleuchtung, 2004

174)
Soffitten, 1976/2016

Durchmesser von 24 cm bestehen aus Aluminium. Da diese Leuchte 1926 im Bauhausgebäude in vielen Bereichen eingesetzt war, so in den Büro- und Unterrichtsräumen, und die Wirkung des Gebäudes maßgeblich prägt, wurde einige Exemplare 1986 und weitere 2004 nachgebaut.

Einen anderen Charakter besitzt die von Marianne Brandt und Hans Przyrembel entworfene Zugpendelleuchte aus Aluminium, die in verschiedenen Varianten, auch als einfache Pendelleuchte, in den Werkstätten des Bauhauses 1926 eingesetzt wurde und mit ihrer robusten Zweckmäßigkeit zum Charakter der Werkstätten passt. Diese Leuchte wurde 2004 rekonstruiert und an den historischen Standorten im Werkstattflügel sowie im ehemaligen bauatelier gropius auf der oberen Brücke verwendet. Im Gebäude sind weitere Rekonstruktionen bauzeitlicher Leuchten zu finden, wie die Entwürfe für große Deckenleuchten in den Vestibülen vor dem Werkstattflügel und

73)

74)

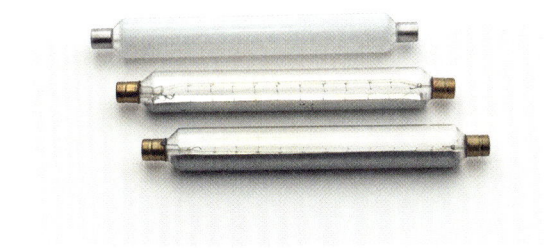

im historischen Speisesaal, die Zylinderleuchte ME 79 im Flur auf der Brücke oder die Soffittenbeleuchtungen.⁶

Das Licht der historischen Beleuchtungskörper dient der Allgemeinbeleuchtung in den öffentlichen Bereichen und Arbeitsräumen. Es entspricht den heutigen Anforderungen an Beleuchtung nicht immer, sodass Ergänzungen mit leistungsfähiger, punktförmiger Beleuchtung etwa für Ausstellungsbereiche und für Arbeitsplätze eingesetzt werden; in einigen Bereichen ist die notwendige Sicherheitsbeleuchtung in die historischen Leuchten integriert.

Eine besondere Situation besteht in der Festebene, ein programmatischer Bereich im Bauhausgebäude, in dem die Wiederherstellung des bauzeitlichen Zustands von 1926 Priorität hat. So sind im historischen Speisesaal zwei bauzeitliche Deckenleuchten nach einem Entwurf von Max Krajewski erhalten und restauriert. Eine dritte Leuchte war nicht mehr vorhanden, konnte aber nach diesem Vorbild rekonstruiert werden. In dem Raum befanden sich im Jahr 2000 weitere Leuchten, die in der Metallwerkstatt des Bauhauses von Marianne Brandt und Hin Bredendieck entworfen und später eingebaut worden waren.⁷ Der Entwurf stammt jedoch aus dem Jahr 1930, weshalb die Leuchte 1926 noch nicht Bestandteil der Ausstattung war; sie wurden daher abgebaut und werden im Archiv bewahrt.

In Vestibül und Aula prägt die flächige Beleuchtung mit Soffitten den Raum, die deshalb bereits 1976 rekonstruiert und 2004 erneuert worden ist. Eine Soffitte ist ursprünglich eine röhrenförmige Glühlampe, die an beiden Enden über Kontakte mit einem Lampensockel

verbunden wird und das Licht über einen Glühfaden erzeugt. In der Festebene des Bauhauses sind diese Soffitten über vernickelte Halterungen flächig an der Decke angeordnet und korrespondieren mit anderen vernickelten Elementen wie den Türschilden oder den Stahlrohrgestellen der Stuhlreihen. Das warmtonige Licht der Glühbirnen prägt das Bauhausgebäude und ist gerade an dieser Stelle ein wichtiger Teil der innovativen Gestaltung, da die röhrenförmigen Glühlampen als technische Elemente ohne Lampenschirm oder Verkleidung sichtbar bleiben und den Raumeindruck mitbestimmen. Seit Inkrafttreten der EU-Verordnung 2009/244/EG ist die Herstellung von Glühlampen verboten, um Energieeinsparung und einen Beitrag zum Klimaschutzes zu leisten. Als Ersatz für die traditionellen Soffitten werden inzwischen Röhrenlampen mit LED als Leuchtmittel angeboten. Diese sehen ähnlich aus, geben jedoch ein vollkommen anderes Licht und verändern damit die Wirkung des Raumes erheblich, wie der direkte Vergleich offenbart. Es ist daher besonders relevant, die letzten Exemplare der Soffitten mit Glühfaden als Dokumente der historischen Lichtwirkung und als Vorlage für zukünftige Entwicklungen zu archivieren. Die denkmalpflegerische Auseinandersetzung nicht nur mit den Beleuchtungskörpern, sondern zum Beispiel auch mit der Lichtwirkung und der heutigen Wahrnehmung von historischer Beleuchtung ist für die Architektur wichtig und steht gerade erst am Anfang.⁸

175)
Joost Siedhoff unter der
Dusche im Sockelgeschoss
des Zwischenbaus, um 1929

176)
Duschen im Atelierhaus,
1989–2016

177)
Duschen im Atelierhaus, 2017

178)
Neuer Sanitärbereich im
Sockelgeschoss unter der
Festebene, 2016

78)

Sanitäre Anlagen

Die sanitären Anlagen im Bauhausgebäude wurden seit 1926 mehrfach entsprechend der jeweiligen Ansprüche und Nutzung umgebaut. Zu den wenigen bauzeitlichen Zeugnissen gehört ein Stück Fußbodenbelag aus Terrazzo, das im Bereich der bauzeitlichen WC-Anlage im Sockelgeschoss des Nordflügels entdeckt wurde. Alle WC-Anlagen, die sich an einem historischen Standort befinden, sind einschließlich Fußboden, Wandfliesen, Trennwänden, Objekten und Beleuchtung seit 1995 komplett erneuert. Eine Ausnahme stellen zwei Zellen im Sockelgeschoss des Zwischenbaus dar, die als Zeugnisse der Nutzung zu Zeiten der DDR mit Ausstattung aus der damaligen Zeit einschließlich hoch hängendem Spülkasten, Glasfliesen und Kunststoffarmaturen erhalten sind.

Infolge der zunehmenden Besucherzahlen im Bauhausgebäude zu Beginn der 2000er-Jahre wuchs der Bedarf an WC-Anlagen sowie Garderoben. Nach Untersuchung verschiedener Möglichkeiten im Gebäude oder an anderer Stelle, etwa im Flachbau auf dem Bauhausgrundstück, wurde mit den Vertretern der Denkmalpflege einschließlich ICOMOS als neuer Standort das Sockelgeschoss unter der Festebene abgestimmt und festgelegt. Es entstand 2015 eine frei in den historischen Raum hineingestellte monochrome Box aus matten mineralischen Platten im Farbton RAL 9010 aus der Palette für Flächen ohne historischen Befund. Im Inneren der Box sind WC-Zellen mit Bodenfliesen untergebracht. Der außen an der Box angebrachte Waschtisch ist platzsparend, da er von Damen und Herren genutzt wird. Der bauzeitliche Raum, ursprünglich eine Werkstatt neben dem historischen Heizungskeller, blieb weitgehend unangetastet, die historischen Oberflächen der gekalkten Wände und Decken sowie der Belag aus Asphaltplatten sind instandgesetzt. Im ehemaligen Heizungskeller direkt neben dieser Anlage sind Garderoben für Gäste untergebracht, die ebenfalls frei in den Raum gestellt sind und an den Wänden Spuren der früheren Heizungsanlage sichtbar lassen.[9]

Anfang Oktober 1990 fand am Bauhaus in Dessau eine Klausurtagung mit internationalen Gästen zur Vorbereitung eines Symposiums statt, das der Planung der zukünftigen Entwicklung Berlins gewidmet war. Aus diesem Anlass wurden für die Gästezimmer im Atelierhaus auf jeder Etage neue Duschen nach Plänen der Architektin Inken Baller eingebaut und die WC-Anlagen erneuert.[10] Zuvor waren die Zimmer, in denen zur Bauhauszeit Studierende und Jungmeister gelebt hatten, mit einem Waschbecken ausgestattet, je Etage gab es ein WC und im Sockelgeschoss befanden sich gemeinschaftlich nutzbare Duschen und Badewannen. Die Duschräume erhielten nun einen frei stehenden metallischen Block in der Mitte des Raumes mit drei offenen Duschen auf der einen und Waschbecken auf der anderen Seite.

Als Gästezimmer mit eigenem WC und Dusche allgemein üblicher Standard wurden, stand 2001 auch die Ausstattung der Zimmer im Atelierhaus mit eigenen Sanitärzellen zur Diskussion. Dies wurde jedoch verworfen, da die Verlegung der notwendigen Leitungen einen massiven Eingriff in die Substanz der Wände und Decken und der Einbau der Zellen eine massive Beeinträchtigung der räumlichen Qualität der historischen Zimmer bedeutet hätte.

Da die 1989 eingebauten offenen Duschen jedoch zu bauphysikalischen Problemen führten, wurden 2017 zwei Duschkabinen in diesen Raum eingesetzt. Das kleinere Luftvolumen ermöglicht es, die Abluft durch die historischen Schächte zu führen, da kleinere Querschnitte notwendig sind. Wie bereits die neu hinzugefügten WC-Anlagen für Gäste im Sockelgeschoss wurden auch diese Duschen als Box mit weißen, fugenlosen mineralischen Platten frei in den historischen Raum hineingesetzt. Damit entstand eine Annäherung an heutige Ansprüche unter Rücksichtnahme auf die historische Bausubstanz, Struktur und räumliche Qualität.[11]

179)

Arbeits- und
Unterrichtsräume

Wenn auch die Räume im Bauhausgebäude in den 1920er-Jahren bereits für den Unterricht und für die Verwaltung geplant waren, so werden heute ganz andere Anforderungen an Büroräume gestellt als vor 95 Jahren, wie zum Beispiel an das Raumklima oder die notwendige Ausstattung mit Datentechnik, Beleuchtung oder Rettungswegen. Trotz des Bemühens um eine Minimierung der technischen Ausstattung des historischen Gebäudes bleibt die Notwendigkeit bestehen, beispielsweise die moderne Datentechnik über Kabeltrassen, Kanäle und erforderliche Durchbrüche zu führen sowie zentrale Server- und Verteilerräume und Anlagen zu deren Lüftung und Kühlung einzurichten. Technische Installationen werden häufig erneuert, weshalb sie möglichst wenig in die Bausubstanz eingreifen und reversibel sein sollen, also bei Bedarf ohne weitere Zerstörungen zu demontieren sein sollen. Um gleichzeitig die ästhetische Wirkung des Gebäudes möglichst wenig zu stören, werden nach Möglichkeit bereits vorhandene Leitungswege verwendet. Zusätzliche Kabeltrassen werden in reversiblen Kanälen verlegt. In den unverputzten Teilen des Gebäudes, also im Werkstattflügel und in den Sockelgeschossen, ist ohnehin nur wie in den 1920er-Jahren eine sichtbare Verlegung der Installation möglich, wobei zur Minimierung der Kabelführung an Decken und Wänden ein Teil der Leitungen in Kabelkanälen auf dem Boden geführt wird.

1
BDA 2018, S. 14ff.

2
bauhaus dessau o. J., o. S.

3
Stein 1926, S. 278.

4
Blomeier 1994, S. 19ff.

5
Die Rekonstruktion der bauzeitlichen Leuchten erfolgte durch Lichtsysteme Halle, Herrn Richard. Soffitten waren im Bauhausgebäude zudem im Direktorenzimmer und im Südtreppenhaus eingesetzt.

6
Vgl. Weber 1992.

7
Kandem-Deckenleuchte Nr. 740, Entwurf: Marianne Brandt, Hin Bredendieck, 1930. Diese Leuchte wurde um 1930 an mehreren Stellen im Gebäude montiert, zum Beispiel auch in den zu Unterrichtsräumen umgebauten Räumen im Atelierhaus.

8
Beispielsweise bei der Instandsetzung des Meisterhauses Kandinsky/Klee wurde die Frage diskutiert; vgl. Blieske 2020, S. 148–157.

9
Die Planung erfolgte durch Brenne Architekten, Berlin.

10
Blomeyer/Milzkott 1990, S. 6f.

11
Die Planung erfolgte durch AADe – Atelier für Architektur & Denkmalpflege, Dessau/Köthen/Leipzig.

179)
Arbeitsraum im Nordflügel, 2021

180)
Computerzentrale, 2021

181)
Leitungsführung im Werkstattflügel, 2021

Außenbereich

182)
Lageplan, 1926

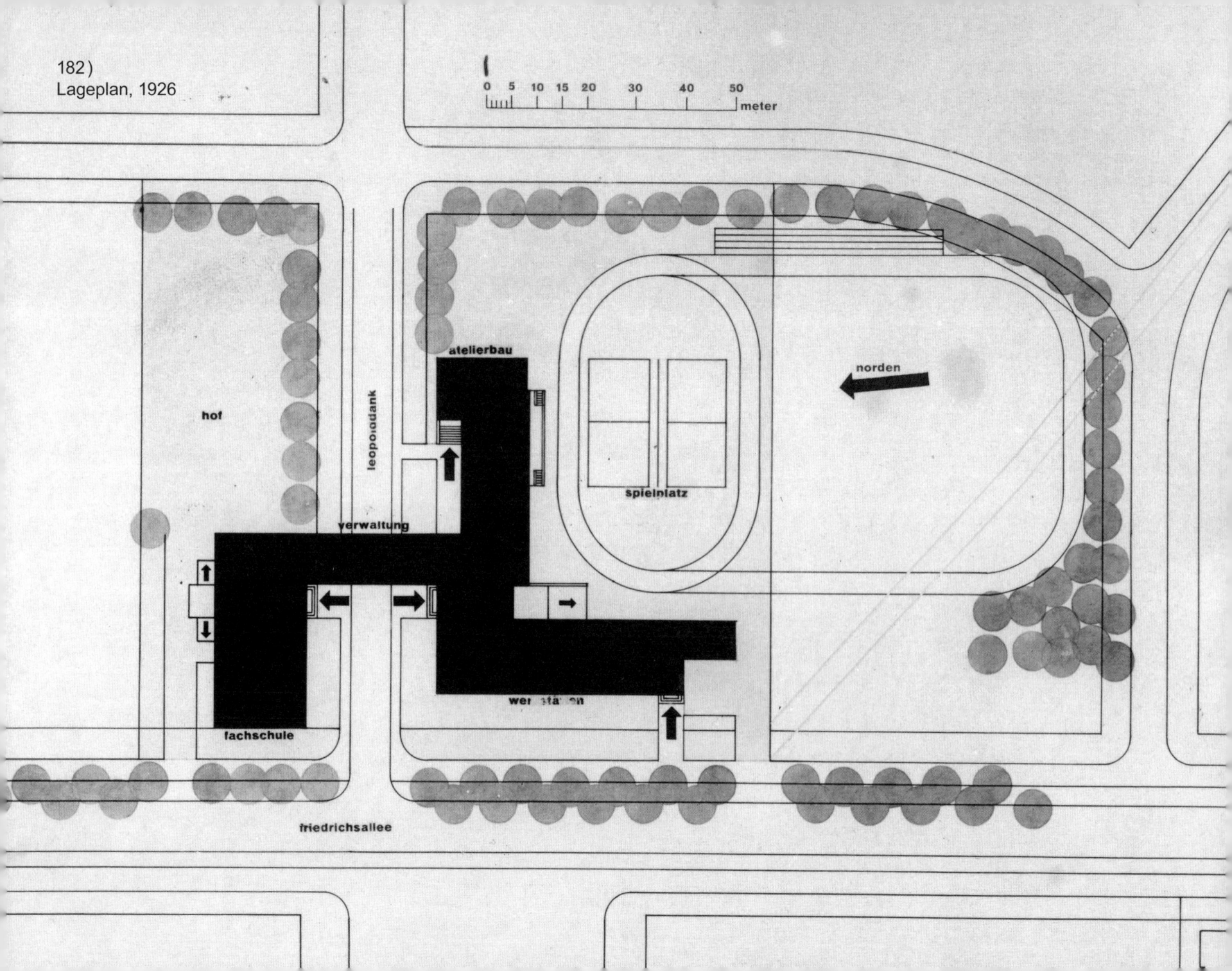

hof · leopoldank · atelierbau · verwaltung · spielplatz · norden · fachschule · werkstätten · friedrichsallee

183)
Luftbild, 2010

184)
Hochsprung vor dem Bauhaus, um 1928

Die gegliederte Anlage des Bauhausgebäudes prägt auch dessen Umfeld. Es gibt keine eindeutige Vorder- und Rückseite, sondern vielmehr eine Komposition aus komplexem Baukörper und Freiraum. Walter Gropius beschreibt die Konzeption so: „ein aus dem heutigen geist entstandener bau wendet sich von der repräsentativen erscheinungsform der symmetriefassade ab. man muß rund um diesen bau herumgehen, um seine körperlichkeit und die funktion seiner glieder zu erfassen."[1]
Die Architektur öffnet sich und schafft mit ihrer Durchlässigkeit eine selbstverständliche Verbindung von innen und außen als wichtigem Bestandteil der Entwurfskonzeption. Diese Verbindung wird auch durch die Gliederung sowie in den Außenraum hineingreifende Elemente wie Treppen, Rampen und Terrasse gestärkt. Das Gebäude ist auf zwei Seiten einer öffentlichen Straße angeordnet, und die beiden Teile sind mit einer Brückengebäude verbunden. Es fügt sich in die vorhandene Straßenstruktur ein und definiert gleichzeitig den Außenraum neu. Mit ihrer Transparenz und den Reflexionen erschließen die großen Glasflächen viele Schichten des Gebäudes, der Umgebung und deren Verbindung. Einerseits öffnet die Transparenz das Gebäude: „Bei der Wahrnehmung der Transparenz wird stets eine Schwelle oder Grenze überschritten, zwischen innen und außen, zwischen Öffentlichkeit und Privatheit, zwischen Licht und Schatten, zwischen Sehen und Verhüllen, oder auch zwischen Wärme und Kälte."[2] Andererseits verschließen die großen Glasflächen durch Reflexionen das Gebäude und spiegeln die Umgebung. Auf diese Weise entsteht ein komplexes Wechselspiel, bei dem sich innen und außen verbinden. Das Gebäude ist ebenso Teil der Umgebung wie die Umgebung Teil des Gebäudes ist.

Die Außenanlagen am Bauhaus waren wie das Gebäude entsprechend ihren Funktionen gestaltet: die Bauhausstraße mit angrenzenden Rasenflächen, nördlich des Gebäudes überdachte Fahrradstellplätze, östlich des Nordflügels ein Schulhof für die städtische gewerbliche Berufsschule und südlich sowie östlich des Gebäudes Sportplätze, die von den „Bauhäuslern" genutzt wurden.[3]

Wesentlicher Bestandteil der Anlage ist die heutige Bauhausstraße.[4] Die Straße erschließt das Gebäude und verbindet es mit dem umgebenden Stadtviertel nicht nur durch die Fahrbahn, sondern auch durch die gesamte Gestaltung entsprechend dem damaligen, traditionellen Standard mit Bürgersteigen mit Kleinmosaik und Kantstein als Abgrenzung zur niedrigeren, mit Natursteinpflaster belegten Fahrbahn. Die Anlage von Rasenflächen vor den Bauten, die Pflanzung von Straßenbäumen und die Errichtung von Straßenleuchten vervollständigten das Bild der Straße und verbanden das Bauhausgebäude mit seiner Umgebung.
An einem wichtigen Punkt wich die Gestaltung im Bauhausbereich jedoch von der des Umfelds ab, weil hier die Fahrbahn einen Asphaltbelag erhielt, ein Material, das damals mit der Idee von Motorisierung, Geschwindigkeit und Moderne verbunden war. Das Asphaltband korrespondiert mit dem horizontalen Fensterband an der Brücke, das ebenfalls Tempo und Modernität signalisiert.

Bis heute werden Freianlagen sowohl bei der Erforschung als auch bei der Pflege von Bauten der Moderne häufig vernachlässigt, da sie mit ihren teilweise ungewohnten Eigenschaften wie

185)

186)

187)

Funktionalität, Einfachheit oder Leere oftmals nicht in ihrer kulturhistorischen Bedeutung erkannt werden.[5] Die Freiflächen als Nutzflächen oder die schlichte Gestaltung mit Rasenflächen gelten oft als „Defizit an gartengestalterischer Qualität"[6] und werden über die Jahre umstandslos entsprechend den sich wandelnden Anforderungen oder des Zeitgeschmacks verändert.

Die Umgebung des Gebäudes ist jedoch ein elementarer Bestandteil der Gebäudekonzeption und steht inzwischen mit dem Bauhausgebäude unter Denkmalschutz.[7] Auch die UNESCO berücksichtigt bei einer Welterbestätte den Schutz der Umgebung.[8] Die „Kernzone" definiert die Welterbestätte und umfasst das Bauhausgrundstück. In diesem Bereich hat der Schutz der Welterbestätte unbedingte Priorität. Die weiter gefasste „Pufferzone" markiert ein Gebiet, in dem geplante Bau- oder andere Maßnahmen im Hinblick auf ihre Auswirkungen auf die Welterbestätte zu überprüfen sind. In beiden Zonen müssen Veränderungen besondere Rücksicht auf den außergewöhnlichen universellen Wert der Welterbestätte Bauhausgebäude nehmen.

Im Lauf der Jahrzehnte hatte sich mit dem Bauhausgebäude auch seine Umgebung stark verändert.[9] Im unmittelbaren Umfeld ist neben der Umgestaltung der Bauten, der Errichtung von Nebengebäuden, der Nutzung durch die Landesfrauenarbeitsschule mit Gemüseanbau[10] und weiterer Bepflanzung auf dem Grundstück auch die Veränderung der Bauhausstraße zu nennen. Bei der Rekonstruktion 1976 war eine Gestaltung mit großformatigen Betonplatten entstanden, die die Straße als Achse des Bauhausentwurfs nicht mehr erkennen ließ.

So erschlossen sich die Anordnung der beiden Haupteingänge an zwei Seiten einer Straße sowie die verbindende Funktion der Brücke dem Betrachter nicht mehr.

Im Rahmen einer 2006–2009 durchgeführten Sanierung der Außenanlage war keine Rekonstruktion des historischen Zustands geplant, doch die künstlerischen und historischen Werte der Entwurfskonzeption von Walter Gropius sollten wieder sichtbar werden.[11] Da ein enger Zusammenhang zwischen der Außenanlage am Bauhausgebäude, dem Bauhausplatz, der Verbindung vom Bahnhof zum Bauhaus sowie der Verbindung mit dem Campus der Hochschule Anhalt besteht, entstand eine übergreifende Planung für dieses Gebiet. Anstelle des historischen Straßenprofils markiert heute ein Asphaltband den Verlauf der historischen Straße. Es zieht sich von der Gropiusallee durch das Bauhaus über den Seminarplatz bis zum Bahnhof und wird von Straßenleuchten gesäumt, die als moderne Lichtstelen gestaltet sind. Zusammen mit den straßenbegleitenden Rasenflächen und Bäumen prägt die Straße auch heute den Charakter des Viertels. Sie bindet das Bauhausgebäude in den städtebaulichen Kontext ein und ist wesentlicher Teil der Anlage.

Am Bauhausgebäude lassen sich mit modernen Mitteln die Funktionen von Straße und Brücke sowie die enge Beziehung zwischen Gebäude und Freiflächen nachvollziehen. Die befestigten Flächen sind gleichmäßig mit grauen Betonplatten belegt. Positionierung und Größe der Rasenflächen orientieren sich ebenso an der historischen Situation wie die Einfassung mit einem niedrigen Stahlrohr, das sowohl in seiner Lage als auch in seiner Gestaltung nicht rekonstruiert, sondern neu entwickelt wurde.

185)
Bauhausstraße von Osten,
um 1927

186)
Pausenhof der Gewerblichen
Berufsschule, um 1930

187)
Schülerinnen der Landes-
frauenarbeitsschule bei
der Gartenarbeit vor dem
Bauhaus, 1935

188)
1. Preis im Wettbewerb
„Gestaltung des Bauhaus-
platzes, der Bauhausstraße,
des Seminarplatzes und
des Bereiches Westausgang
Hauptbahnhof" in Dessau,
2004

189)
Denkmalpflegerische
Zielstellung für den Außen-
bereich, 2014

Weiterhin sind funktionelle Verbesserungen von notwendigen Abläufen wie Anlieferung, Müllentsorgung oder Parken realisiert und Möglichkeiten für Besucher geschaffen worden, ungehindert um das Gebäude herumzugehen und es zu betrachten. Die historischen Funktionen Pausenhof und Sportplatz wurden nicht rekonstruiert, da einerseits nicht genügend Informationen bereitstanden und andererseits diese Funktionen nicht der heutigen Nutzung entsprechen. Stattdessen ist es heute durch ein Netz von Wegen und Flächen mit Sitzgelegenheiten für die Besucher und Nutzer möglich, das Bauhausgebäude auf einem Rundgang ungestört zu erleben und sich an ausgewählten Orten in die Betrachtung zu vertiefen.

Der Fokus auf die Einrichtung eines Wegenetzes für Besucher anstelle von Sportplätzen für die Studierenden sowie die modernen Gestaltungselemente dokumentieren den Bedeutungswandel, den das Bauhausgebäude von der Nutzung als Schule für Gestaltung und einer städtischen Berufsschule zum Weltkulturerbe, das Gäste aus der ganzen Welt besuchen, erlebte. Insbesondere bietet der Außenraum in seiner zurückhaltenden Gestaltung die Möglichkeit, Körperlichkeit und Funktion der Teile des Gebäudes sowie die besondere Verbindung von Architektur und Umgebung zu erfahren.[12]

1
Gropius 1930 (1997), S. 19.

2
Loebermann 1998, S. 100.

3
Vgl. HORTEC GbR 1998; Fischer-Leonhardt 2005.

4
Der ursprüngliche Straßenname lautete Leopolddank.

5
Zu besonderen Qualitäten im Außenraum der Bauhausarchitektur vgl. Müller 2004.

6
Mader 1999, S. 92.

7
§1 (1) des Denkmalschutzgesetzes des Landes Sachsen-Anhalt vom 21.10.1991 in der Fassung vom 22.12.2004: „Der Schutz erstreckt sich auf die gesamte Substanz eines Kulturdenkmals einschließlich seiner Umgebung, soweit diese für die Erhaltung, Wirkung, Erschließung und die wissenschaftliche Forschung von Bedeutung ist."

8
https://whc.unesco.org/en/list/729/multiple=1&unique_number=2158 (15.2.2021).

9
Auch die wechselnden Bezeichnungen der angrenzenden Straße und damit der Anschrift des Bauhauses sind Spiegel der sich wandelnden politischen Verhältnisse. Nach einem kurzen Intermezzo als Ebertallee (1931–1934) wurde die ehemalige Friedrichsallee, an der das Bauhausgebäude 1926 errichtet wurde, während der nationalsozialistischen Herrschaft nach Alfred Leo Schlageter, der im „Dritten Reich" als Märtyrer stilisiert wurde, in Schlageterallee (1934–1947) umbenannt. In der DDR erfolgte die Umbenennung in Thälmannallee (1947–1990) als Ehrung des 1944 im Konzentrationslager Buchenwald ermordeten Vorsitzenden der KPD in der Weimarer Republik. Nach der Wende änderte man den Namen in Gropiusallee.

10
Die Landesfrauenarbeitsschule hatte 1933–1940 ihren Sitz im Bauhaus; vgl. Werner 2014/I.

11
Kimmel 2011, S. 18–21.

12
Die Planung erfolgte durch Mann Landschaftsarchitekten, Kassel.

190)
Bauhausstraße von Westen,
2021

191)
Freiraum am Bauhaus,
2019

Nutzung

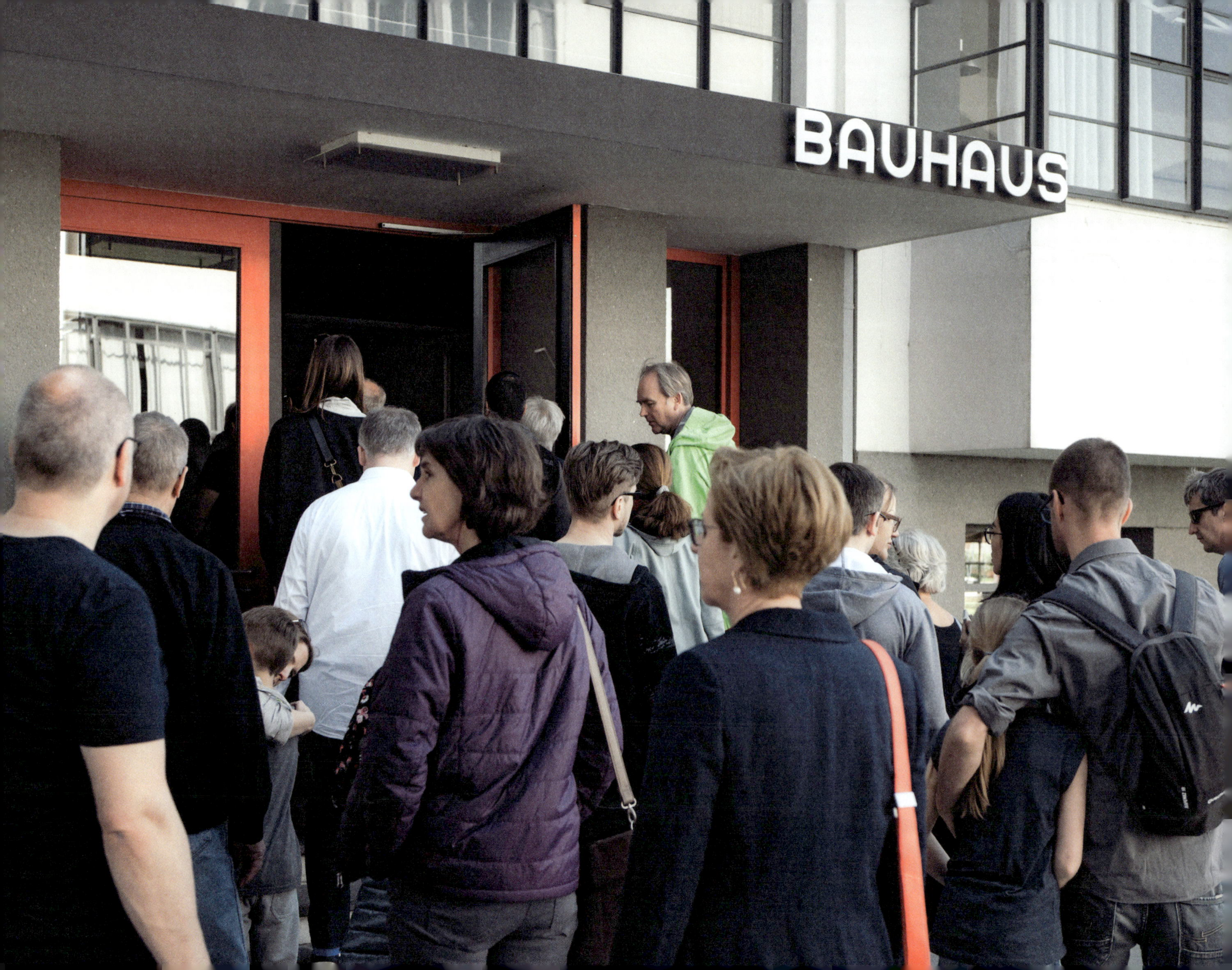
BAUHAUS

192)
Gästeführung im
Bauhaus, 2019

Das Bauhausgebäude wird heute durch die 1994 entstandene Stiftung Bauhaus Dessau genutzt. Die künstlerisch-wissenschaftliche Stiftung, die von Bund, Land Sachsen-Anhalt und der Stadt Dessau-Roßlau getragen wird, verfolgt die Aufgabe, das Bauhaus in seinen Ideen und Themen zu erforschen, lebendig zu erhalten und zu vermitteln. Sie arbeitet historisch reflexiv und fragt zeitgleich nach der heutigen Relevanz und den gegenwärtigen Potenzialen, die sich aus dem Bauhauserbe für das 21. Jahrhundert ableiten lassen. Das Bauhausgebäude ist ein Ort der Forschung, Lehre und experimentellen Gestaltung. Es ist ebenso wie die Meisterhäuser und das Stahlhaus in Dessau Eigentum der Stiftung.

Im Erdgeschoss des Werkstattflügels, dem ehemaligen Ausstellungsraum des Bauhauses und großen Raum der ehemaligen Tischlerei, befinden sich heute Informationen für Besucher und ein Shop mit Literatur sowie weiteren Produkten rund um das Bauhaus. So haben Besucher nicht nur die Möglichkeit, etwas über Bauhausthemen oder über die Arbeit der Stiftung Bauhaus Dessau zu erfahren, sondern können auch das Gebäude entdecken, indem sie die besondere architektonische Wirkung der Räume im Werkstattflügel kennenlernen. Im ersten Obergeschoss stehen der ehemalige Vorkursraum und der große Raum der ehemaligen Webereiwerkstatt für Informationen und wechselnde Ausstellungen zur Verfügung. Die lichtdurchfluteten und großzügigen Räume werden für temporäre Aktivitäten und Präsentationen genutzt, für die die vorhandenen räumlichen und klimatischen Bedingungen geeignet sind. Das zweite Obergeschoss im Werkstattflügel, in dessen Räumen zur Bauhauszeit die Metallwerkstatt und Wandmalereiwerkstatt gearbeitet haben, wird für die Programme der Stiftung Bauhaus Dessau zur künstlerischen, wissenschaftlichen und forschenden Auseinandersetzung mit dem Erbe des Bauhauses in Dessau sowie zu Bildung und Vermittlung genutzt. Im Sockelgeschoss des Werkstattflügels stehen in den Räumen der ehemaligen Druckerei und dem Packraum weitere Flächen für Ausstellungen ohne konservatorischen Anspruch zur Verfügung. Im Bereich einer ehemaligen Hausmeisterwohnung befindet sich ein Café.

In den Räumen im ersten und teilweise im zweiten Obergeschoss der Brücke befindet sich heute ebenso wie zur Bauhauszeit die Verwaltung. Das ehemalige bautelier gropius, später die Architekturwerkstatt des Bauhauses, wird heute für die Vermittlung des Bauhauserbes genutzt.

Im Nordflügel, in den ehemaligen Räumen der städtischen Schule, sind Arbeitsräume der Stiftung Bauhaus Dessau untergebracht, und im Erdgeschoss arbeiten Lehrende und Studierende der Hochschule Anhalt. Im Sockelgeschoss stehen weitere Arbeitsräume sowie Räume für die Museumspädagogik zur Verfügung. Die Nutzung der Festebene entspricht der bauzeitlichen Nutzung: Aula und Bühne im Bauhaus werden für eine Vielzahl von Veranstaltungen wie Vorträge, Konferenzen, experimentelle Bühnenarbeiten oder Feste genutzt, der historische Speisesaal steht neben Mitarbeitern des Hauses auch Gästen für Mahlzeiten offen. Im Sockelgeschoss befinden sich Lagerräume, Umkleiden für die Bühne sowie weitere Nebenräume und zentrale haustechnische Anlagen. Mit sanitären Einrichtungen,

Garderoben und Informationen steht die notwendige Infrastruktur für die zahlreichen Besucher zur Verfügung. Im Atelierhaus, in dem Studierende und Jungmeister lebten, besteht für Gäste die Möglichkeit zu übernachten.

Das Bauhausgebäude ist auch durch die Normen und Standards seiner Entstehungszeit geprägt, die Struktur, Konstruktion und Gestaltung beeinflussen. Normen und Standards in der Architektur wie in der Gesellschaft wandeln sich kontinuierlich, und ein historisches Gebäude kann nur bedingt den jeweiligen, sich wandelnden Vorstellungen oder Vorschriften entsprechen. Dabei geht es zum Beispiel um ein verändertes Behaglichkeitsempfinden hinsichtlich Kälte, Wärme, Schall oder Beleuchtung, um technische Ausstattung oder auch die Erfüllung rechtlicher Auflagen, etwa für Arbeitsplätze oder Rettungswege. Vor dem Hintergrund der hohen kulturhistorischen Bedeutung des Gebäudes und den sich kontinuierlich wandelnden Anforderungen sind diese immer wieder neu abzuwägen. Im Bewusstsein, dass jede Veränderung innerhalb weniger Jahre hinterfragt und wieder verändert wird, sind Anpassungen mit größter Sensibilität und insbesondere reversibel auszuführen. Auch mit Bezug auf die Charta von Venedig soll sich möglichst die Nutzung an das Gebäude anpassen und nicht umgekehrt das Gebäude verändert und an die Nutzung angepasst werden.[1]

Gerade Kulturdenkmäler von der herausragenden Bedeutung einer Welterbestätte können für die Gesellschaft nützliche Funktionen übernehmen, die über eine Nutzung als Verwaltung, Laden oder Café hinausweisen. So können solche Kulturdenkmäler auch eine kulturelle, ästhetische oder historische Funktion besitzen, zum Beispiel als städtebaulicher oder historischer Orientierungspunkt.[2] Für ältere Denkmäler wie Kirchen oder Schlösser ist es selbstverständlich, dass die Benutzung mit Rücksicht auf ihre Besonderheiten geschehen muss. Bauten der Moderne sind dagegen so mit alltäglicher Wahrnehmung verknüpft, dass auch im Gebrauch vollständige Tauglichkeit für die heutigen Ansprüche erwartet wird. Auch das Bauhausgebäude wird intensiv für die Arbeit der Stiftung Bauhaus Dessau genutzt und soll heutigen Ansprüchen gerecht werden. Zugleich ist die heutige Nutzung jedoch auch an die Bedeutung des Gebäudes als herausragende Welterbestätte angepasst.

193)
Tischlereiwerkstatt im Erdgeschoss des Werkstattflügels, um 1928

194)
Besucherinformation und Shop im Erdgeschoss des Werkstattflügels, 2014

195)
Webereiwerkstatt im 1. Obergeschoss des Werkstattflügels, um 1927

196)
Metallwerkstatt im 2. Obergeschoss des Werkstattflügels, um 1928

197)
Temporäre Ausstellung im 1. Obergeschoss des Werkstattflügels, 2019

95)

196)

97)

Ausstellungen

Im Bauhaus Dessau werden seit den 1970er-Jahren Vorkursarbeiten, Bildkunstwerke, Werkstattarbeiten und andere Dokumente aus dem historischen Bauhaus gesammelt, im Gebäude gelagert und in Ausstellungen im Gebäude präsentiert. Die charakteristischen Glasfassaden des Bauhausgebäudes lassen Licht, Luft und Sonne in die Tiefe der Räume fluten, während die wertvollen Objekte vor Licht, Luft und Sonne geschützt werden müssen. Die großen Glasflächen führen auch zu extremen Temperaturschwankungen im Gebäude, doch das Kunstgut muss möglichst gleichmäßig bei bestimmten Temperaturen bewahrt werden. Die Ausrüstung mit Klimatechnik und Sicherheitstechnik beeinträchtigt die Transparenz des Gebäudes sowie die Klarheit der Konstruktion massiv und macht Zerstörungen der Bausubstanz unvermeidlich. Seit 1999 hat die Stiftung Bauhaus daher anerkannt, dass das Bauhausgebäude für die Aufbewahrung und Präsentation von Kunst- und Archivgut in technologischer Hinsicht kein geeigneter Ort ist, sondern ein „authentisches Zeugnis der Bauhausgeschichte, das möglichst unversehrt erhalten bleiben muss", wie es 1999 in einer Stellungnahme der ICOMOS-Expertengruppe heißt.[3] Seit mit der Eröffnung des Bauhaus Museum Dessau im Jahr 2019 ein neuer, geeigneter Raum für die Präsentation der herausragenden Sammlung der Stiftung Bauhaus zur Verfügung steht, konnten auch die letzten Einbauten für Kunstgutausstellungen aus dem historischen Gebäude entfernt werden.

Die Räume im Werkstattflügel können durch ihre Nutzung für Besichtigungen, Präsentationen, Workshops oder Seminare in der Regel

198)

199)

mit niedrigem Ausbaustandard und zurückhaltender Ausstattung präsentiert werden. Die damit mögliche moderate Temperierung führt auch zur Reduzierung von baukonstruktiven und bauphysikalischen Problemen (z. B. Auftreten von Kondensat) und damit zur langfristigen Sicherung der Bausubstanz.

Büroarbeitsplätze

Ständige Büroarbeitsplätze im Werkstattflügel wurden im Rahmen eines Gesamtkonzepts für die Reduzierung von Energieverbräuchen aus diesem Gebäudeteil ausgelagert, da die Verluste an Heizenergie über die großen Flächen der Vorhangfassade hoch sind. Anstatt diesen Gebäudeteil mit energiesparenden Maßnahmen aufzurüsten und damit dessen authentischen Charakter zu verändern, wurde hier nicht das historische Gebäude, sondern die Nutzung verändert. Die Bündelung der Arbeitsplätze im Nordflügel führt auch zur sinnvollen Konzentration der technischen Ausstattung und zu kurzen Wegen für die Mitarbeiter untereinander. In den anderen Bereichen des Gebäudes wie dem Werkstattflügel wird so die Notwendigkeit von Eingriffen für Büroarbeitsplätze reduziert.

Arbeits- und Unterrichträume bleiben den Temperaturschwankungen im Haus infolge der großen Glasflächen in allen Gebäudeteilen ausgesetzt. Auch wenn die Ansprüche an Komfort und Behaglichkeit in den vergangenen 95 Jahren seit der Errichtung des Gebäudes deutlich gestiegen sind, werden bei extremen Wetterlagen Einschränkungen im Komfort akzeptiert, da die Erhaltung des Bauhausgebäudes als Denkmal von internationaler Bedeutung Priorität haben muss.

Veranstaltungen

Das Bauhausgebäude wird für viele Veranstaltungen genutzt. Dabei handelt es sich um eigene Programme der Stiftung etwa für Kinder und Jugendliche oder für Berufseinsteiger und Postgraduierte, die kleinere Ausstellungen und weiteren Aktivitäten hier durchführen. Auch große öffentliche Veranstaltungen wie das Bauhausfest, Konzerte oder andere Angebote finden regelmäßig statt und locken viele Gäste an. Darüber hinaus werden Räume für Seminare, Feste und andere Anlässe vermietet. Da alle Veranstaltungen mit großer Rücksicht auf das historische Gebäude mit seinen empfindlichen Oberflächen durchzuführen sind, informiert eine Haus- und Betriebsordnung mit Hinweisen und Festlegungen über die erforderlichen Schutzmaßnahmen bei Nutzung des Gebäudes. Da schriftliche Festlegungen unverzichtbar, aber oft nicht ausreichend sind, bleibt die persönliche Vermittlung der notwendigen Aufmerksamkeit und Wertschätzung für die besonderen Eigenschaften des Gebäudes ein wichtiges Instrument für dessen Schutz.

198)
Arbeitsplätze im Nordflügel,
2021

199)
Symposium zum Bauhaus
Lab im 2. Obergeschoss des
Werkstattflügels,
2019

200)
Bauhausfest „Gelb Gewinkelt",
2018

201)
Workshop mit Schülern,
2017

202)
Nutzung im Sockelgeschoss
(Ausschnitt aus der Denkmalpflegerischen Zielstellung,
2014)

203)
Nutzung im Erdgeschoss
(Ausschnitt aus der Denkmalpflegerischen Zielstellung,
2014)

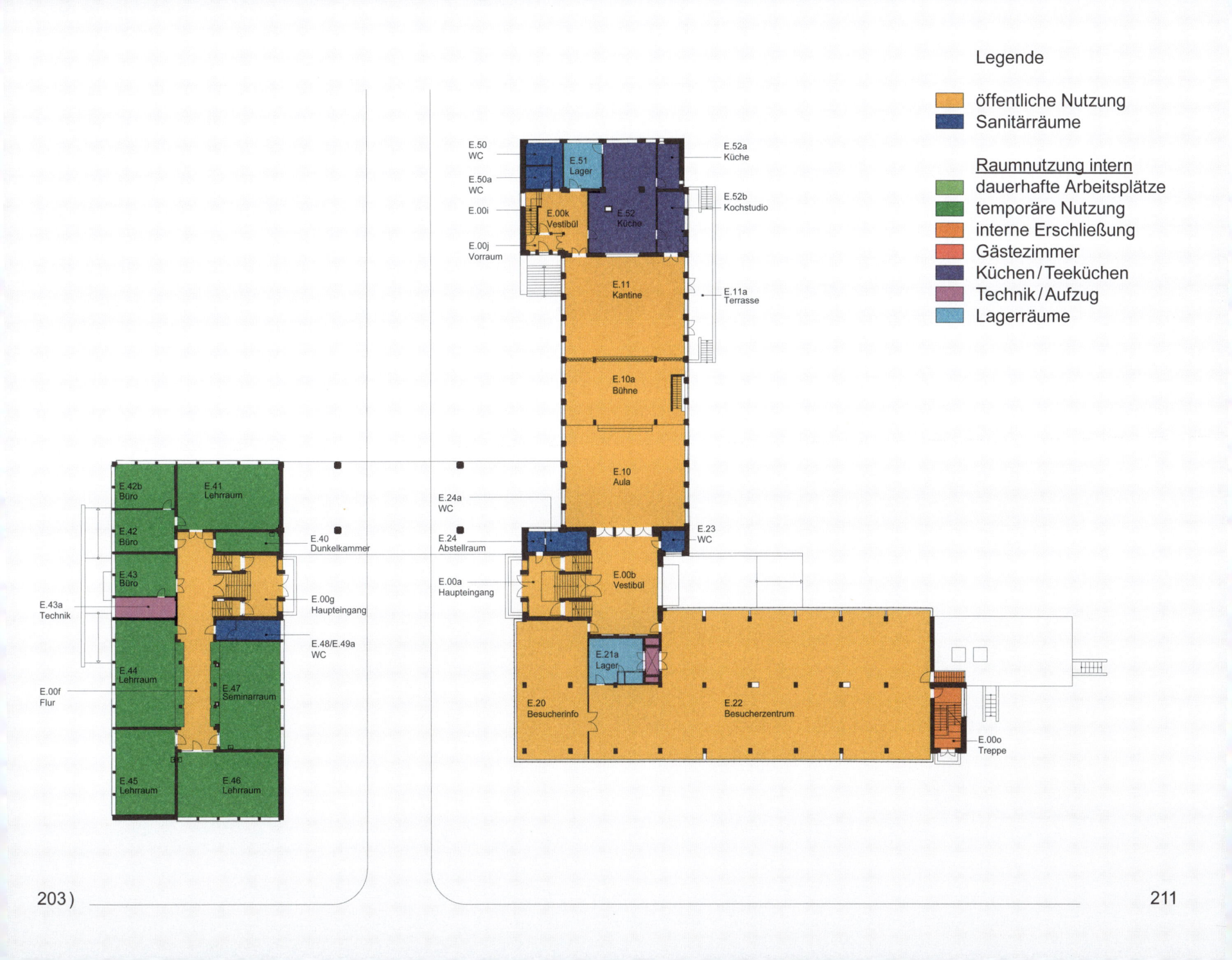

Legende

- öffentliche Nutzung
- Sanitärräume

Raumnutzung intern

- dauerhafte Arbeitsplätze
- temporäre Nutzung
- interne Erschließung
- Gästezimmer
- Küchen / Teeküchen
- Technik / Aufzug
- Lagerräume

E.50 WC
E.50a WC
E.00i
E.00k Vestibül
E.00j Vorraum
E.51 Lager
E.52a Küche
E.52 Küche
E.52b Kochstudio
E.11 Kantine
E.11a Terrasse
E.10a Bühne
E.10 Aula
E.24a WC
E.24 Abstellraum
E.00a Haupteingang
E.00b Vestibül
E.23 WC
E.21a Lager
E.20 Besucherinfo
E.22 Besucherzentrum
E.00o Treppe

E.42b Büro
E.41 Lehrraum
E.42 Büro
E.43 Büro
E.43a Technik
E.40 Dunkelkammer
E.00g Haupteingang
E.48/E.49a WC
E.44 Lehrraum
E.00f Flur
E.47 Seminarraum
E.45 Lehrraum
E.46 Lehrraum

203) 211

204)
Nutzung im 1. Obergeschoss (Ausschnitt aus der Denkmalpflegerischen Zielstellung, 2014)

205)
Nutzung im 2.–4. Obergeschoss (Ausschnitt aus der Denkmalpflegerischen Zielstellung, 2014)

Legende

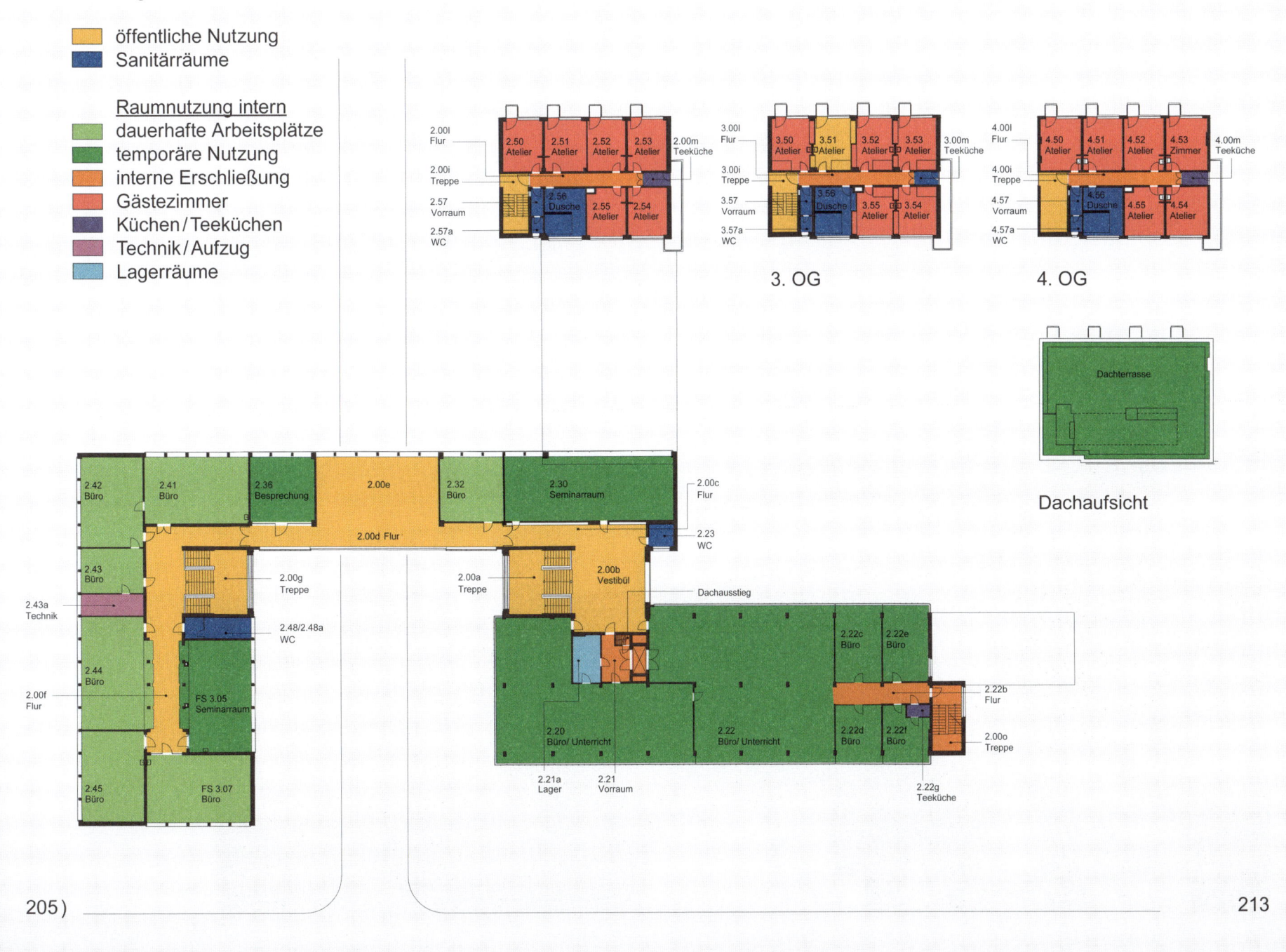

- ▯ öffentliche Nutzung
- ▯ Sanitärräume

Raumnutzung intern
- ▯ dauerhafte Arbeitsplätze
- ▯ temporäre Nutzung
- ▯ interne Erschließung
- ▯ Gästezimmer
- ▯ Küchen / Teeküchen
- ▯ Technik / Aufzug
- ▯ Lagerräume

3. OG

4. OG

Dachaufsicht

206) Gästeführung im Bauhaus, 2019

Tourismus

Die wachsende Zahl von Besuchern des Bauhausgebäudes ist eine erfreuliche Entwicklung, bedeutet jedoch gleichzeitig eine zunehmende Belastung für das Haus, wie zuletzt anlässlich des Jubiläums „100 Jahre Bauhaus" im Jahr 2019 deutlich wurde.[4] Die hohe Zahl von Einzelpersonen und Gruppen führt nicht nur zu wachsenden Anforderungen an die Infrastruktur, sondern auch zu Beschädigungen der Oberflächen etwa von Fußböden, Wänden oder Türen, die deshalb geschützt beziehungsweise immer wieder ausgebessert werden müssen. Um die Verluste an bauzeitlicher Substanz infolge von zunehmendem Verschleiß oder durch Zerstörung infolge von Unachtsamkeit zu begrenzen, werden im Gebäude die bauzeitlichen Oberflächen nur in Ausnahmefällen freigelegt oder gezeigt und sind in der Regel unter einer Schutzschicht konserviert. Die notwendige Erweiterung der Infrastruktur mit Besucherinformation, Leitsystem, sanitären Einrichtungen und Garderoben sowie mit Fahrradstellplätzen und -garagen wurde mit Rücksicht auf das historische Gebäude vorgenommen.

Das öffentliche Interesse am Gebäude bleibt ein zweischneidiges Schwert, da es das Bauhaus und seine Bauten einerseits stärkt, aber andererseits auch belastet. Da mit der zunehmenden Anerkennung der Bauten der Moderne als Kulturdenkmäler und Welterbestätten auch weiterhin steigende Besucherzahlen zu erwarten sind, werden die Lenkung von Gästen, die Begrenzung ihrer Zahl, die Auslagerung von Servicefunktionen wie auch die systematische und kontinuierliche Pflege und Instandhaltung des Gebäudes im Hinblick auf die Sicherung der Substanz zukünftig verstärkt Beachtung finden müssen.

Das Bauhausgebäude als „gebautes Manifest der Bauhausideen" war schon immer auch ein Ausstellungsobjekt, doch heute verändert sich das Haus nicht nur im Hinblick auf Besucher, die gelenkt und versorgt werden wollen, sondern auch im Hinblick auf die sich wandelnde Bewertung des Gebäudes. Die Bedeutung als Hülle für eine bestimmte Nutzung tritt zunehmend zurück gegenüber der Bedeutung des Gebäudes als Ort von öffentlichem Interesse. „Er [der Raum] hört auf, ein Ort leibhaftiger Erfahrung und Erinnerung zu sein. Anstelle der taktilen und gewohnheitsmäßigen Wahrnehmung der Eigentümer tritt die primär optische Registrierung der neuen Besucher. Der Raum […] wandelt sich zu einem Anschauungsobjekt, zu einem Gegenstand der Neugierde. […]

Der fremde Blick ist ein vergleichender Blick, er vergleicht das Unbekannte mit dem Bekannten. So wird auch das, was nie als Kunst gedacht war, zur Skulptur. Und Orte, die niemals nach den Regeln eines Spiels angelegt waren, werden (Abenteuer)Spielplatz. Entsprechend dieser Anschauung verhält sich der Besucher: als Galerist oder als Kind."[5]

1
Charta von Venedig, Artikel 5: „Die Erhaltung der Denkmäler wird immer begünstigt durch eine der Gesellschaft nützliche Funktion. Ein solcher Gebrauch ist daher wünschenswert, darf aber Struktur und Gestalt der Denkmäler nicht verändern. Nur innerhalb dieser Grenzen können durch die Entwicklung gesellschaftlicher Ansprüche und durch Nutzungsbedingungen bedingte Eingriffe geplant und bewilligt werden."

2
Petzet 1992, S. 9.

3
ICOMOS Preventive Monitoring 1999.

4
Die Zahl der Besucher im Bauhausgebäude stiegt von 26.631 im Jahr 1998 auf 35.101 im Jahr 2005. Im Jubiläumsjahr 2019 besuchten 285.000 Gäste die Welterbestätte Bauhaus Dessau, im Jahr 2020 waren es trotz der pandemiebedingten Einschränkungen 146.000 Gäste.

5
Mazzoni 2004, S. 66.

Langfristige Erhaltung

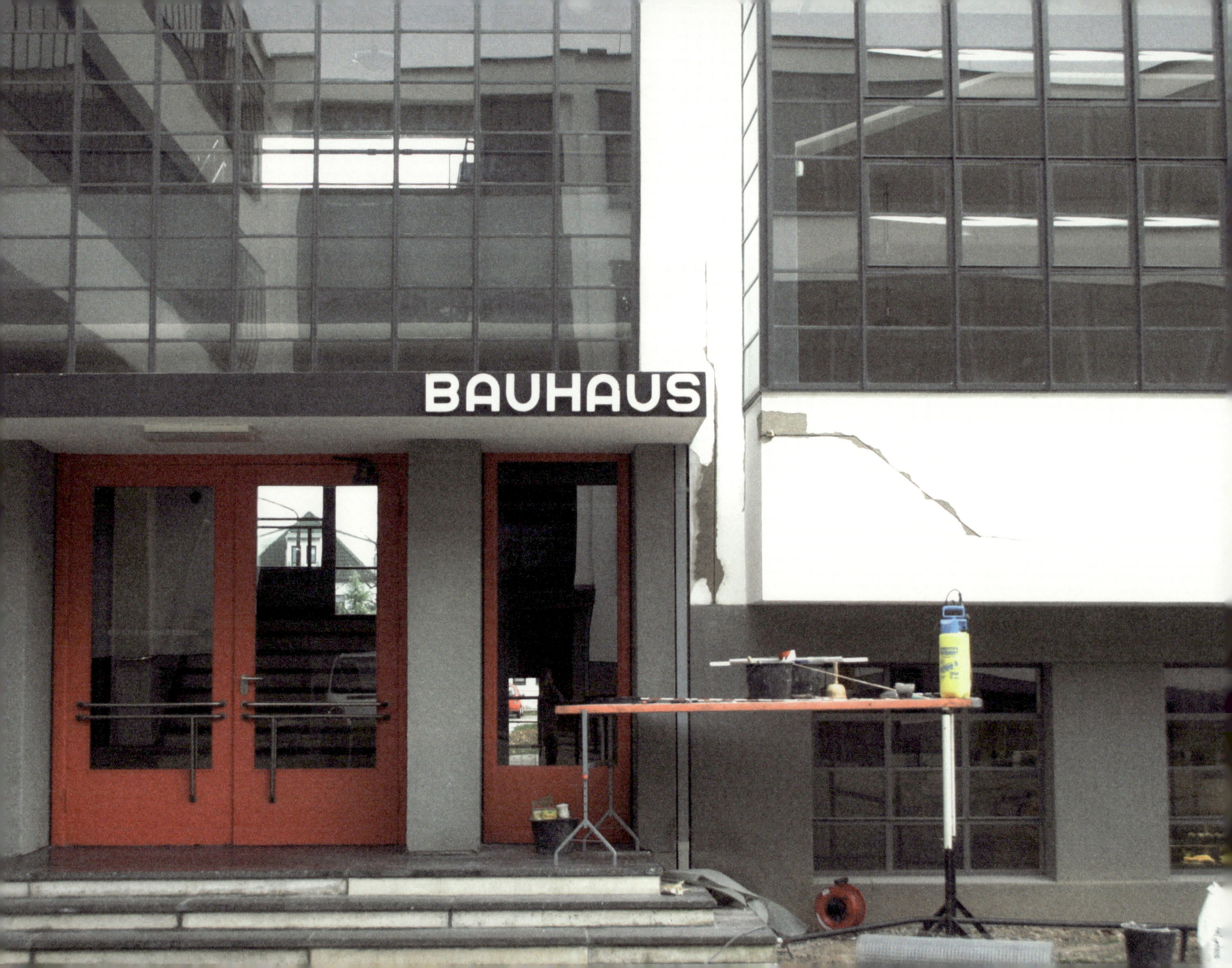
BAUHAUS

Langfristige Erhaltung

Denkmalpflegerische Konzepte

Die kontinuierliche vorbeugende, systematische und fachgerechte Pflege und Instandhaltung des historischen Bauhausgebäudes ist von außerordentlicher Relevanz, um das Gebäude langfristig mit seiner Originalsubstanz, gerade auch im Hinblick auf die besonderen Formen und Oberflächen, Konstruktionen und Materialien der Moderne, zu sichern. Maßnahmen zur Erhaltung des Gebäudes, die in der Vergangenheit oft zu einem erheblichen Verlust an Originalsubstanz geführt haben, sollen präventiv und maßgeblich bestandserhaltend konzipiert und durchgeführt werden.

Eine besondere Herausforderung für die Architektur der Moderne besteht darin, dass diese Bauten im Unterschied zu älteren Bauten wie mittelalterlichen Fachwerkhäusern oder barocken Kirchen auch heute oft nicht als einmalige, unersetzliche Kulturdenkmäler erkannt werden. Sie gelten vielmehr als Bestandteile des heutigen Alltags und sollen heutige Anforderungen erfüllen, obwohl sie den Normen und Standards ihrer Entstehungszeit entsprechen. Anpassungen führen daher oft zu Verlusten an der historischen Substanz oder von gestalterischen Qualitäten der Architektur. Die Materialität der Bauten und ihre Oberflächen, die sie mit Spuren von Alter und Gebrauch als historische Zeugnisse ausweisen, sind jedoch auch bei den Bauten der Moderne einmalige und unverzichtbare Bestandteile des Denkmals.

Um Gestaltungselemente wie die empfindlichen handwerklich hergestellten Oberflächen aus Kalkputz, monochromen Fußböden, vernickelten Metallteile oder die zahlreichen Stahl-Glas-Konstruktionen zu schützen und die besondere Anmutung und Wirkung der Architektur langfristig zu erhalten, bedürfen sie vorbeugender und sorgfältiger Pflege. Experimentelle Materialien und Konstruktionen, die heute nicht mehr hergestellt werden und deshalb nicht ersetzt werden können, stellen eine weitere Herausforderung dar. Knapp dimensionierte Bauteile und Details genügen zudem kaum den heutigen bautechnischen und bauphysikalischen Anforderungen. Das führt leicht zu Schäden und raschem Verschleiß. Darüber hinaus bewirken bereits kleine Veränderungen Entstellungen dieser Architektur, für die ausgewogene Proportionen, sorgfältig geplante Details und mit Bedacht gestaltete Oberflächen kennzeichnend sind. Die systematische und kontinuierliche Pflege des Bauhausgebäudes auf Grundlage wissenschaftlicher Erforschung und Wertschätzung der besonderen Qualitäten ist deshalb eine wesentliche Voraussetzung für die dauerhafte Bewahrung dieser Bauten.[1]

Mit der Denkmalpflegerischen Zielstellung und dem Conservation Management Plan hat die Stiftung Bauhaus Dessau Grundlagen für die Planung von systematischen und präventiven Maßnahmen zur langfristigen Erhaltung des Bauhausgebäudes entwickelt. Die Denkmalpflegerische Zielstellung trifft grundlegende Festlegungen zu Schutz und Erhaltung, etwa zur Nutzung in den einzelnen Gebäudeteilen, zu den erhaltenswerten Zeitschichten oder zu möglichen Veränderungen an den Glasfassaden. Der Conservation Management Plan geht ins Detail und erschließt genaue Informationen zu Pflege und Instandhaltung einzelner Bauteile über eine Datenbank.

207) Ausbesserungen an der Putzfassade, 2006

208) Restaurierung von Putzflächen, 2021

Denkmalpflegerische Zielstellung

„Die denkmalpflegerische Zielstellung ist die fachbezogene Handlungsanweisung für den Umgang mit dem Baudenkmal in denkmalpflegerischer Sicht und unter Berücksichtigung nutzungsbedingter Erfordernisse sowie bautechnischer Bedingungen. Sie stellt keine Planungs- oder Finanzierungsunterlage dar, sondern die Zielvorstellung für den langfristigen und wissenschaftlich begründeten Umgang mit dem Weltkulturerbe."[2] Sie dient als Richtlinie bei der Planung von Maßnahmen zur Instandhaltung, von Umbaumaßnahmen oder Nutzungsveränderungen.

Die Denkmalpflegerische Zielstellung berücksichtigt sehr differenziert die Bedeutung des Gebäudes als Kulturdenkmal, also als gegenständliches Zeugnis menschlichen Lebens aus vergangener Zeit, dessen Erhaltung im öffentlichen Interesse liegt. Sie umfasst denkmalpflegerische Aspekte ebenso wie zum Beispiel energetische Probleme oder Anforderungen, die aus der heutigen Nutzung erwachsen. Erst die Bearbeitung und Bewertung der unterschiedlichen Belange im Zusammenhang ermöglicht eine schlüssige Bewertung und Planung.

Mit Bezug auf die Charta von Venedig[3] ist das Ziel nicht die vollständige Rückführung des Gebäudes auf den bauzeitlichen Zustand von 1926. Zu erhalten beziehungsweise wiederherzustellen sind die grundlegende Struktur des Gebäudes, wie zum Beispiel die Sichtbarkeit der Konstruktion, die räumlichen Zusammenhänge sowie die Farbigkeit. Doch auch die 95-jährige Geschichte des Gebäudes mit Spuren von Alter, Gebrauch und Veränderungen wird respektiert und nicht komplett ausgelöscht, sofern sie das Gebäude in seinem künstlerischen Ausdruck nicht entstellt.

Vor der Erläuterung der Zielstellung ist zunächst die Klärung der Begrifflichkeiten notwendig: [4]

Sanierung:

Gesamtpaket an Maßnahmen, das Rekonstruktion, Restaurierung, Reinszenierung, Instandsetzung, Instandhaltung, Unterhalt und Neufassung umfasst. Mit der Sanierung soll die langfristige Sicherung und Erhaltung des Gebäudes erreicht werden. Sie berücksichtigt auch Anforderungen aus der Nutzung wie die Modernisierung der technischen Ausstattung oder die Anpassung an baurechtliche Forderungen. Die Eingriffe sollen so weit wie möglich reduziert werden, reversibel sein und sich in den Gesamtzusammenhang des Bauwerks einfügen.

Rekonstruktion:

exakter, materialidentischer Nachbau von bauzeitlichen Bauteilen, die nicht mehr vorhanden, aber für das Verständnis oder die Gesamtwirkung des Gebäudes oder des Raumes unverzichtbar sind. Rekonstruktion bezeichnet auch die exakte Wiederherstellung einer räumlichen Situation. Rekonstruktionen sind nur ausnahmsweise zulässig, dann nämlich, wenn sie auf wissenschaftlich gesicherter Grundlage durchgeführt werden können. Rekonstruiert werden am Bauhausgebäude ausschließlich bauzeitliche Bauteile aus dem Bestand von 1926.

Reinszenierung:

Nachbildung einer bauzeitlichen räumlichen Situation, die nicht die strengen Anforderungen erfüllt, wie sie an die wissenschaftlich fundierte Rekonstruktion gestellt werden. Sie ist aber wichtig für die Vermittlung einer bauzeitlichen räumlichen Situation und nähert sich der bauzeitlichen Situation an.

Restaurierung:

Maßnahmen, die den ursprünglichen Zustand eines bauzeitlichen Bauteils wiederherstellen und langfristig sichern, indem spätere Veränderungen beseitigt und kleinere Ergänzungen vorgenommen werden. Bei der Restaurierung von Türen wird beispielsweise die bauzeitliche Farbschicht freigelegt und gesichert, indem spätere Anstriche bis auf Referenzflächen entfernt werden, und nach Ausbesserung der Holzschäden ergänzt.

Instandsetzung und Instandhaltung:

Beseitigung von bautechnischen Schäden mit einfachen Mitteln, wobei die Instandsetzung dabei die weitergehenden Eingriffe erfordert. Durch kontinuierliche Pflege und einfache, materialidentische Ausbesserungen und Reparaturen wird der gegenwärtige Zustand bewahrt. Am Bauhausgebäude werden auch nichtbauzeitliche erhaltenswerte Bauteile auf diese Weise bearbeitet und gesichert (z. B. die 1976 entstandenen Nachbauten der Stahlfenster und der Vorhangfassade).

Unterhalt:

Reparaturen und Pflegemaßnahmen in Bereichen, in denen die Priorität nicht auf der Bewahrung oder Herstellung eines bestimmten historischen Zustands liegt, sondern auf funktional oder gestalterisch notwendigen Maßnahmen. Sie werden, wie in allen Teilen des Gebäudes, mit größter Rücksicht auf den Bestand ausgeführt (z. B. der Unterhalt der 1989 eingerichteten Räume für den Klub im Bauhaus).

Neufassung:

neu hinzugefügte Bauteile, die den heutigen Bedürfnissen Rechnung tragen, sich aber in das Gesamtbild einfügen. Ein Beispiel sind die Glaswände im Werkstattflügel oder die zusätzlichen Sanitärzellen, die nicht an bauzeitlichen Positionen stehen und als neu ergänzte Elemente zu erkennen sind. Neufassungen können auch Farbfassungen auf Flächen ohne bauzeitlichen Farbbefund sein. Sie sollen materiell und ästhetisch möglichst wenig in den bauzeitlichen Bestand eingreifen und reversibel sein.

Mit der genauen Kenntnis des Gebäudes und dem umfassenden Verständnis für dessen Besonderheiten ist es möglich, im Haus Bereiche mit unterschiedlichen Prioritäten festzulegen. Sie sind in der Denkmalpflegerischen Zielstellung als rote, grüne und blaue Bereiche gekennzeichnet, die den Schwerpunkt zukünftiger Maßnahmen definieren:

rote Bereiche:
Restaurierung und Rekonstruktion

Hier ist der bauzeitliche Bestand von 1926, der maßgeblich für den Denkmalwert des Gebäudes ist, großflächig erhalten oder es handelt sich um Bereiche von besonderer Bedeutung für das Gebäude. In diesen Bereichen wird nicht nur grundlegend restauriert, sondern – sofern erforderlich und möglich – auch rekonstruiert, um die künstlerischen Werte des Denkmals zu bewahren respektive zu erschließen.

grüne Bereiche:
Instandhaltung und Instandsetzung

Diese Teile sind überwiegend durch die Rekonstruktion 1976 geprägt, in deren Zuge nach vielen Zerstörungen das Erscheinungsbild des Bauhauses wiederhergestellt worden war. Diese Maßnahme markiert einen wichtigen Abschnitt in der Geschichte des Bauhausgebäudes, zumal das bei der Rekonstruktion 1976 entstandene Bild die Wahrnehmung des Gebäudes in den vergangenen 30 Jahren geprägt hat und damit ein wichtiges Zeugnis aus dessen Geschichte darstellt.[5]

blaue Bereiche:
Unterhalt und Neufassung

Hier liegt die Priorität nicht auf der Bewahrung oder Herstellung eines bestimmten historischen Zustands, etwa in den Sockelgeschossen von Werkstattflügel und Zwischenbau. In diesen Bereichen werden vor allem technisch oder funktional bedingte Maßnahmen umgesetzt.

In Orientierung an der Charta von Venedig gilt für alle Bereiche höchste Rücksicht auf den bauzeitlichen Bestand. Moderne Zutaten sollen als solche erkennbar sein, aber den Gesamteindruck nicht zerstören oder dominieren. Sie sind deshalb erst auf den zweiten Blick erkennbar.[6]

Für zukünftige Maßnahmen zur Pflege und Erhaltung des Bauhausgebäudes gelten folgende Richtlinien:

– Erhaltung der Struktur des Gebäudes beziehungsweise Wiederherstellung der Struktur, wo diese entstellt ist

– Anpassung der Nutzung an das Gebäude; minimale technische Ausstattung

– Sicherung der Spuren der Geschichte, sofern sie das Gebäude nicht grob entstellen

– Bewahrung und Erhaltung des Denkmals, wie es sich heute darstellt

– Rekonstruktion der bauzeitlichen Fassung, sofern Bauteile abgängig sind und die wissenschaftlich fundierte Rekonstruktion möglich ist

Eingriffe in die Substanz und das bauliche Gefüge des Bauhauses sind auf das absolut notwendige Maß zu reduzieren, da jeder Eingriff gleichzeitig eine Zerstörung darstellt und unabsehbare weitere Zerstörungen nach sich ziehen kann. Bei allen Arbeiten im Bauhausgebäude soll der Erhalt von bauzeitlicher Bausubstanz hohe Priorität haben, da die Materie nicht zu ersetzender Bestandteil des Kulturdenkmals ist. Deshalb werden bauzeitliche Teile, die nicht in originaler Lage am Haus erhalten oder nach Abschluss der Bauarbeiten wieder verdeckt werden, vor Ort dokumentiert beziehungsweise im Bauforschungsarchiv bewahrt. Nach Möglichkeit sollen durch die begleitende Bauforschung Prozesse und Ergebnisse wissenschaftlich erfasst und ausgewertet werden. Vor Beginn größerer Baumaßnahmen werden mit der Anlage von Musterflächen geeignete Methoden für die Bearbeitung im Detail entwickelt und auf Durchführbarkeit geprüft.

Die Festlegungen zu den einzelnen Bereichen und Bauteilen sind in der Denkmalpflegerischen Zielstellung in Plänen mit kurzen Texten erläutert, deren knappe Form eine sehr übersichtliche Darstellung der Ergebnisse ermöglicht. Sie umfasst im ersten Teil Grundlagen wie Raumkonkordanz, Übersichtsplan, Darstellung des historischen Bestands und eine Übersicht zu Untersuchungen, Gutachten etc. sowie im zweiten Teil eine Analyse insbesondere der Gebäudekonstruktion mit Schwerpunkt auf Glasfassaden, Statik, er Farbigkeit, Außenanlage, Ausstattung, Brandschutz, Nutzung und Raumstruktur. Diese genaue Kenntnis des Gebäudes ist eine Voraussetzung für die Festlegung der Ziele. Im dritten Teil werden in der Zielstellung Aussagen zur historischen Zuordnung (Bindungsplan), zur Nutzung, den Glasflächen, Ausstattung (Heizkörper und Leuchten), Farben und Oberflächen sowie den Außenanlagen getroffen.

Die Denkmalpflegerische Zielstellung wurde 1999[7] aufgestellt und 2014[8] fortgeschrieben. Sie ist mit den jeweiligen fachlichen Experten, der Denkmalpflege der Stadt Dessau, des Landes Sachsen-Anhalt und mit ICOMOS Deutschland abgestimmt.

[1]
Vgl. ICOMOS ISC20C 2011.

[2]
Arge Bauhaus 1999, 1.1 Zielstellung, o. S.

[3]
Artikel 3: „Erhaltung und Restaurierung zielen genauso auf die Bewahrung des Kunstwertes wie auf die des geschichtlichen Zeugnisses hin." Artikel 11: „Die Beiträge aller Epochen zu einem Denkmal müssen respektiert werden: Zielreinheit ist kein Restaurierungsziel." ICOMOS International 1964; siehe auch http://www.charta-von-venedig.de/internationale-charta-zur-konservierung-und-restaurierung.html (10.5.2021).

[4]
Definitionen der Begriffe in Anlehnung an Mörsch 1989, S. 115–141; Petzet 1992, S. 7–45.

[5]
Die Rekonstruktion 1976 ist eine der ersten in Deutschland durchgeführten umfassenden Sanierungen an einem Gebäude der Moderne und damit auch ein Dokument für die Entdeckung der Moderne als Gegenstand der Denkmalpflege.

[6]
Artikel 12: „Die Elemente, welche fehlende Teile ersetzen sollen, müssen sich dem Ganzen harmonisch einfügen und vom Originalbestand unterscheidbar sein, damit die Restaurierung den Wert des Denkmals als Kunst- und Geschichtsdokument nicht verfälscht." Artikel 13: „Hinzufügungen können nur geduldet werden, soweit sie alle interessanten Teile des Denkmals, seinen überlieferten Rahmen, die Ausgewogenheit seiner Komposition und sein Verhältnis zur Umgebung respektieren." ICOMOS International 1964.

[7]
Die Entwicklung erfolgte durch ARGE Bauhaus: Brambach und Ebert, Halle/Saale, und Pfister Schiess Tropeano Architekten, Zürich.

[8]
Die Fortschreibung erfolgte durch ProDenkmal GmbH, Bamberg/Berlin.

Historischer Bestand der Wände

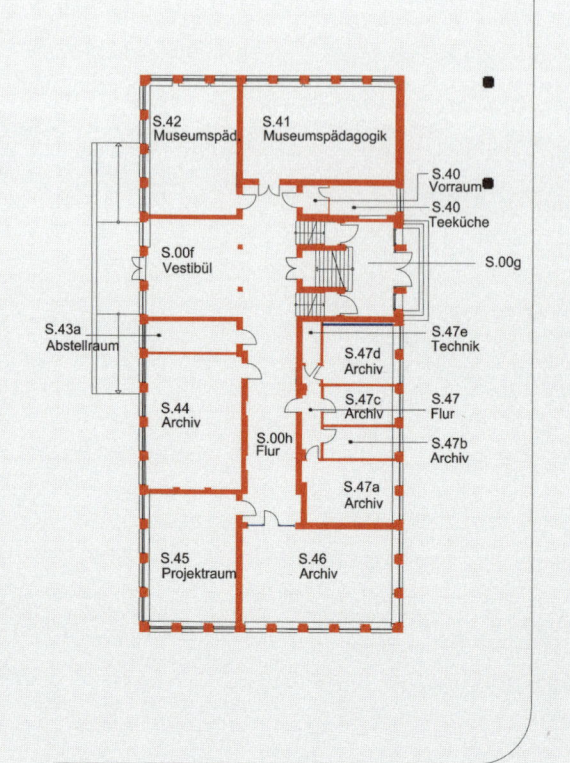

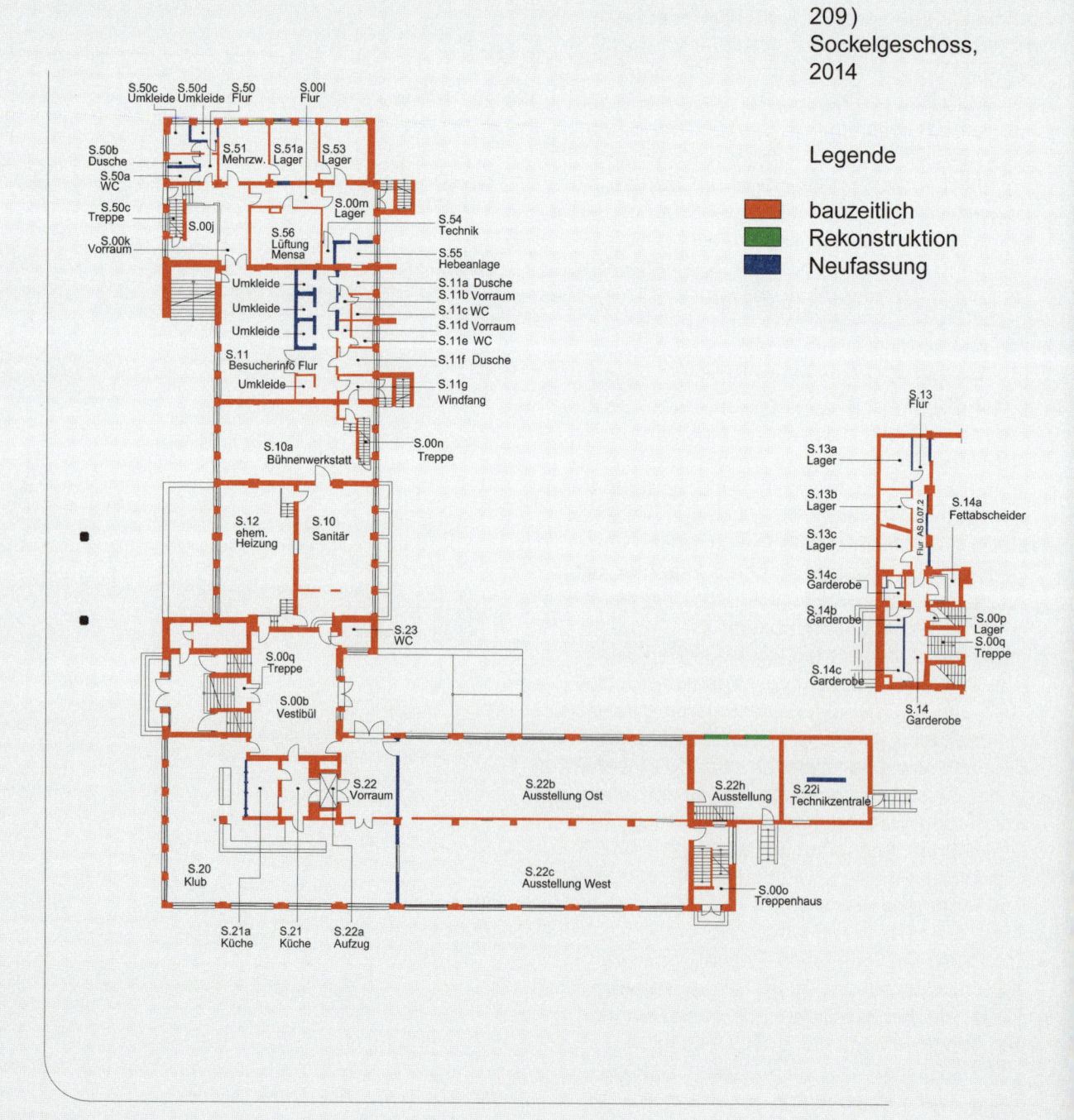

209) Sockelgeschoss, 2014

Legende

- 🟧 bauzeitlich
- 🟩 Rekonstruktion
- 🟦 Neufassung

210)
Erdgeschoss,
2014

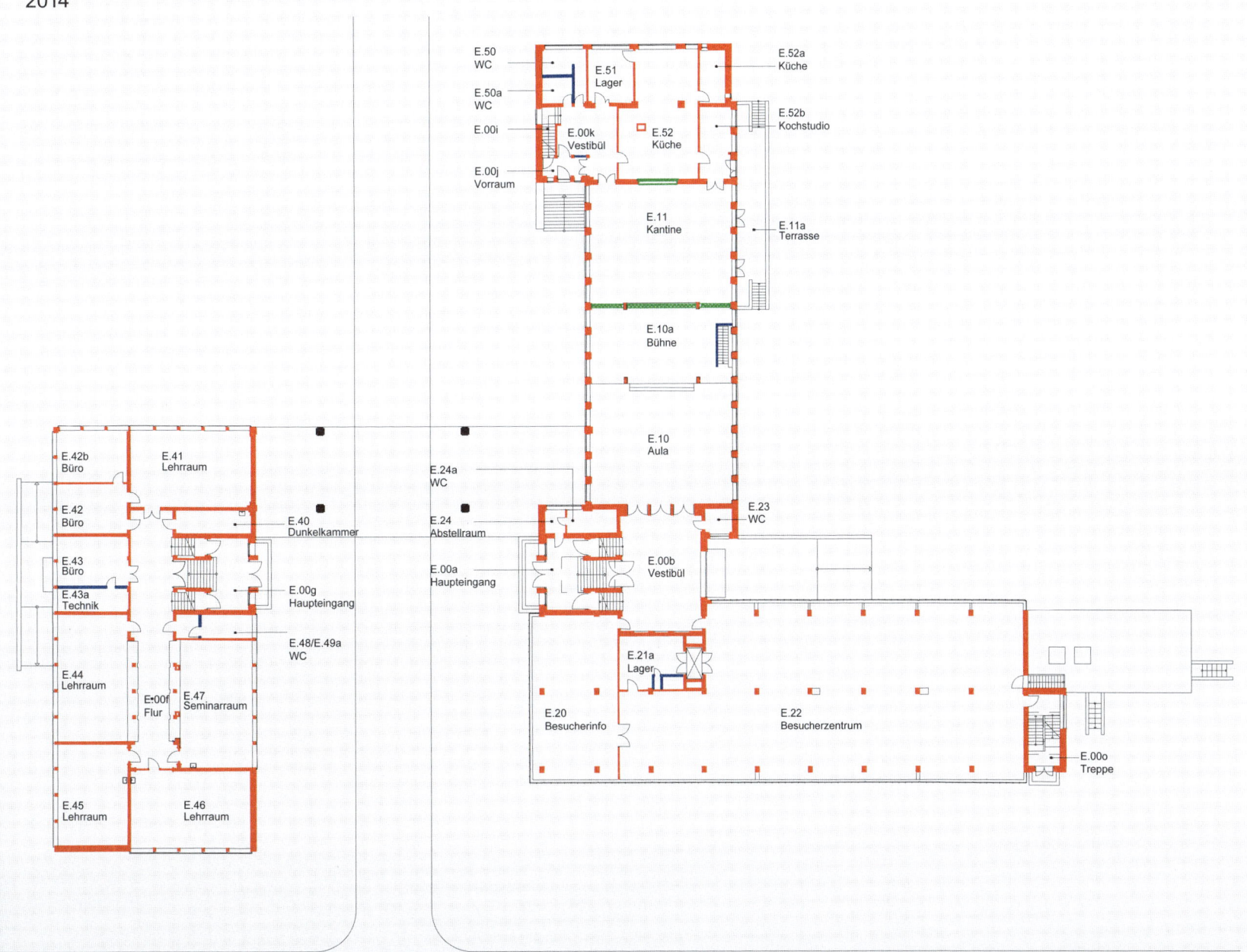

E.50	WC
E.50a	WC
E.51	Lager
E.52a	Küche
E.00i	
E.00k	Vestibül
E.52	Küche
E.52b	Kochstudio
E.00j	Vorraum
E.11	Kantine
E.11a	Terrasse
E.10a	Bühne
E.10	Aula
E.42b	Büro
E.41	Lehrraum
E.42	Büro
E.24a	WC
E.43	Büro
E.40	Dunkelkammer
E.24	Abstellraum
E.23	WC
E.43a	Technik
E.00a	Haupteingang
E.00b	Vestibül
E.00g	Haupteingang
E.44	Lehrraum
E.48/E.49a	WC
E.21a	Lager
E.00f	Flur
E.47	Seminarraum
E.20	Besucherinfo
E.22	Besucherzentrum
E.45	Lehrraum
E.46	Lehrraum
E.00o	Treppe

Historischer Bestand der Wände

211)
1. Obergeschoss,
2014

Legende

- 🟥 bauzeitlich
- 🟩 Rekonstruktion
- 🟦 Neufassung

212) 2.–4. Obergeschoss, 2014

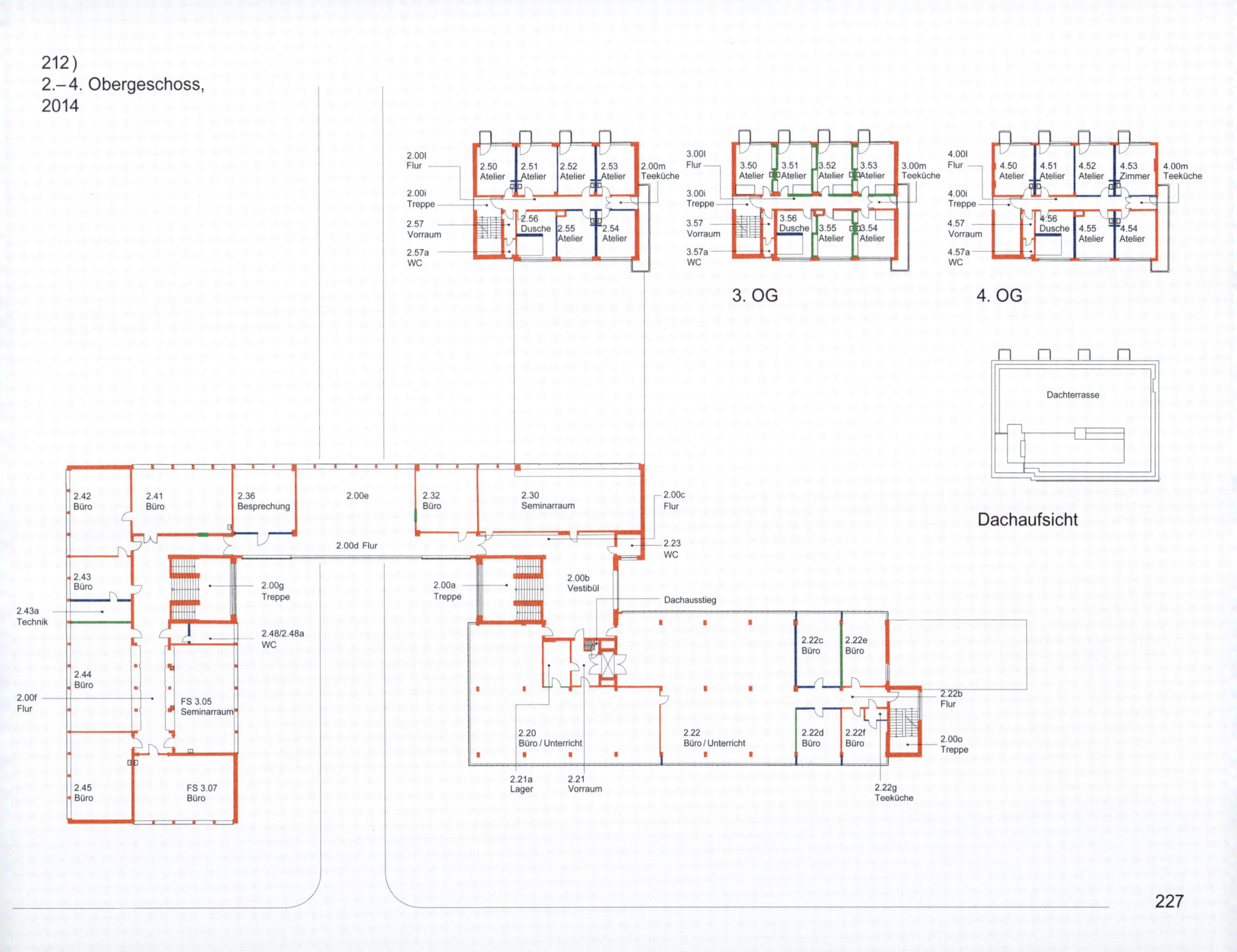

3. OG

4. OG

Dachaufsicht

Historischer Bestand der Raumschale und der Ausbauelemente

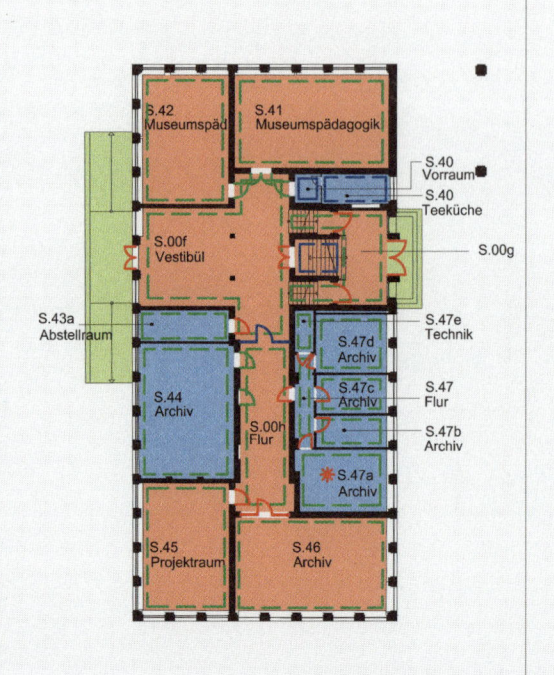

213) Sockelgeschoss, 2014

214) Erdgeschoss, 2014

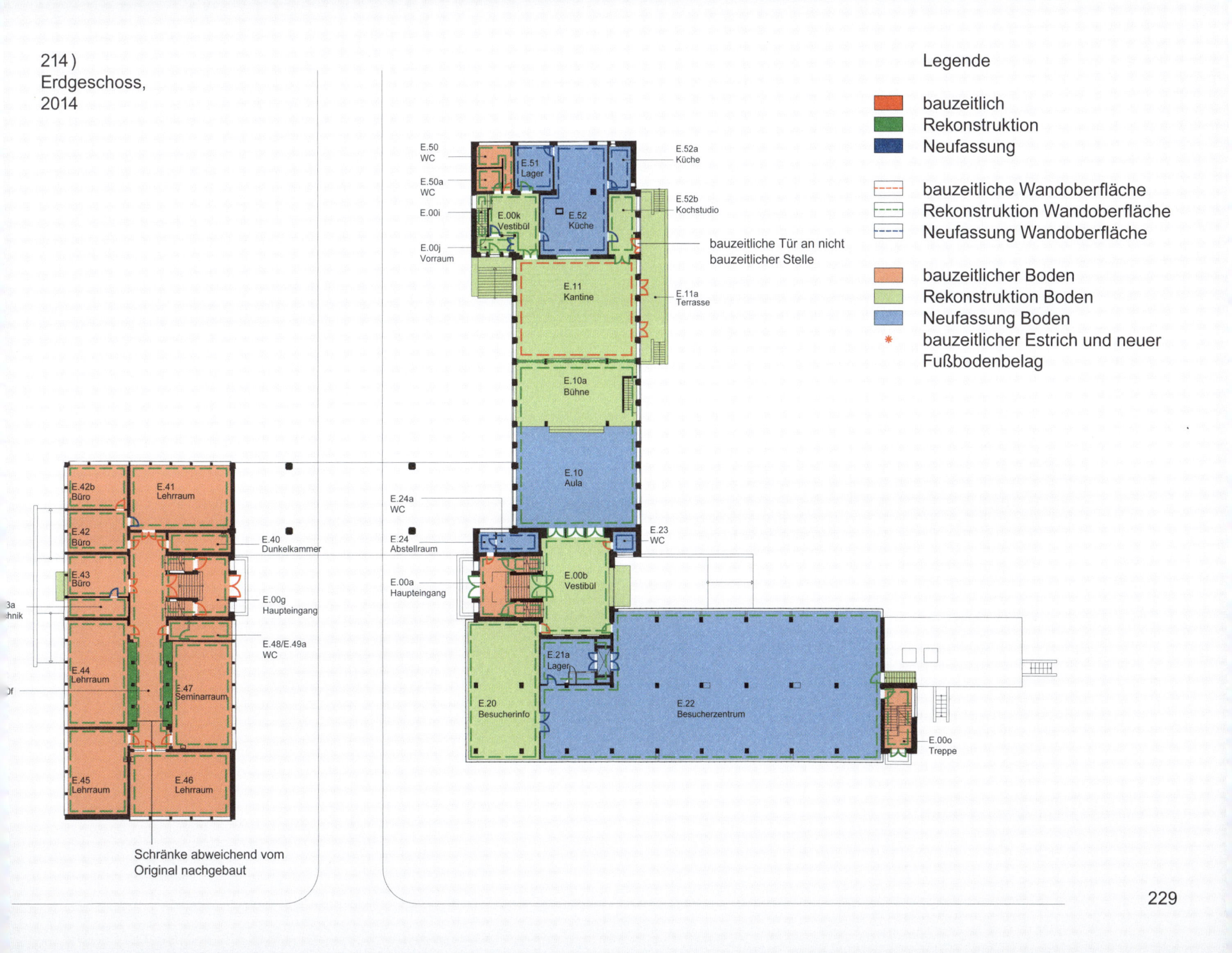

Legende

- 🟧 bauzeitlich
- 🟩 Rekonstruktion
- 🟦 Neufassung

- ┅ bauzeitliche Wandoberfläche
- ┅ Rekonstruktion Wandoberfläche
- ┅ Neufassung Wandoberfläche

- 🟧 bauzeitlicher Boden
- 🟩 Rekonstruktion Boden
- 🟦 Neufassung Boden
- ∗ bauzeitlicher Estrich und neuer Fußbodenbelag

Räume:

- E.50 WC
- E.50a WC
- E.00i
- E.51 Lager
- E.00k Vestibül
- E.00j Vorraum
- E.52 Küche
- E.52a Küche
- E.52b Kochstudio
- E.11 Kantine
- E.11a Terrasse
- E.10a Bühne
- E.10 Aula
- E.24a WC
- E.24 Abstellraum
- E.00a Haupteingang
- E.00b Vestibül
- E.23 WC
- E.21a Lager
- E.20 Besucherinfo
- E.22 Besucherzentrum
- E.00o Treppe
- E.42b Büro
- E.41 Lehrraum
- E.42 Büro
- E.40 Dunkelkammer
- E.43 Büro
- E.00g Haupteingang
- E.48/E.49a WC
- E.44 Lehrraum
- E.47 Seminarraum
- E.45 Lehrraum
- E.46 Lehrraum

bauzeitliche Tür an nicht bauzeitlicher Stelle

Schränke abweichend vom Original nachgebaut

Historischer Bestand der Raumschale und der Ausbauelemente

215) 1. Obergeschoss, 2014

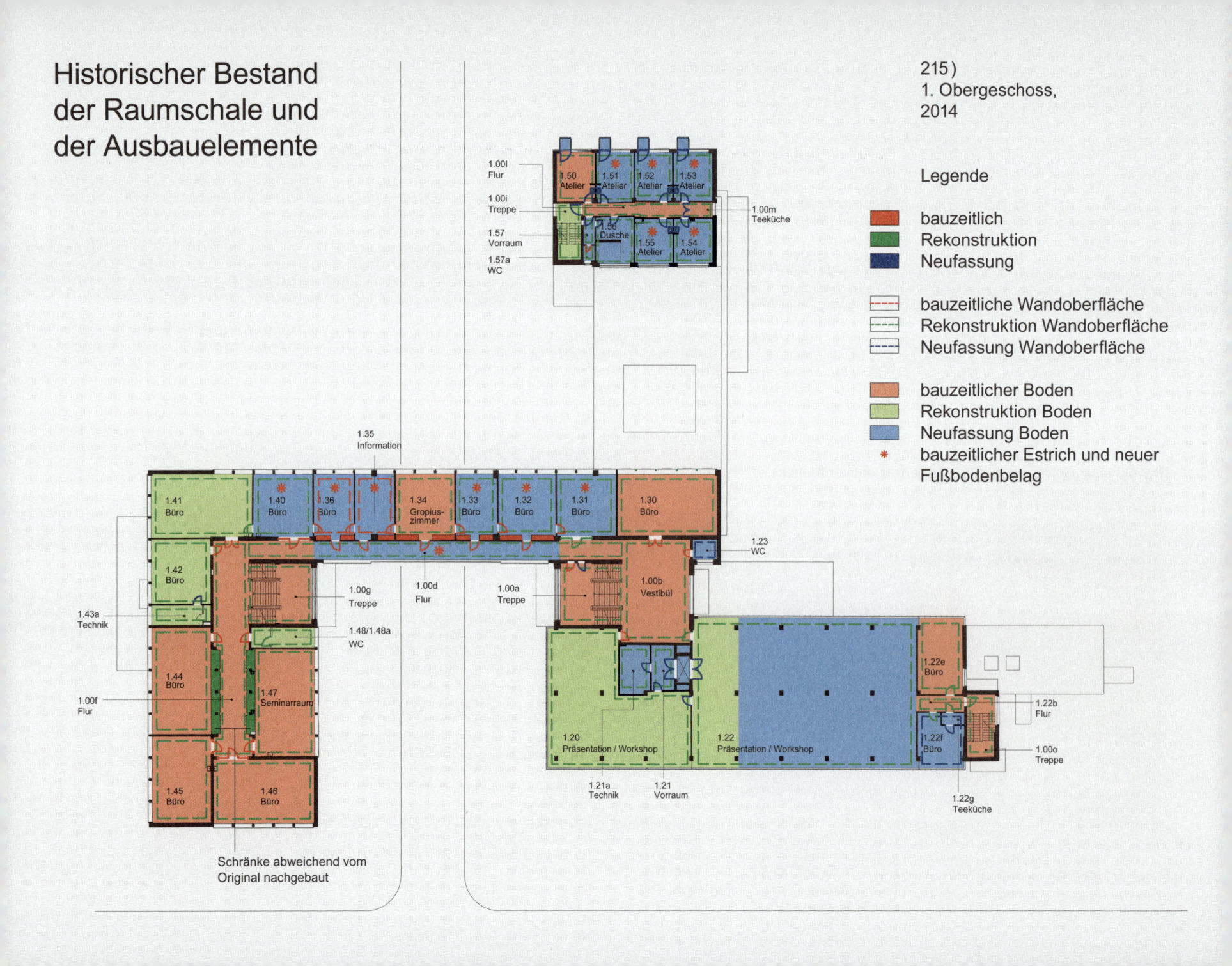

Legende

- ■ bauzeitlich
- ■ Rekonstruktion
- ■ Neufassung

- ┄ bauzeitliche Wandoberfläche
- ┄ Rekonstruktion Wandoberfläche
- ┄ Neufassung Wandoberfläche

- ■ bauzeitlicher Boden
- ■ Rekonstruktion Boden
- ■ Neufassung Boden

- ✳ bauzeitlicher Estrich und neuer Fußbodenbelag

Räume:

- 1.00l Flur
- 1.50 Atelier
- 1.51 Atelier
- 1.52 Atelier
- 1.53 Atelier
- 1.00i Treppe
- 1.00m Teeküche
- 1.57 Vorraum
- 1.56 Dusche
- 1.55 Atelier
- 1.54 Atelier
- 1.57a WC
- 1.35 Information
- 1.41 Büro
- 1.40 Büro
- 1.36 Büro
- 1.34 Gropiuszimmer
- 1.33 Büro
- 1.32 Büro
- 1.31 Büro
- 1.30 Büro
- 1.23 WC
- 1.42 Büro
- 1.00g Treppe
- 1.00d Flur
- 1.00a Treppe
- 1.00b Vestibül
- 1.43a Technik
- 1.48/1.48a WC
- 1.22e Büro
- 1.44 Büro
- 1.47 Seminarraum
- 1.00f Flur
- 1.22b Flur
- 1.45 Büro
- 1.46 Büro
- 1.20 Präsentation / Workshop
- 1.22 Präsentation / Workshop
- 1.22f Büro
- 1.00o Treppe
- 1.21a Technik
- 1.21 Vorraum
- 1.22g Teeküche

Schränke abweichend vom Original nachgebaut

216)
2.–4. Obergeschoss,
2014

3. OG

4. OG

Dachaufsicht

Schränke abweichend vom
Original nachgebaut

Bindungsplan

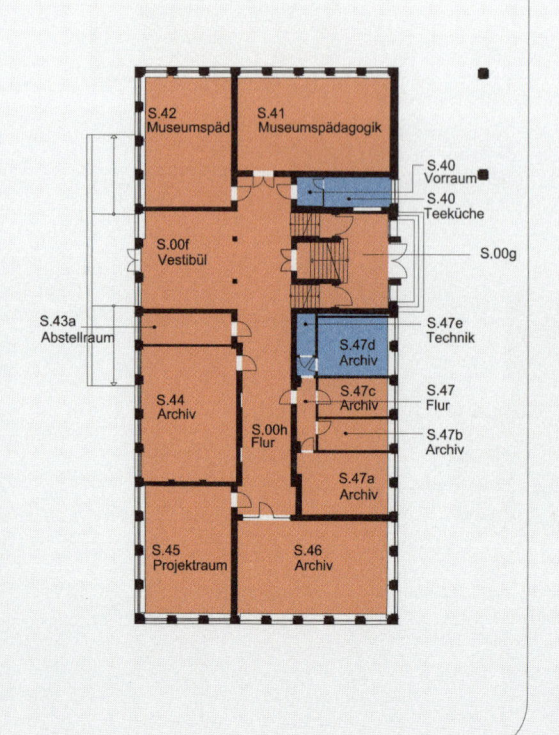

217) Sockelgeschoss, 2014

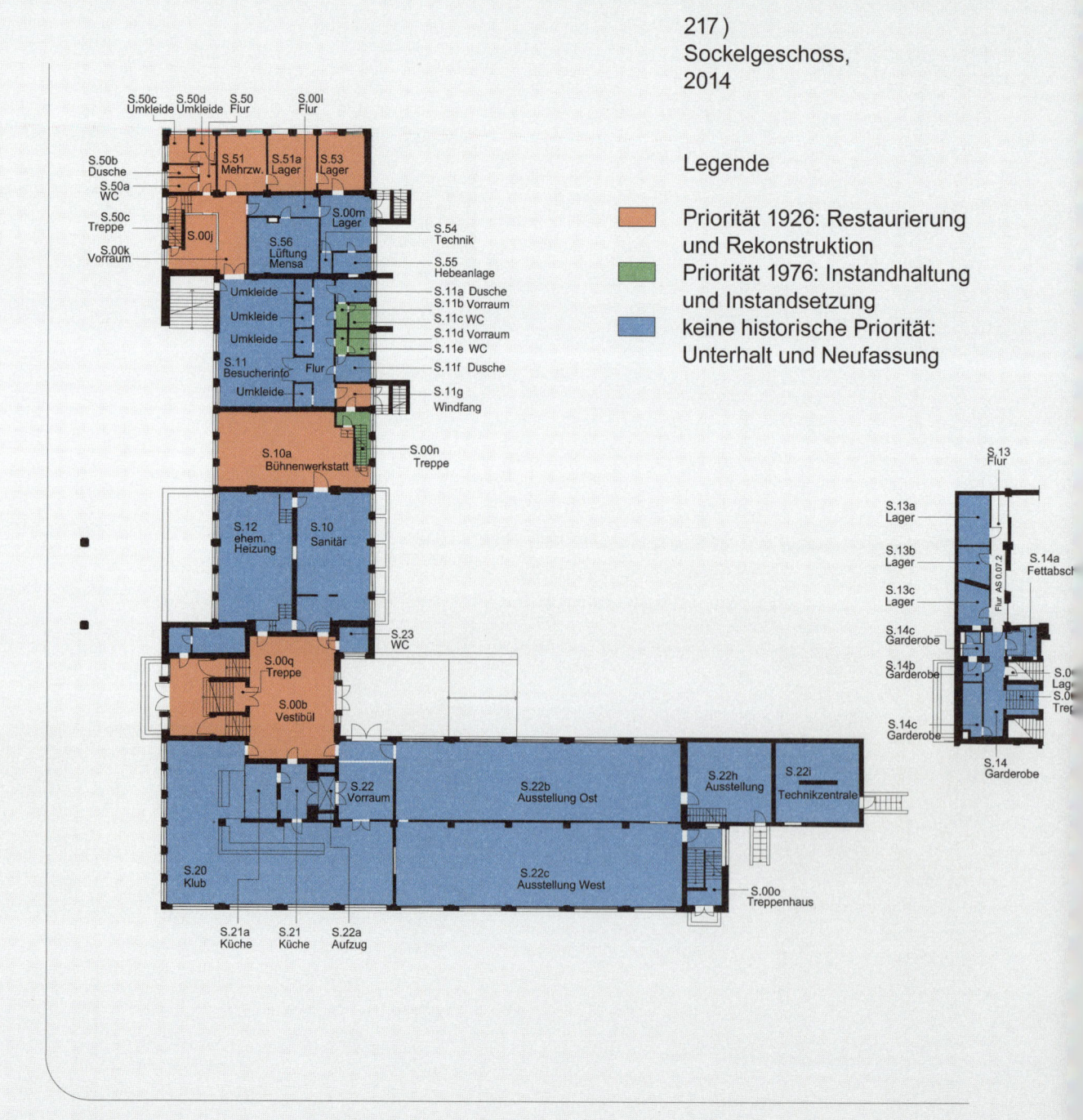

Legende

🟧 Priorität 1926: Restaurierung und Rekonstruktion

🟩 Priorität 1976: Instandhaltung und Instandsetzung

🟦 keine historische Priorität: Unterhalt und Neufassung

218) Erdgeschoss, 2014

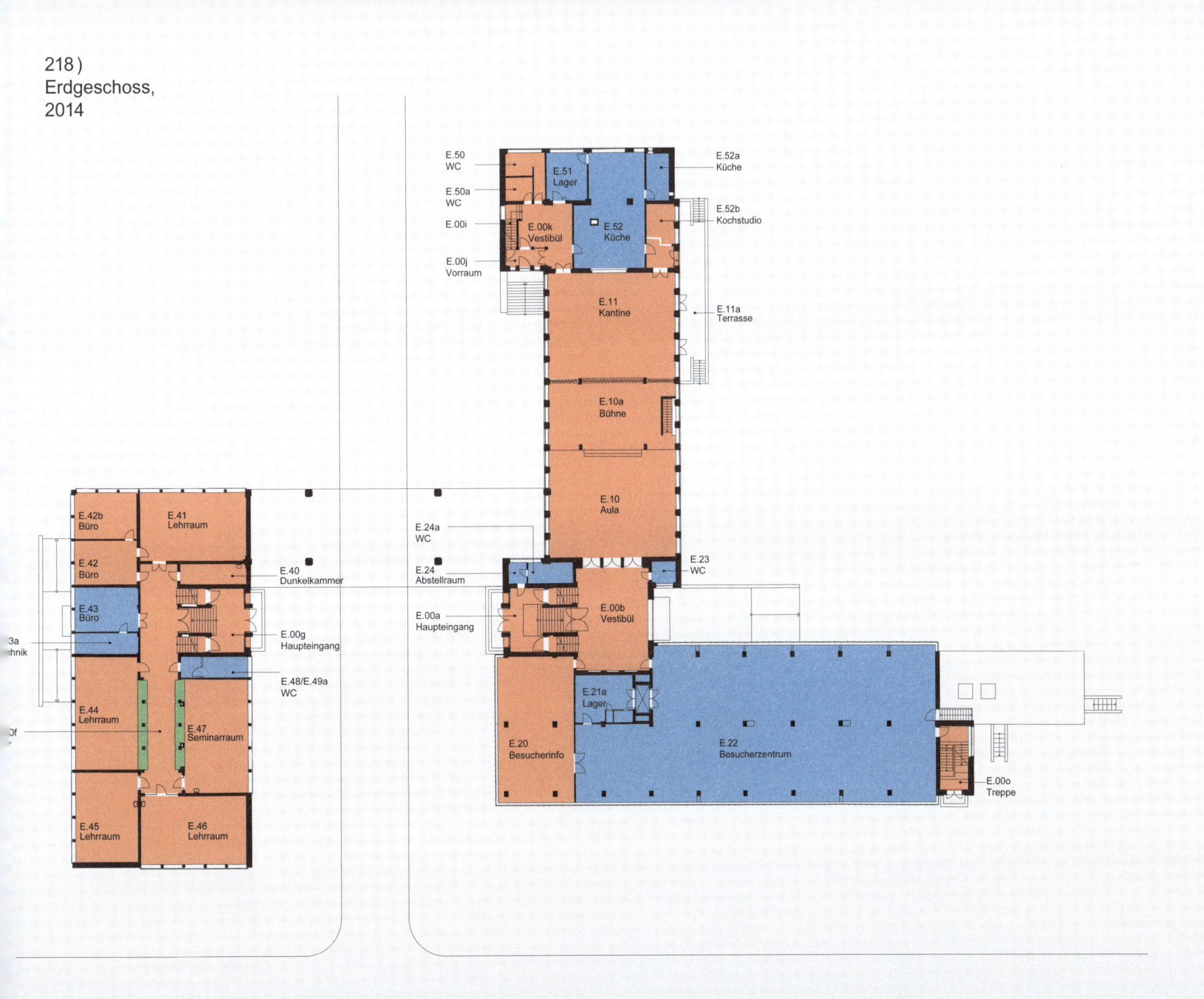

- E.50 WC
- E.51 Lager
- E.52a Küche
- E.50a WC
- E.00i
- E.00k Vestibül
- E.52 Küche
- E.52b Kochstudio
- E.00j Vorraum
- E.11 Kantine
- E.11a Terrasse
- E.10a Bühne
- E.10 Aula
- E.42b Büro
- E.41 Lehrraum
- E.24a WC
- E.23 WC
- E.42 Büro
- E.40 Dunkelkammer
- E.24 Abstellraum
- E.43 Büro
- E.00a Haupteingang
- E.00b Vestibül
- E.00g Haupteingang
- E.48/E.49a WC
- E.44 Lehrraum
- E.21a Lager
- E.47 Seminarraum
- E.20 Besucherinfo
- E.22 Besucherzentrum
- E.00o Treppe
- E.45 Lehrraum
- E.46 Lehrraum

Bindungsplan

219)
1. Obergeschoss,
2014

Legende

■ Priorität 1926: Restaurierung und Rekonstruktion

■ Priorität 1976: Instandhaltung und Instandsetzung

■ keine historische Priorität: Unterhalt und Neufassung

220)
2.–4. Obergeschoss,
2014

3. OG

4. OG

Dachaufsicht

Zielstellung für Beleuchtung und Heizkörper

221) Sockelgeschoss, 2014

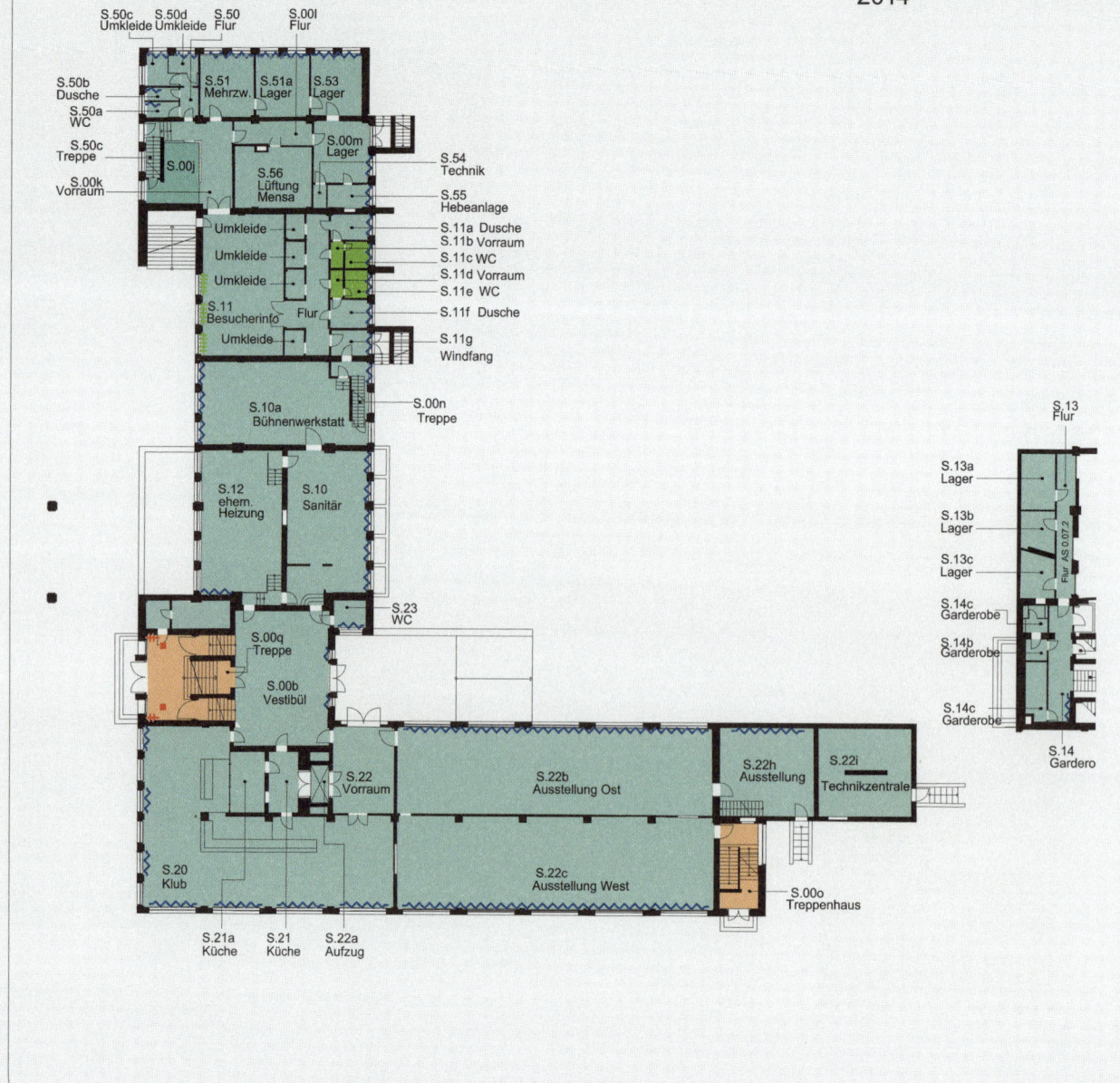

222) Erdgeschoss, 2014

Legende

Beleuchtung

- Beleuchtungstypen nach historischem Vorbild
- Beleuchtungstypen nach historischem Vorbild mit Ergänzung nach heutigen funktionalen Aspekten
- neue Beleuchtung entsprechend heutigen Anforderungen
- Bestand 1976

Heizkörper

- Rippenheizkörper (Junkers, 1926)
- Rippenheizkörper aus Guss (um 1976)
- Rippenheizkörper aus Guss (nach 1990)
- Plattenheizkörper (nach 1990)

Räume:

- E.50 WC
- E.50a WC
- E.00i
- E.00j Vorraum
- E.00k Vestibül
- E.51 Lager
- E.52 Küche
- E.52a Küche
- E.52b Kochstudio
- E.11 Kantine
- E.11a Terrasse
- E.10a Bühne
- E.10 Aula
- E.42b Büro
- E.41 Lehrraum
- E.42 Büro
- E.40 Dunkelkammer
- E.43 Büro
- E.24a WC
- E.24 Abstellraum
- E.23 WC
- E.00g Haupteingang
- E.00a Haupteingang
- E.48/E.49a WC
- E.00b Vestibül
- E.44 Lehrraum
- E.47 Seminarraum
- E.21a Lager
- E.45 Lehrraum
- E.46 Lehrraum
- E.20 Besucherinfo
- E.22 Besucherzentrum
- E.00o Treppe

Zielstellung für Beleuchtung und Heizkörper

223) 1. Obergeschoss, 2014

Legende

Beleuchtung

- Beleuchtungstypen nach historischem Vorbild
- Beleuchtungstypen nach hist. Vorbild mit Ergänzung nach heutigen funktionalen Aspekten
- neue Beleuchtung entsprechend heutigen Anforderungen
- Bestand 1976

Heizkörper

- Rippenheizkörper (Junkers, 1926)
- Rippenheizkörper aus Guss (um 1976)
- Rippenheizkörper aus Guss (nach 1990)
- Plattenheizkörper (nach 1990)

Räume:
- 1.00l Flur
- 1.50 Atelier
- 1.51 Atelier
- 1.52 Atelier
- 1.53 Atelier
- 1.00i Treppe
- 1.00m Teeküche
- 1.57 Vorraum
- 1.56 Dusche
- 1.55 Atelier
- 1.54 Atelier
- 1.57a WC
- 1.35 Information
- 1.41 Büro
- 1.40 Büro
- 1.36 Büro
- 1.34 Gropiuszimmer
- 1.33 Büro
- 1.32 Büro
- 1.31 Büro
- 1.30 Büro
- 1.23 WC
- 1.42 Büro
- 1.00g Treppe
- 1.00d Flur
- 1.00a Treppe
- 1.00b Vestibül
- 1.43a Technik
- 1.48/1.48a WC
- 1.44 Büro
- 1.47 Seminarraum
- 1.22e Büro
- 1.00f Flur
- 1.22b Flur
- 1.45 Büro
- 1.46 Büro
- 1.20 Präsentation / Workshop
- 1.22 Präsentation / Workshop
- 1.22f Büro
- 1.00o Treppe
- 1.21a Technik
- 1.21 Vorraum
- 1.22g Teeküche

224)
2.–4. Obergeschoss, 2014

Zielstellung für Glasflächen

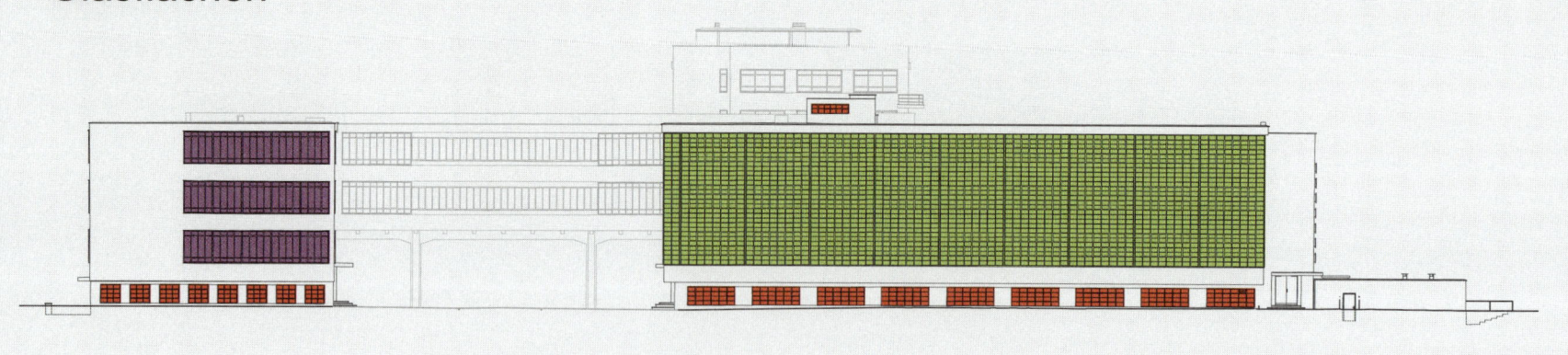

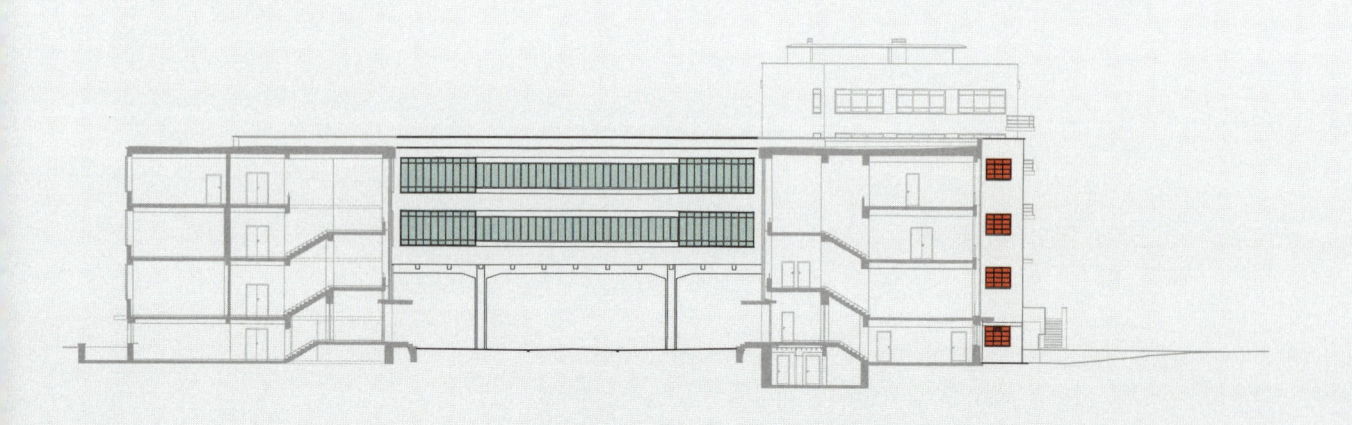

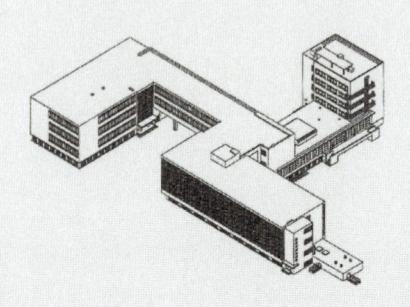

225)

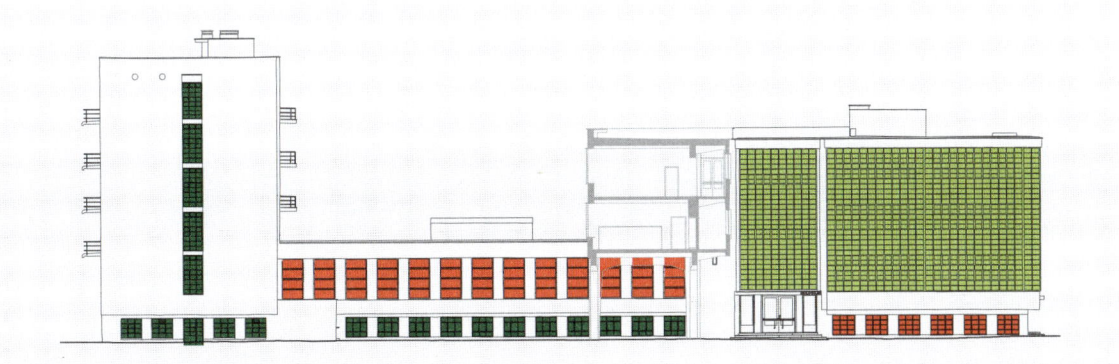

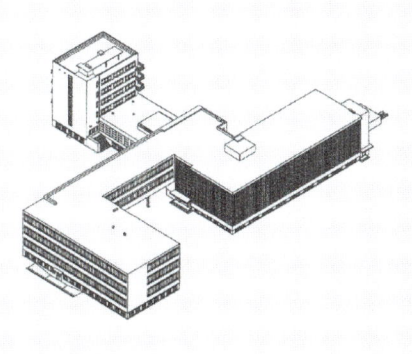

225)
Ansicht West

226)
Ansicht Nord

Legende

Fenster 1926
☐ Erhaltung

Fenster 1976
☐ Erhaltung
☐ energetische Erneuerung prüfen
☐ Veränderung möglich

Fenster 2006
nach bauzeitl. Vorbild rekonstruiert
☐ Erhaltung
☐ energetische Erneuerung prüfen
☐ Veränderung möglich

Fenster 2012 / 2014
☐ energetische Erneuerung ausgeführt

226)

241

Zielstellung für
Glasflächen

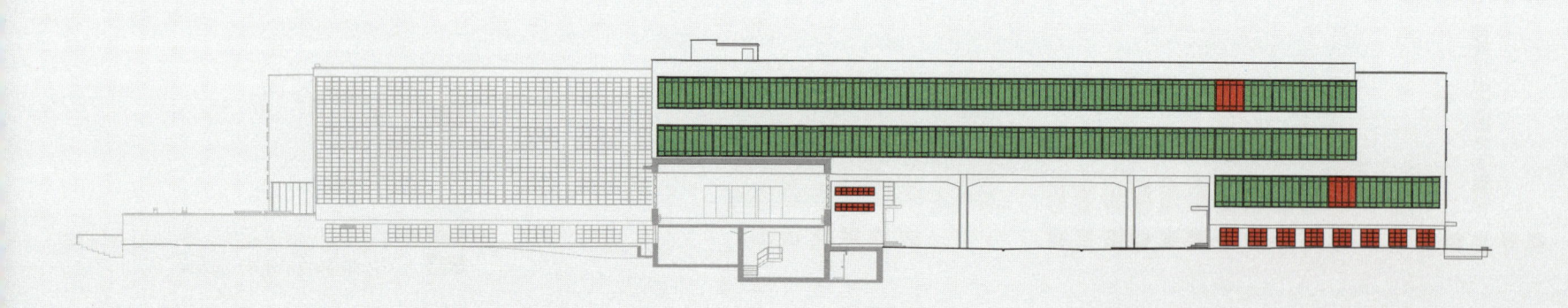

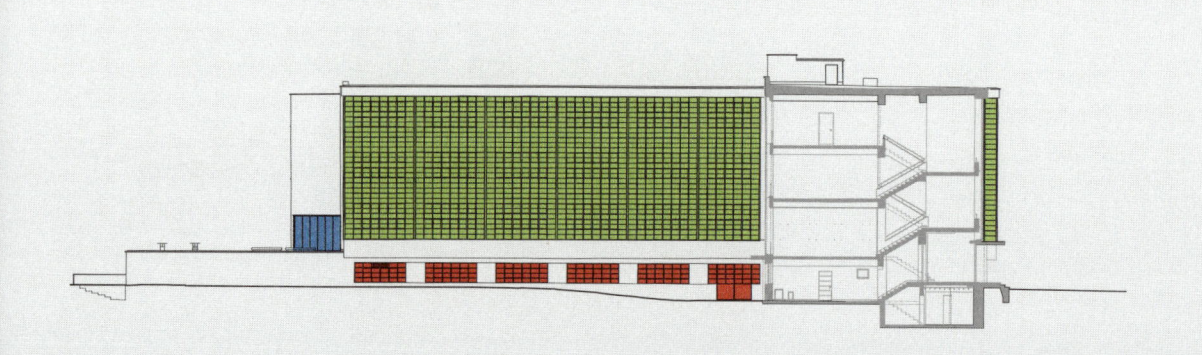

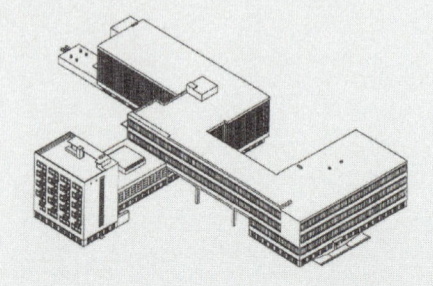

227)

Einbau von bauzeitlichen Fenstern erwünscht

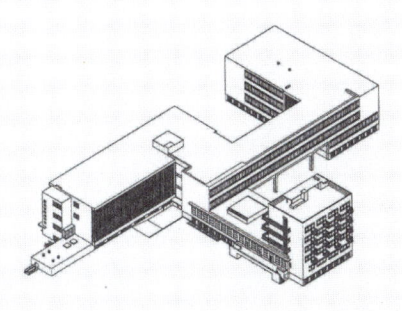

227)
Ansicht Ost

228)
Ansicht Süd

Legende

<u>Fenster 1926</u>
■ Erhaltung

<u>Fenster 1976</u>
■ Erhaltung
■ energetische Erneuerung prüfen
■ Veränderung möglich

<u>Fenster 2006</u>
<u>nach bauzeitl. Vorbild rekonstruiert</u>
■ Erhaltung
■ energetische Erneuerung prüfen
■ Veränderung möglich

<u>Fenster 2012/2014</u>
■ energetische Erneuerung ausgeführt

228)

243

229)

230)

Conservation
Management Plan

Bereits in der Mitte des 19. Jahrhunderts hob der englische Sozialreformer und Kunsthistoriker John Ruskin die Notwendigkeit der vorbeugenden Pflege als wirksamste Form der Denkmalpflege hervor: „Kümmert euch um eure Denkmäler, und ihr werdet es nicht nötig haben, sie wiederherzustellen. Einige Bleiplatten beizeiten auf ein Dach gelegt, ein paar tote Blätter und Zweige rechtzeitig aus einem Abflussrohr entfernt, werden sowohl Dach wie Mauer vom Verderben retten."[9]

Die traditionellen Methoden der Pflege von Bauten sind heute oft in den Hintergrund geraten oder vergessen, da in der heutigen Gesellschaft die permanente Verfügbarkeit aller Produkte suggeriert wird. Oft ist es billiger, ein Produkt zu ersetzen als das bestehende zu erhalten. Auch am Bauhausgebäude wurde allzu häufig ein altes Bauteil durch ein neues ersetzt, sodass sich deshalb heute selbst an diesem hochrangigen Baudenkmal kaum noch bauzeitliche Fenster, Türdrücker, Putze oder Leuchten befinden.

Der Verlust von immer mehr Teilen des Denkmals führt schließlich auch zum Verlust seiner Authentizität. Zudem geht mit dem Verschwinden der alten Bauteile und Oberflächen auch das Wissen um die bauzeitlichen Fertigungstechniken und Materialien verloren. Das Denkmal in seiner ganzen Komplexität als Dokument einer bestimmten historischen Situation mit ihren materiellen, technischen und wirtschaftlichen Möglichkeiten sowie als künstlerische Leistung ist jedoch einmalig und an seine materielle Existenz gebunden. Ziel der Denkmalpflege ist es daher, die Bauten durch kontinuierliche, fachgerechte und vorausschauende Pflege zu schützen und möglichst lange zu erhalten, selbst wenn sich der Verfall grundsätzlich nicht verhindern lässt.[10]

Kontinuierliche Inspektion, Wartung und Instandhaltung richten die Aufmerksamkeit auf das Gebäude und fördern das Verständnis für das Bauwerk auch unter denkmalpflegerischen Gesichtspunkten. Die Beobachtung des Gebäudes mit zeitnaher Behebung von kleineren Schäden sowie Untersuchung der Schadensursachen helfen nicht nur Kosten zu sparen, sondern auch Sicherheit bei der Planung von Kosten für den denkmalgerechten Bauunterhalt zu erlangen. So wie die regelmäßige Reinigung der Dachrinne dazu führt, weitere Schäden zu vermeiden, so sind auch kleine Putzrisse noch problemlos und kostengünstig zu schließen, während größere Schädigungen des Putzes zu umfassenden Baumaßnahmen führen können. Wesentlich sind Hinweise auf die sachgerechte Reinigung und Pflege, da die besonderen Materialien im Gebäude oft nicht mehr allgemein bekannt sind und eines besonderen Schutzes bedürfen. Bereits Erich Kästner wusste, dass das Meiste auf der Welt nicht durch Gebrauch kaputt geht, sondern durch Putzen. Zudem entspricht die fachgerechte und präventive Pflege des Gebäudes den Forderungen nach einem schonenden Umgang mit Ressourcen und der Nachhaltigkeit von Baumaßnahmen.

Im Facility Management sind Pflegepläne mit Wartungszyklen üblich und es gibt funktionierende Systeme mit dem Ziel der wirtschaftlichen Instandhaltung. „Dieses Modell der

229) Reinigung der Glasfassaden, späte 1930er-Jahre

230) Ausbesserungen an der Glasfassade, 2004

Wartungsverträge ließe sich in Modifikationen auch auf die allgemeine Baudenkmalpflege übertragen, wo auf bestimmte Fachgebiete spezialisierte Restauratoren bzw. Handwerker in Abstimmung mit den Denkmalämtern bestimmte Baudenkmäler betreuen könnten, wie ja auch der Kaminkeh[11]er seine routinemäßigen Inspektionen macht." Solange seitens der Denkmalämter diese Betreuung, wie sie beispielsweise von Michael Petzet mit Blick auf die Charta von Venedig vorgeschlagen wurde, nicht vorgenommen werden kann, bleibt es dem Eigentümer überlassen, mit kontinuierlicher Pflege die originale Bausubstanz und die bei einer Sanierung erreichte Qualität der Bearbeitung auch langfristig zu sichern.

Für das Bauhausgebäude wurde deshalb ein Conservation Management Plan (CMP) als Richtlinie für die langfristige und systematische Erhaltung des Gebäudes aufgestellt.[12] Der Plan soll einen raschen und systematischen Zugriff auf relevante Informationen ermöglichen, Zuständigkeiten und Verantwortlichkeiten regeln sowie die Qualität von zukünftigen Instandhaltungsarbeiten sichern. Die Planung orientiert sich an der Charta von Burra[13] und umfasst die Schritte: Beschreibung und Bedeutung des Gebäudes, Sammlung von Information, Erstellung der Richtlinie sowie Einführung und Monitoring. Die Beschreibung des Gebäudes orientiert sich an vorhandenen Dokumenten wie den Kriterien für die Aufnahme in die Welterbeliste und bezieht diese konkret auf Elemente des Gebäudes wie Anlage, Konstruktion, Gebäudehülle, Haustechnik, Farbe und Oberflächen, Raumstrukturen, Ausstattung und „Spirit of Place".

Herzstück des Conservation Management Plans ist eine Datenbank. Für das Facility Management, also die effektive Bewirtschaftung und Verwaltung von Liegenschaften, bestehen bereits funktionierende Datenbanksysteme (CAFM). Diese bestehenden Systeme sind auf die Pflege und Instandhaltung von hochrangigen Baudenkmalen allerdings nur sehr bedingt übertragbar, da besonders deren Komplexität in ihrer historischen wie in ihrer künstlerischen und ästhetischen Bedeutung bis hin zu technologischen und wirtschaftlichen Besonderheiten bisher meist nur ungenügend berücksichtigt ist. Aus dieser Komplexität ergibt sich eine notwendige Tiefe und Detaillierung der Angaben zum Schutz und zur Erhaltung des Gebäudes mit seinen Flächen und Bauteilen, die über die gängigen Systeme für das Facility Management nicht zu leisten ist.

Die Stiftung Bauhaus Dessau hat daher einen Baustein „Denkmalmanagement" als Ergänzung zu einem bestehenden Datenbanksystem aus dem Facility Management entwickelt, indem dieses um denkmalrelevante Funktionen in der gebotenen Tiefe erweitert wurde. Beispielsweise sind Grundrisse, in denen alle Bauteile eindeutig definiert und dadurch mit genauen Informationen zu verknüpfen sind, Teil des Systems. Zudem stehen Raumpläne mit Grundriss, Deckenspiegel und Wandabwicklungen zur Verfügung, in denen die Bauteile auch visuell gut zu identifizieren sind. Die Navigation zu den Raumelementen ist auf diese Weise sowohl über die übliche Baumstruktur als auch per Mausklick über die Raumpläne möglich.

Informationen zur Pflege und Instandhaltung enthält der Pflegekatalog, der in der Datenbank eine Verknüpfung zwischen dem Baustein „Instandhaltungsmanagement", mit dem im Facility Management Wartungs- und Reparaturarbeiten verwaltet werden, und dem neu entwickelten „Denkmalmanagement" schafft. So wird beispielsweise die Erfassung von Schäden, die Erteilung von Aufträgen oder terminliche Festsetzungen mit den vorhandenen digitalen Werkzeugen aus der Instandhaltung bearbeitet. Die erforderlichen Informationen zu den Bauteilen oder Oberflächen, zum Denkmalwert oder zu Pflegekonzepten stehen innerhalb des gleichen Systems im Denkmalmanagement zur Verfügung. Es werden Informationen zu den Bauteilen und Oberflächen sowie deren Reinigung, Pflege, Instandhaltung und Reparatur erfasst und verwaltet. Die denkmalspezifischen Anforderungen sind hier im direkten Bezug auf jedes Bauteil und jede Oberfläche dargestellt und umfassen neben historischen Informationen wie Baualter, Veränderungen oder Farbigkeit auch Informationen zu besonderen Eigenschaften der Materialien, zu Werktechniken oder notwendigen Schutzmaßnahmen. Den zuständigen Mitarbeitern ist die Nutzung der Datenbank über das Facility Management bereits vertraut.

Die Gliederung und damit die Erschließung der Informationen erfolgt raumweise über das Gebäudebuch oder über Kataloge für Oberflächen, Träger, Fenster etc. und enthält zudem einen Pflegekatalog sowie ein Dokumentenarchiv. Im „Denkmalmanagement" steht die konkrete praktische Information für das jeweilige Handeln zur Verfügung, und durch die Bereitstellung von relevanten Dokumenten kann darüber hinaus gezielt auch umfassenderes Wissen abgerufen werden. Ziel der Richtlinie ist die Erhaltung des Bauhausgebäudes in seiner kulturellen Bedeutung als herausragendes Denkmal und

Teil der Welterbestätte Bauhaus bei gleichzeitig lebendiger Nutzung des Gebäudes. Wichtiger Teil des Conservation Management Plans sind daher auch detaillierte Festlegungen zur Nutzung des Gebäudes im Hinblick auf den Schutz von besonders empfindlichen Bereichen wie historische Fußböden oder spezielle Wandoberflächen. Regelungen zu Zuständigkeiten und Verantwortlichkeiten sind weitere wesentliche Bestandteile des Werkes.

Der Conservation Management Plan umfasst auch Informationen zu Faktoren, die sich auf das Gebäude auswirken, darunter Entwicklungsdruck, Tourismus, Umwelteinflüsse, Klimaveränderungen und Katastrophenszenarien. Zukünftige Bedarfe werden derzeit insbesondere bei der systematischen und kontinuierlichen Instandhaltung sowie bei Einflüssen aus dem Klimawandel gesehen. Die Sammlung von Informationen umfasst auch eine Zusammenstellung derjenigen, die an der Erhaltung des Bauhausgebäudes beteiligt sind, so die Stiftung mit ihren unterschiedlichen Abteilungen, Zuwendungsgeber, zuständige Behörden, Verantwortliche für den Denkmalschutz, Fachleute und Ausführende. Informationen zur Einbindung in internationale und nationale Netzwerke wie beispielsweise die UNESCO, ICOMOS oder DOCOMOMO sowie Verwaltungen für den Schutz und die Pflege des Gebäudes werden ebenfalls aufgeführt.

Die Richtlinie zur Erhaltung des Gebäudes mit ihren Festlegungen und Hinweisen zu einzelnen Bauteilen und Oberflächen, aber auch zu Verfahrensabläufen und den zu beteiligenden Personen oder Institutionen ist in die Datenbank integriert. Sie fließt so systematisch in die Aktivitäten zur Pflege und Instandhaltung

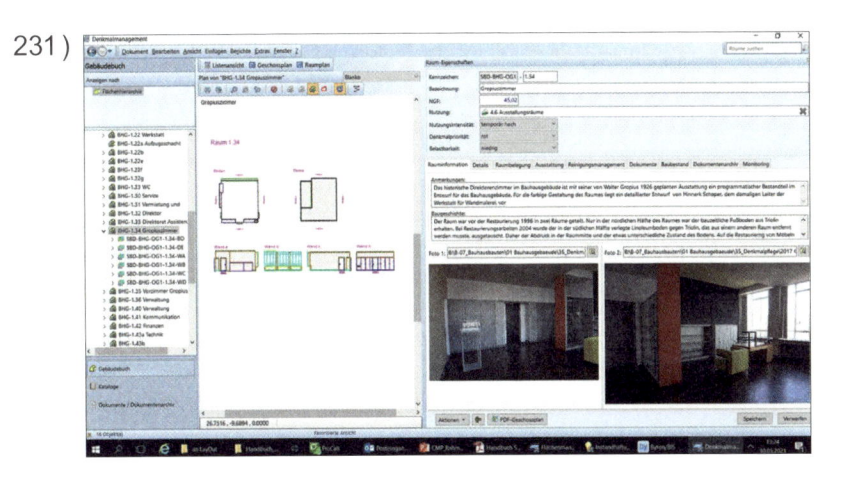

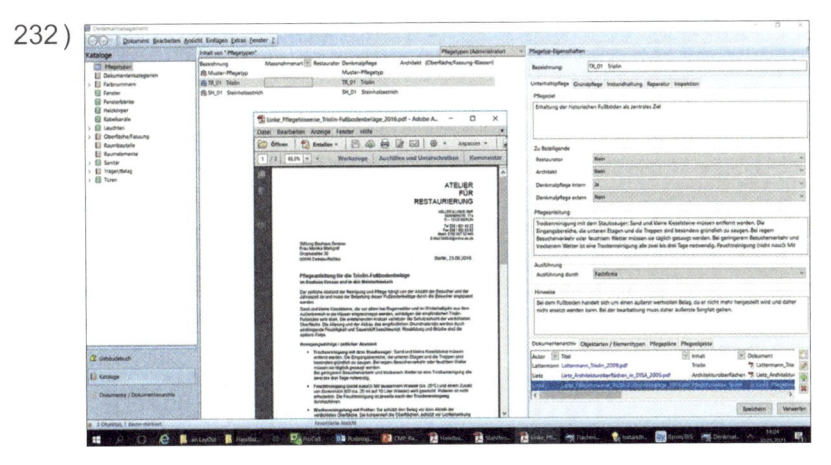

231)
Modul Denkmalmanagement,
Gebäudebuch, Struktur:
Pro Denkmal, Software:
Byron BIS, 2021

232)
Modul Denkmalmanagement,
Pflegetypen, Struktur:
Pro Denkmal, Software:
Byron BIS, 2021

233)

DIE BEHANDLUNG

Neue Linoleumbeläge sind erst in Benutzung zu nehmen, wenn der Kitt gut ausgetrocknet ist.
Der Linoleumgeruch verschwindet durch

Abb. 10. Feuchte Reinigung: Richtige Ausführung

häufiges Aufwischen mit reinem, kaltem Wasser schnell. Macht sich dagegen ein ständiger Geruch bemerkbar, so liegt dies nicht am Linoleum, sondern wahrscheinlich am Klebematerial, faulender Filzpappe, stockig feuchtem Unterboden usw.

Abb. 11. Feuchte Reinigung: Falsche Ausführung

233)
Anweisung zum Reinigen der Fußböden aus Linoleum, auch zu beachten bei der Pflege anderer bauzeitlicher Fußböden

234)
Pflege des bauzeitlichen Steinholzbodens, 2021

ein. Bereits vorhandene Regelungen und Festlegungen wie die Denkmalpflegerische Zielstellung für das Bauhausgebäude oder Haus- beziehungsweise Betriebsordnungen werden aufgenommen und in die Datenbank integriert. Für das kontinuierliche Monitoring werden in der Datenbank Aktivitäten wie Schadensmeldung, Beobachtung oder Schadensbeseitigung verfolgt. Das zukünftige Monitoring orientiert sich schwerpunktmäßig an den in der Beschreibung und Bewertung des Conservation Management Plans benannten Elementen des Gebäudes und deren Denkmalwerten.

Die systematische Aufbereitung von Informationen für die Erhaltung des Bauhausgebäudes ersetzt nicht die Vermittlung von Achtung und Wertschätzung für die Architektur bei allen, die in und mit dem Gebäude arbeiten. Das Verständnis für das Gebäude mit seinen besonderen, nicht immer zeitgemäßen Qualitäten und seiner historischen und künstlerischen Bedeutung ist eine wesentliche Grundlage für die langfristige Erhaltung. Darauf weist auch das wissenschaftliche Komitee von ICOMOS für das Erbe des 20. Jahrhunderts (ISC20C) hin: „Mehr denn je ist das architektonische Erbe dieses Jahrhunderts gefährdet durch mangelhafte Anerkennung und Pflege. Einiges ist bereits verloren, und noch mehr ist in Gefahr. Es geht um ein lebendes Erbe, und es ist notwendig, es zu verstehen, zu erkennen, zu interpretieren und für kommende Generationen gut zu bewahren."[14]

Der sorgfältige und rücksichtsvolle Umgang mit einem Oldtimer könnte in dieser Hinsicht inspirierend auch für den Umgang mit einem historischen Gebäude sein: etwa die Selbstverständlichkeit, mit der ein Oldtimer genutzt wird, aber nicht heutigen Anforderungen wie hohe Geschwindigkeit oder Komfort genügen muss, oder die Selbstverständlichkeit, dass dessen Pflege und Instandhaltung kontinuierlich und vorbeugend erfolgen und nicht erst dann, wenn Schäden aufgetaucht sind. In diesem Sinne stehen Verständnis und Wertschätzung für das Denkmal im Zentrum der Überlegungen und bilden die Voraussetzung für die nachhaltige Pflege. Denn, wie der Denkmalpfleger Wilfried Lipp feststellte: „Prävention beginnt im Kopf."[15]

Die Verbindung von Wertschätzung und materieller Pflege macht auch der Denkmalpfleger Georg Mörsch deutlich: „Für das Denkmal muss solche Zuwendung geistiger und materieller Art sein. Geistige Zuwendung ruft die Botschaften des Denkmals ab und macht sie gesellschaftlich relevant. Aber nur materiell erhaltende Zuwendung bewahrt auf Dauer die Möglichkeit solcher Begegnung. Wie Kerze und Flamme gehören Denkmalgegenstand und Denkmalbedeutung zusammen."[16]

9
Ruskin 1900 (1994), S. 367.

10
Vgl. Wüstenrot Stiftung 2011, S. 72ff.

11
Petzet 1992, S. 13.

12
Das planende Büro war ProDenkmal GmbH, Bamberg/Berlin.

13
ICOMOS Australia 1996.

14
ICOMOS ISC20C 2011, S. 1.

15
Lipp 2006, S. 32.

16
Mörsch 2003, S. 140.

234)

Quellenverzeichnis

Anonym 1934
[anonym], Überdachung des Bauhauses – Unterlassungssünden werden wieder gutgemacht, in: *Anhaltische Abendzeitung,* 10.1.1934

Arge Bauhaus 1999
Arge Bauhaus: Brambach und Ebert, Halle/Saale und Pfister Schiess Tropeano, Zürich, *Generalsanierung Bauhaus Dessau, Denkmalpflegerische Zielstellung,* Dessau 1999 (Dokument bei der Stiftung Bauhaus Dessau)

bauhaus dessau o. J.
bauhaus dessau prospekt, Dessau o. J.

Bauhaus LAB 2016 (2017)
Bauhaus LAB 2016, Hg. von Stiftung Bauhaus Dessau, *Desk in Exile,* Leipzig 2017

Bauweltkatalog 1929/30
Bauweltkatalog 1929/30, Handbuch des gesamten Baubedarfs, Berlin 1929

BDA 2018
Bund Deutscher Architekten BDA, verdrängte substanz. zum denkmalwert häuslicher infrastrukturen, in: *der architekt,* Heft 3, 2018 (ganzes Heft)

Benevolo 1964
Leonardo Benevolo, *Geschichte der Architektur des 19. und 20. Jahrhunderts,* Bd. 2, München 1964

Berger 1976/I
Hans Berger, Bauhausbauten als Gegenstand der Denkmalpflege, in: *Wissenschaftliche Zeitschrift,* 23 (1976), Heft 5/6, S. 556–559

Berger 1976/II
Hans Berger, Bauhausbauten als Gegenstand der Denkmalpflege, in: *Architektur der DDR,* 25, 1976, S. 722–725

Blieske 2020
Jan Blieske, Die Instandsetzung der Lichtsituation, in: Philipp Kurz für Wüstenrot Stiftung, *Meisterhaus Kandinsky/Klee. Die Geschichte einer Instandsetzung,* Leipzig 2020, S. 148–157

Blomeier 1994
Oliver Blomeier, Kleine Chronik der Heizanlage im Bauhaus Dessau, in: *Rekord. Die Spur der Kohlen,* Begleitheft zur Ausstellung im Bauhaus Dessau, Dessau 1994

Blomeyer/Milzkott 1990
Gerald R. Blomeyer und Rainer Milzkott, Einleitung, in: *Zentrum:Berlin, Klausurtagung am Bauhaus Dessau, Arbeitsmaterial für das Symposium Zentrum:Berlin veranstaltet vom Magistrat Berlin,* Berlin 1990, S. 6–7 (Einleitung)

Blunck 1927
Erich Blunck, Das Bauhaus in Dessau, in: *Deutsche Bauzeitung, 61,* Nr. 17, 26.2.1927, S. 153–160

Brenne 2011
Brenne Architekten, Wertebilanz Energetische Sanierung, Berlin 2011 (Dokument bei der Stiftung Bauhaus Dessau)

Brenne 2012
Winfried Brenne, Ulrich Nickmann, Mark Mathijssen, Bernhard Weller und Stefan Reich, Innovative Stahlfensterkonstruktion für das Weltkulturerbe Bauhaus Dessau, in: Silke Tasche und Bernhard Weller (Hg.), *Glasbau 2012,* Berlin 2012, S. 348–363

Danzl 2002
Thomas Danzl, Bauhaus in Dessau, in: *restauro, 2002,* Nr. 6, S. 387–388

Danzl 2003
Thomas Danzl, Konservierung, Restaurierung und Rekonstruktion der Architekturoberflächen am Meisterhaus Muche/Schlemmer, in: August Gebeßler (Hg.), *Gropius Meisterhaus Muche/Schlemmer. Die Geschichte einer Instandsetzung,* Stuttgart 2003, S. 153–181

Deutsche Linoleumwerke o. J.
Deutsche Linoleumwerke: *Linoleum, Unterböden, Legen, Behandlung,* Bietigheim bei Stuttgart, o. J., S. 22–23

Düchting 1996
Hajo Düchting, *Farbe am Bauhaus. Synthese und Synästhesie,* Berlin 1996

Ehrenburg 1927
Ilja Ehrenburg, Über das Bauhaus Dessau, in: *Visum der Zeit,* Leipzig 1929.

Fischer-Leonhardt 2005
Dorothea Fischer-Leonhardt, *Die Gärten des Bauhauses,* Berlin 2005

Fischli 1968
Hans Fischli. *Malerei Plastik Architektur.* Ausst.-Kat. Kunsthaus Zürich, Zürich 1968

Göttke-Krogmann u. a. 2018
Bettina Göttke-Krogmann, Franzi Kohlhoff, Ingrid Radewaldt und Monika Markgraf, Dokumentation Nachwebung Aulastoffe Bauhaus Dessau, Halle/Saale 2018 (Dokument bei der Stiftung Bauhaus Dessau)

Graf 2011
Franz Graf, Francesca Albani (Hg.): *Glass in the 20th Century Architecture.* Mendrisio 2011

Gropius 1926/I
Walter Gropius, Das flache Dach. Internationale Umfrage über die technische Durchführbarkeit horizontal abgedeckter Dächer und Balkone, in: *Bauwelt,* Heft 9, 1926, S. 223–227; Heft 14, 1926, S. 322–324; Heft 16, 1926, S. 361–362

Gropius 1926/II
Walter Gropius, glasbau, in: *Die Bauzeitung,* 23, Heft 20, 1926, S. 159–162

Gropius 1930 (1997)
Walter Gropius, *bauhausbauten dessau,* Berlin 1997 (Reprint der Ausg. 1930)

HORTEC GbR 1998
HORTEC GbR, Bauforschung im Bereich der Außenanlagen des Bauhauses Dessau, Rehsen 1998 (Dokument bei der Stiftung Bauhaus Dessau)

Huschenbeth 2019
Firma Huschenbeth, Denkmalpflege Mühlhausen, Dokumentation Bauhaus Dessau, Fassadensanierung Ateliergebäude 2018/2019, Mühlhausen 2019 (Dokument bei der Stiftung Bauhaus Dessau)

ICOMOS Australia 1996
ICOMOS Australia, The Burra Charter, Burra 2013, https://australia.icomos.org/wp-content/uploads/The-Burra-Charter-2013-Adopted-31.10.2013.pdf
(Charta über den denkmalpflegerischen Umgang mit Objekten von kultureller Bedeutung)

ICOMOS International 1964
ICOMOS International, International Charter for the Conservation and Restoration of Monuments and Sites (The Venice Charter), Venedig 1964, dt.: Charta von Venedig. Internationale Charta zur Konservierung und Restaurierung von Denkmälern und Ensembles, www.charta-von-venedig.de (24.6.2021)

ICOMOS International 1996
ICOMOS International, World Heritage List, Advisory Body Evaluation, 1996, https://whc.unesco.org/en/list/729/documents (17.3.2021)

ICOMOS ISC20C 2011
ICOMOS International Scientific Committee on Twentieth Century Heritage (ISC20C), Dokument von Madrid: Wege zur Bewahrung des architektonischen Erbes des 20. Jahrhunderts, Madrid 2011, http://www.icomos-isc20c.org/pdf/madriddocumentintroversion-aleman.pdf (24.6.2021)

ICOMOS Preventive Monitoring 1999
Bericht der ICOMOS Expertengruppe Monitoring Weltkulturdenkmäler des Deutschen Nationalkomitees am 8. Mai 1999 (Dokument bei der Stiftung Bauhaus Dessau)

ICOMOS Preventive Monitoring 2010
Welterbestätte Bauhaus Dessau, Bericht vom

24. März 2010 zum Preventive Monitoring (Dokument bei der Stiftung Bauhaus Dessau)

Kandinsky 1912 (2009)
Wassily Kandinsky, *Über das Geistige in der Kunst. Insbesondere in der Malerei*, 3. Aufl., Bern 2009 (rev. Neuauflage der Originalausgabe von 1912)

Kimmel 2011
Matthias Kimmel, Das Bauhaus Dessau im neuen Gewand. Umfeld Bauhaus Dessau, in: *Garten + Landschaft*, Heft 2, 2011, S. 18–21

Korn 1929 (1999)
Arthur Korn, *Glas im Bau und als Gebrauchsgegenstand*, Berlin 1999 (zuerst 1929)

Korrek / Wolf 2016
Norbert Korrek und Christiane Wolf, *Das Internationale Bauhaus-Kolloquium in Weimar 1976 bis 2016:* Ein Beitrag zur Bauhaus-Rezeption. Dokumentation Ausstellungsteil Prolog, Weimar 2016

Lattermann 2009
Günter Lattermann, Triolin – ein wenig bekannter Fußbodenbelag der 1920er Jahre, in: *e-plastory. Zeitschrift für Kunststoffgeschichte*, Nr. 2, 2009, http://e-plastory.com/index.php/e-plastory/article/view/e-plastory_2009_Nr.2/2

Lietz 2005
Bettina Lietz, Architekturoberflächen an Bauten der Moderne. Fußbodenbeläge in den Dessauer Bauhausbauten und ihre Wiederherstellung, in: *Denkmalpflege in Sachsen-Anhalt*, Heft 1, 2005, S. 14–25

Lietz / Markgraf 2004
Bettina Lietz und Monika Markgraf / Stiftung Bauhaus Dessau, *Architekturoberflächen. Bauhausbauten Dessau – Fußböden*, Dessau 2004

Linke 2020
Dietmar Linke, 100 Jahre Triolin – Ein historisch bedeutsamer Fußbodenbelag aus Cellulosenitrat im Bauhaus Dessau, in: *Verband der Restauratoren. Beiträge zur Erhaltung von Kunst- und Kulturgut*, Heft 2, 2020, S. 96–104

Lipp 2006
Wilfried Lipp, Prävention beginnt im Kopf!, in: Ursula Schädler-Saub (Hg.), *Weltkulturerbe Deutschland. Präventive Konservierung und Erhaltungsperspektiven.* Internationale Fachtagung des Deutschen Nationalkomitees von ICOMOS, der Hochschule für angewandte Wissenschaft und Kunst Hildesheim / Holzminden / Göttingen und der Diözese Hildesheim in Zusammenarbeit mit der Evangelisch-lutherischen Landeskirche Hannover, Hildesheim 2006, S. 32–40

Loebermann 1998
Matthias Loebermann, Transparenz heute, in: *Arch+*, Nr. 144 / 145, 1998, S. 100–102

Mader 1999
Günter Mader, *Gartenkunst des 20. Jahrhunderts*, Stuttgart 1999

Manzke / Thöner 1996
Dirk Manzke und Wolfgang Thöner, *das bauhaus zerstört 1945, 1947 das bauhaus stört*, Dessau 1996

Markgraf 2017 / I
Monika Markgraf (Hg.), *Welterbestätte Bauhaus*, Dessau 2017

Markgraf 2017 / II
Monika Markgraf, Architekturoberflächen in den Meisterhäusern, in: *Neue Meisterhäuser in Dessau, 1925–2014*, Leipzig 2017

Markgraf 2019
Monika Markgraf, Das Bauforschungsarchiv, in: Lutz Schöbe, Wolf Thöner und Claudia Perren für Stiftung Bauhaus Dessau (Hg.), *Bauhaus Dessau. Die Sammlung*, Bielefeld / Berlin 2019, S. 417–470

Markgraf / Weisbach 2011
Monika Markgraf und Rainer Weisbach, Energetisches Gesamtkonzept. Bauhausgebäude und Bauhausbauten in Dessau, Dessau 2011 (Dokument bei der Stiftung Bauhaus Dessau)

Mazzoni 2004
Ira Mazzoni, Offene Denkmale, in: Thomas Will (Hg.), *Das öffentliche Denkmal. Denkmalpflege zwischen Fachdisziplin und gesellschaftlichen Erwartungen*, Dresden 2004 (= Veröffentlichungen des Arbeitskreises Theorie und Lehre der Denkmalpflege e. V., 15), S. 65–66

MFPA 1999
Materialforschungs- und Prüfanstalt für das Bauwesen Leipzig e. V., Zustandsuntersuchungen der metallischen Ausbau- und Hüllelemente am Bauhaus Dessau, Leipzig 1999, (Dokument bei der Stiftung Bauhaus Dessau)

Mörsch 1989
Georg Mörsch, *Aufgeklärter Widerstand*, Basel u. a. 1989

Mörsch 2003
Georg Mörsch, Thesen zur Nachhaltigkeit denkmalpflegerischer Ziele und Maßnahmen, in: Marion Wohlleben und Hans Rudolf Meier (Hg.), *Nachhaltigkeit und Denkmalpflege*, Zürich 2003, S. 139–144

Moholy-Nagy 1929 (2001)
László Moholy-Nagy, *von material zu architektur*, 2. Aufl., Mainz 2001 (Nachdruck der Ausg. 1929)

Müller 2004
Ulrich Müller, *Raum Bewegung und Zeit im Werk von Walter Gropius und Ludwig Mies van der Rohe*, Berlin 2004

Münzer 1963
Ministerium für Kultur (Hg.) / Georg Münzer (Bearb.), *Kulturrecht. Eine Sammlung kulturrechtlicher Bestimmungen für Kulturfunktionäre und Kulturschaffende*, Berlin 1963, darin: Liste der Denkmale von besonderer nationaler Bedeutung und internationalem Kunstwert, 1962

Oswalt 2014
Philipp Oswalt und Henri Cartier-Bresson, *Dessau 1945 – Moderne zerstört*, Leipzig 2014

Paul 1978
Wolfgang Paul, Rekonstruktion Bauhaus Dessau 1976, in: Dessauer Kalender, 1978, S. 46–63

Petzet 1992
Michael Petzet, *Grundsätze der Denkmalpflege*, München 1992 (= ICOMOS / Hefte des Deutschen Nationalkomitees, 10)

Pollmeier 2005
Klaus Pollmeier, Gutachten zur Rekonstruktion der Farbigkeit des Bauhaus-Vestibüls im Jahre 1927, Mülheim 2005 (Dokument bei der Stiftung Bauhaus Dessau)

Pro Denkmal 2014
Pro Denkmal, Fortschreibung der denkmalpflegerischen Zielstellung für das Bauhausgebäude 2014, Berlin / Dessau 2014 (Dokument bei der Stiftung Bauhaus Dessau)

Rehm 2005
Robin Rehm, *Das Bauhausgebäude in Dessau. Die ästhetischen Kategorien Zweck Form Inhalt*, Berlin 2005

Ruskin 1900 (1994)
John Ruskin, *Die sieben Leuchter der Baukunst*, Dortmund 1994 (Faksimile der Ausgabe 1900)

Scheper 1930 (2012)
G. L. [Hinnerk und Lou] Scheper, Architektur und Farbe, in: *Maljarnoe delo*, Heft 1–2, 1930, wieder abgedruckt in: Johannes Cramer und Anke Zalivako (Hg.), Das Narkomfin-Kommunehaus in Moskau (1928–2012), Petersberg 2012 (= Berliner Beiträge zur Bauforschung und Denkmalpflege, 11), S. 66–67

Schlesier / Püschel 1964
Rat der Stadt Dessau Stadtbauamt und Hochschule für Architektur und Bauwesen Weimar, Bauhaus Dessau – Rekonstruktion Teil I und II, Leitung: Karlheinz Schlesier und Konrad Püschel, Dessau / Weimar 1964 (Dokument bei der Stiftung Bauhaus Dessau)

Schmidt 1998
Hartwig Schmidt, Der Umgang mit den Bauten der Moderne in Deutschland, in: *Konservierung der Moderne? Tagung des deutschen Nationalkomitees von ICOMOS in Zusammenarbeit mit der „denkmal '96"*, München 1998 (= ICOMOS Hefte des Deutschen Nationalkomitees, XXIV), S. 39–44

Schneck 1932
Adolf G. Schneck, *Fenster aus Holz und Metall. Konstruktion und Maueranschlag,* Stuttgart 1932

Schöne 2002
Peter Schöne, Dessau Bauhausgebäude, PR (Ateliergebäude), Flure und Atelierräume. Restauratorische Auswertung zu den materialspezifischen Untersuchungen des bauzeitlichen Steinholzestrichfußbodens, Halle/Saale 2002 (Dokument bei der Stiftung Bauhaus Dessau)

Schöne 2018
Peter Schöne, Dessau Bauhausgebäude. Sanierung von Rissen im Steinholzestrich, Halle/Saale 2018 (Dokument bei der Stiftung Bauhaus Dessau)

Schöne 2020
Peter Schöne, Dessau Bauhausgebäude. Pflegekonzept Steinholzestrich, Halle/Saale 2020 (Dokument bei der Stiftung Bauhaus Dessau)

Schwalacher 1927
Nelly Schwalacher, Das neue Bauhaus, in: *Frankfurter Zeitung* (Abendausgabe), 31.10.1927

Schwarting/Markgraf 2002
Andreas Schwarting und Monika Markgraf, *Bauforschungsarchiv Stiftung Bauhaus Dessau,* Dessau 2002

Staatliche Hochbauverwaltung 1987
Staatliche Hochbauverwaltung Baden-Württemberg (Hg.), Weissenhof 1927–87; 1. Werkstattbericht während der Sanierung 1983; 2. Gesamtdokumentation der Sanierung 1987, in: *info bau,* 14, Heft 2, 1987

Stein 1926
Georg Stein, Das Bauhaus in Dessau, in: *Der Neubau. Halbmonatsschrift für Baukunst,* 8, Heft 24, 24.12.1926, S. 277–282

Transsolar 2011
Transsolar Energietechnik GmbH mit June 14 Architects, Energetisches Gesamtkonzept Bauhaus Dessau, Stuttgart u. a. 2011 (Dokument bei der Stiftung Bauhaus Dessau)

Van Doesburg 1928 (1984)
Theo van Doesburg, Farben in Raum und Zeit, in: Hagen Bächler und Herbert Letsch (Hg.), *De Stijl Schriften und Manifeste,* Leipzig/Weimar 1984, S. 221

Völkers 1948
Otto Völkers, *Bauen mit Glas,* Stuttgart 1948

Weber 1992
Klaus Weber, *Die Metallwerkstatt am Bauhaus,* Ausst.-Kat. Bauhaus-Archiv, Museum für Gestaltung, Berlin, Berlin 1992

Werner 2014/I
Frank Werner, Die Nutzung des Bauhaus-Gebäudes von 1932–1945, Dessau 2014 (Dokument bei der Stiftung Bauhaus Dessau)

Werner 2014/II
Frank Werner, Recherche zur historischen Rekonstruktion des Ateliergebäudes, Dessau 2014 (Dokument bei der Stiftung Bauhaus Dessau)

Wüstenrot Stiftung 2011
Wüstenrot Stiftung (Hg., Texte von Monika Markgraf, Simone Oelker, Andreas Schwarting und Norbert Huse), *Denkmalpflege der Moderne – Konzepte für ein junges Architekturerbe,* Stuttgart 2011

Wüstenrot Stiftung 2020
Wüstenrot Stiftung und Philip Kurz (Hg.), Meisterhaus Kandinsky Klee. *Die Geschichte einer Instandsetzung,* Leipzig 2020

Zentrum für Umweltbewusstes Bauen 2010
ZUB e. V., Bewertung von Maßnahmen zur Minderung des Energieverbrauchs des Bauhauses in Dessau, Kassel 2010 (Dokument bei der Stiftung Bauhaus Dessau)

Bildnachweis

1
Foto: Thomas Meyer/OSTKREUZ, © Stiftung Bauhaus Dessau

2
Foto: Klaus Hertig, © Stiftung Bauhaus Dessau (Besitz Scan) (I 36041/1-2)/Stephan Consemüller (Eigentum Original Vintage Print)

3
Zeichnung: Petra Natho, Martin Brück, © Stiftung Bauhaus Dessau

4
Foto: unbekannt, © Stiftung Bauhaus Dessau (I 11541 F)/Image by Google

5
© Stiftung Bauhaus Dessau (I 911 F)/ © (Walter Gropius) VG Bild-Kunst, Bonn 2021

6
Foto: Stella Steyn, © Stiftung Bauhaus Dessau (I 18972 F)/Image by Google

7
Foto: Gertrud Arndt (geb. Hantschk), © Stiftung Bauhaus Dessau (I 51529)/© Archiv Alfred u. Gertrud Arndt, Hugo Arndt/Image by Google

8
© Deutsches Museum, München, Archiv, CD68839

9
© Stiftung Bauhaus Dessau

10
Foto: Christian Schädlich, © Bauhaus-Universität Weimar, Archiv der Moderne

11
Foto: Wilhelm Schulze, © Stiftung Bauhaus Dessau/© (Walter Gropius) VG Bild-Kunst, Bonn 2021

12
© Stiftung Bauhaus Dessau

13
Foto: Wilhelm Schulze, © Stiftung Bauhaus Dessau / © (Walter Gropius) VG Bild-Kunst, Bonn 2021

14–20,
Foto: Thomas Meyer / OSTKREUZ, © Stiftung Bauhaus Dessau

21
Foto: Martin Brück, © Stiftung Bauhaus Dessau / © (Walter Gropius) VG Bild-Kunst, Bonn 2021

22
Foto: FH Müller Leipzig, © Stiftung Bauhaus Dessau / © (Walter Gropius) VG Bild-Kunst, Bonn 2021

23
© Stiftung Bauhaus Dessau

24–26
Foto: Nikolaus Brade, © Stiftung Bauhaus Dessau / © (Walter Gropius) VG Bild-Kunst, Bonn 2021

27
Foto: Yvonne Tenschert, Reinigung: Limbach, Dessau, © Stiftung Bauhaus Dessau / © (Walter Gropius) VG Bild-Kunst, Bonn 2021

28
Foto: Bettina Lietz, Restaurierung: Keller und Linke Restaurierung, © Stiftung Bauhaus Dessau

29
Foto: Emil Theis, © Stiftung Bauhaus Dessau (I 2576/4 F) / © (Emil Theis) Andreas Elze

30
Foto: E. Metzke

31
Bauhaus-Archiv Berlin / © (Walter Gropius) VG Bild-Kunst, Bonn 2021 / Foto: unbekannt

32
Foto: Justus Herrenberger, © Stiftung Bauhaus Dessau

33
Foto: William Falcett, © Stiftung Bauhaus Dessau

34
Foto: Kelly Kellerhoff, © Stiftung Bauhaus Dessau

35
Foto: Thomas Meyer / OSTKREUZ, © Stiftung Bauhaus Dessau

36–69
© Stiftung Bauhaus Dessau

70
Foto: Lucia Moholy (geb. Schulz), © Stiftung Bauhaus Dessau (I 9394 F) / © (Lucia Moholy) VG Bild-Kunst, Bonn 2021

71
Foto: Lucia Moholy (geb. Schulz), © Stiftung Bauhaus Dessau (I 21263) / © (Lucia Moholy) VG Bild-Kunst, Bonn 2021 / Image by Google

72–73
Foto: Thomas Meyer / OSTKREUZ, © Stiftung Bauhaus Dessau / © (Walter Gropius) VG Bild-Kunst, Bonn 2021

74
Foto: unbekannt, © Bauhaus-Archiv Berlin / © (Walter Gropius) VG Bild-Kunst, Bonn 2021

75
Foto: unbekannt, © Stiftung Bauhaus Dessau (I 14292 F) / © (Walter Gropius) VG Bild-Kunst, Bonn 2021 / Image by Google

76
Foto: William Fawcett, © Stiftung Bauhaus Dessau

77
Zeichnung: Wilhelm Schulze, © Stiftung Bauhaus Dessau

78
Foto: Manfred Sack, © Karola Sack

79
Foto: Thomas Meyer / OSTKREUZ, © Stiftung Bauhaus Dessau / © (Walter Gropius) VG Bild-Kunst, Bonn 2021

80–81
Zeichnungen: Petra Welhöner, © Stiftung Bauhaus Dessau

82
Foto: Yvonne Tenschert, © Stiftung Bauhaus Dessau

83
In: Adolf G. Schneck: Fenster – aus Holz und Metall, Julius Hoffmann Verlag, Stuttgart, 1932

84 a
Zeichnung: Brambach + Ebert Architekten, © Stiftung Bauhaus Dessau

84 b + c
Zeichnung: Petra Welhöner, © Stiftung Bauhaus Dessau

85
Foto: Roland Zschuppe, © Stiftung Bauhaus Dessau

86
Zeichnung: Petra Welhöner, © Stiftung Bauhaus Dessau

87
Foto: Martin Brück, © Stiftung Bauhaus Dessau

88
Foto: Monika Markgraf, © Stiftung Bauhaus Dessau

89
Zeichnung: Petra Natho, Fritz Becker, © Stiftung Bauhaus Dessau

90
© Brenne Architekten

91–92
Foto: Thomas Meyer / OSTKREUZ, © Stiftung Bauhaus Dessau

93
Dokumentation: Huschenbeth, © Stiftung Bauhaus Dessau

94
Dokumentation: Schöne, © Stiftung Bauhaus Dessau

95
Foto: unbekannt, © Bauhaus-Archiv Berlin / © (Walter Gropius) VG Bild-Kunst, Bonn 2021

96
Foto: Martin Brück, © Stiftung Bauhaus Dessau / © (Walter Gropius) VG Bild-Kunst, Bonn 2021

97
Zeichnung: Bettina Lietz, © Stiftung Bauhaus Dessau

98
© uns nicht bekannt

99
Foto: Schütze-Rodemann, © Stiftung Bauhaus Dessau / © (Walter Gropius) VG Bild-Kunst, Bonn 2021

100
Foto: Martin Brück, © Stiftung Bauhaus Dessau / © (Walter Gropius) VG Bild-Kunst, Bonn 2021

101
© Stiftung Bauhaus Dessau (I 14299 F) / © (Walter Gropius) VG Bild-Kunst, Bonn 2021 / Image by Google

102
Foto: Doreen Ritzau, © Stiftung Bauhaus Dessau

103
Foto: Martin Brück, © Stiftung Bauhaus Dessau

104
Foto: Gunter Binsack, © Stiftung Bauhaus Dessau

105
Foto: Martin Brück, © Stiftung Bauhaus Dessau

106–107
In: Völkers 1948

108
Foto: Gunter Binsack, © Stiftung Bauhaus Dessau

109
© Walter Dexel

110
Foto: unbekannt, © Stiftung Bauhaus Dessau (I 9369 F) / © (Walter Gropius) VG Bild-Kunst, Bonn 2021

111
Foto: Doreen Ritzau, © Stiftung Bauhaus Dessau / © (Walter Gropius) VG Bild-Kunst, Bonn 2021

112
Foto: Doreen Ritzau, © Stiftung Bauhaus Dessau

113
Foto: Thomas Meyer / OSTKREUZ, © Stiftung Bauhaus Dessau

114
Zeichnung: Bettina Lietz, © Stiftung Bauhaus Dessau

115
Foto: Gunter Binsack, © Stiftung Bauhaus Dessau

116
© Stiftung Bauhaus Dessau

117
Foto: Martin Brück, © Stiftung Bauhaus Dessau

118
Foto: Thomas Meyer / OSTKREUZ, © Stiftung Bauhaus Dessau

119
Foto: Jutta Steln, © Stiftung Bauhaus Dessau / © (Walter Gropius) VG Bild-Kunst, Bonn 2021

120
Foto: Thomas Meyer / OSTKREUZ, © Stiftung Bauhaus Dessau / © (Walter Gropius) VG Bild-Kunst, Bonn 2021

121–122
© Schöne

123
Foto: Yvonne Tenschert, © Stiftung Bauhaus Dessau / © (Walter Gropius) VG Bild-Kunst, Bonn 2021

124–128
Foto: Thomas Meyer / OSTKREUZ, © Stiftung Bauhaus Dessau / © (Walter Gropius) VG Bild-Kunst, Bonn 2021

129
Foto: Sebastian Gündel, © Stiftung Bauhaus Dessau / © (Walter Gropius) VG Bild-Kunst, Bonn 2021

130
Foto: Thomas Meyer / OSTKREUZ, © Stiftung Bauhaus Dessau / © (Walter Gropius) VG Bild-Kunst, Bonn 2021

131
Foto: Martin Brück / OSTKREUZ, © Stiftung Bauhaus Dessau / © (Walter Gropius) VG Bild-Kunst, Bonn 2021

132
Foto: Thomas Meyer / OSTKREUZ, © Stiftung Bauhaus Dessau / © (Walter Gropius) VG Bild-Kunst, Bonn 2021

133
Foto: FH Müller, © Stiftung Bauhaus Dessau / © (Walter Gropius) VG Bild-Kunst, Bonn 2021

134
Foto: Thomas Meyer / OSTKREUZ, © Stiftung Bauhaus Dessau / © (Walter Gropius) VG Bild-Kunst, Bonn 2021

135
Foto: Tadash Okochi, © Stiftung Bauhaus Dessau / © (Walter Gropius) VG Bild-Kunst, Bonn 2021 / ©Pen Magazine, 2010

136
Foto: Yvonne Tenschert, © Stiftung Bauhaus Dessau / © (Walter Gropius) VG Bild-Kunst, Bonn 2021

137
In: Moholy-Nagy, „Von Material zu Architektur – München", 1929 / Foto: li.: Technische Rundschau; Mitte: Moholy-Nagy, re.: Consemüller

138
Foto: Fritz Schiff, © Bauhaus-Archiv Berlin / © The New York Times

139
Foto: Thomas Meyer / OSTKREUZ, © Stiftung Bauhaus Dessau / © (Walter Gropius) VG Bild-Kunst, Bonn 2021

140–141
Künstler: Hinnerk Scheper, © Bauhaus-Archiv Berlin

142
Zeichnung: Mandy Kulczynsky, Felix Noelke, © Stiftung Bauhaus Dessau

143
Künstler: Hinnerk Scheper, © Bauhaus-Archiv Berlin

144
Zeichnung: Mandy Kulczynsky, Felix Noelke, © Stiftung Bauhaus Dessau

145
Künstler: Hinnerk Scheper, © Bauhaus-Archiv Berlin

146
Zeichnung: Mandy Kulczynsky, Felix Noelke, © Stiftung Bauhaus Dessau

147
Restauratorische Befunduntersuchungen: Restaurierungsatelier Schöne 1999, © Stiftung Bauhaus Dessau

148–149
Bewertung der Farbtöne: Restaurierungsatelier Schöne 1999, © Stiftung Bauhaus Dessau

150
Zeichnung: Johannes Bausch, Nicole Wahl, © Stiftung Bauhaus Dessau

151
Foto: FH Müller, © Stiftung Bauhaus Dessau / © (Walter Gropius) VG Bild-Kunst, Bonn 2021

152–155
Foto: Thomas Meyer / OSTKREUZ, © Stiftung Bauhaus Dessau / © (Walter Gropius) VG Bild-Kunst, Bonn 2021

156
Künstler: Hinnerk Scheper, © Bauhaus-Archiv Berlin

157
Zeichnung: Mandy Kulczynsky, Felix Noelke, © Stiftung Bauhaus Dessau

158
Foto: Martin Brück, © Stiftung Bauhaus Dessau

159
Foto: Doreen Ritzau, © Stiftung Bauhaus Dessau

160
Künstler: Hinnerk Scheper, © Bauhaus-Archiv Berlin

161
Foto: Nikolaus Brade, © Stiftung Bauhaus Dessau / © (Walter Gropius) VG Bild-Kunst, Bonn 2021

162
© Brenne Architekten, Berlin 2014

163
© Bauhaus Archiv Berlin,
© (Marianne Brandt) VG Bild-Kunst,
Bonn 2021

164
Foto: Nikolaus Brade, Herstellung: Weberei PURPUR, © Stiftung Bauhaus Dessau/
© (Walter Gropius) VG Bild-Kunst, Bonn 2021/© (Adelgunde Stadler-Stölzl (Gunta))
(Entwurf) VG Bild-Kunst, Bonn 2021

165
Foto: Erich Consemüller, © Stiftung Bauhaus Dessau (SBD_I 46250/1-2)

166
Foto: Yvonne Tenschert, © Stiftung Bauhaus Dessau/© (Walter Gropius) VG Bild-Kunst,
Bonn 2021

167
Foto: Thomas Meyer/OSTKREUZ,
© Stiftung Bauhaus Dessau/
© (Walter Gropius) VG Bild-Kunst,
Bonn 2021

168
Kaloriferwerk Hugo Junkers GmbH Dessau im Archiv Bernd Junkers, © Archiv Bernd Junkers im Landesarchiv Sachsen-Anhalt, I 411, Nr. 71

169
Foto: Nikolaus Brade, © Stiftung Bauhaus Dessau/© (Walter Gropius) VG Bild-Kunst,
Bonn 2021

170
Foto: Gunter Binsack, © Stiftung Bauhaus Dessau (I 7217/1-2 M)/© (Marianne Brandt (geb. Liebe)) VG Bild-Kunst, Bonn 2021

171
Foto: Thomas Meyer/OSTKREUZ,
© Stiftung Bauhaus Dessau/
© (Marianne Brandt (geb. Liebe))
VG Bild-Kunst, Bonn 2021

172
Foto: Werner Zimmermann,
© Bauhaus Archiv Berlin

173
Foto: Doreen Ritzau, © Stiftung Bauhaus Dessau/© (Walter Gropius) VG Bild-Kunst,
Bonn 2021

174
Foto: Gunter Binsack, © Stiftung Bauhaus Dessau

175
Foto: unbekannt, © Stiftung Bauhaus Dessau
(I 44976)

176
Foto: Martin Brück, © Stiftung Bauhaus Dessau/© (Walter Gropius) VG Bild-Kunst,
Bonn 2021

177
Foto: Thomas Meyer/OSTKREUZ,
© Stiftung Bauhaus Dessau/
© (Walter Gropius) VG Bild-Kunst,
Bonn 2021

178
Foto: Nikolaus Brade, © Stiftung Bauhaus Dessau/© (Walter Gropius) VG Bild-Kunst,
Bonn 2021

179–181
Foto: Thomas Meyer/OSTKREUZ,
© Stiftung Bauhaus Dessau/
© (Walter Gropius) VG Bild-Kunst,
Bonn 2021

182
© Bauhaus-Archiv Berlin/© (Walter Gropius)
VG Bild-Kunst, Bonn 2021

183
Foto: Jürgen Hohmuth © ZEITORT,
© Stiftung Bauhaus Dessau/
© (Walter Gropius) VG Bild-Kunst,
Bonn 2021

184
Foto: Ruth Hollos-Consemüller,
© Stiftung Bauhaus Dessau
(Besitz Scan) (I 44765/1-2)/
© (Ruth Hollos-Consemüller) Stephan Consemüller (Eigentum Original
Vintage Print)

185
Foto: unbekannt, © Stiftung Bauhaus Dessau

186
© uns nicht bekannt

187
Foto: unbekannt, © Stiftung Bauhaus Dessau
(I 17139 F)

188
Entwurf-Zeichnung: Mann Landschaftsarchitekten 2004, © Stiftung Bauhaus Dessau

189
Zeichnung: Pro Denkmal/
© Stiftung Bauhaus Dessau

190–192
Foto: Thomas Meyer/OSTKREUZ,
© Stiftung Bauhaus Dessau

193
Foto: unbekannt, © Bauhaus-Archiv Berlin

194
Foto: Nikolaus Brade, © Stiftung Bauhaus Dessau/© (Walter Gropius) VG Bild-Kunst,
Bonn 2021

195
Foto: Erich Consemüller, © Stiftung Bauhaus Dessau (I 46172/1-2)/Klassik Stiftung Weimar, Bauhaus-Museum (Dauerleihgabe aus Privatbesitz)/© (Erich Consemüller) Stephan Consemüller/© (Walter Gropius)
VG Bild-Kunst, Bonn 2021

196
Foto: Marianne Brandt, © Bauhaus-Archiv Berlin/© (Marianne Brandt) VG Bild-Kunst, Bonn 2021

197
Foto: Thomas Meyer/OSTKREUZ,
© Stiftung Bauhaus Dessau/© (Walter Gropius) VG Bild-Kunst, Bonn 2021

198
Foto: Yvonne Tenschert, © Stiftung Bauhaus Dessau/© (Walter Gropius) VG Bild-Kunst,
Bonn 2021

199–200
Foto: Thomas Meyer/OSTKREUZ,
© Stiftung Bauhaus Dessau/
© (Walter Gropius) VG Bild-Kunst,
Bonn 2021

201
Foto: Yvonne Tenschert,
© Stiftung Bauhaus Dessau

202–205
© Stiftung Bauhaus Dessau

206
Foto: Thomas Meyer/OSTKREUZ,
© Stiftung Bauhaus Dessau/
© (Walter Gropius) VG Bild-Kunst,
Bonn 2021

207
Foto: Martin Brück,
© Stiftung Bauhaus Dessau

208
Foto: Thomas Meyer/OSTKREUZ,
© Stiftung Bauhaus Dessau

209–228
© Stiftung Bauhaus Dessau

229
Reinigung und Foto: Glas Panzer,
© Stiftung Bauhaus Dessau

230
Foto: Martin Brück,
© Stiftung Bauhaus Dessau

231–232
Struktur: Pro Denkmal,
Software: Byron/BIS 2021,
© Stiftung Bauhaus Dessau

233
In: Deutsche Linoleumwerke
o. J.

234
Foto: Thomas Meyer/OSTKREUZ,
© Stiftung Bauhaus Dessau/
© (Walter Gropius) VG Bild-Kunst,
Bonn 2021

Impressum

© 2021 by jovis Verlag GmbH
Das Copyright für die Texte liegt bei den Autoren. Das Copyright für die Abbildungen liegt bei den Fotografen/Inhabern der Bildrechte.

Alle Rechte vorbehalten.

Herausgeber
Stiftung Bauhaus Dessau
Direktorin a. i.
Prof. Dr. Regina Bittner
Gropiusallee 38,
06846 Dessau-Roßlau
www.bauhaus-dessau.de

Konzeption und Text
Monika Markgraf

Einführung
Prof. Dr. Jörg Haspel

Koordination und Redaktion Bild
Yvonne Tenschert

Grafik
Andreas Dimmler,
Tania Mourinho
nach dem Erscheinungsbild
von Herburg Weiland

Lektorat
Dr. Ilka Backmeister-Collacott

Bildbearbeitung
Reproline mediateam
GmbH & Co. KG

Gedruckt in der Europäischen Union

Die Stiftung Bauhaus Dessau verwendet die männliche Substantivform im Plural als geschlechtsneutrale Formulierung. Gemeint sind immer alle Geschlechtsidentitäten.

Trotz intensiver Recherchen konnten nicht alle Rechteinhaber und Urheber ausfindig gemacht werden. Für Informationen zur Ergänzung und Korrektur unserer Angaben sind wir dankbar.

Archäologie der Moderne. Denkmalpflege Bauhaus Dessau ist die überarbeitete und ergänzte Auflage der Publikation *Archäologie der Moderne. Sanierung Bauhaus Dessau*, die 2006 als Band 23 der Reihe EDITION BAUHAUS bei jovis erschien und als Band 58 fortgeführt wird.

Bibliografische Information der Deutschen Nationalbibliothek
Die Deutsche Nationalbibliothek verzeichnet diese Publikation in der Deutschen Nationalbibliografie; detaillierte bibliografische Daten sind im Internet über http://dnb.d-nb.de abrufbar.

jovis Verlag GmbH
Lützowstraße 33
10785 Berlin

www.jovis.de

jovis-Bücher sind weltweit im ausgewählten Buchhandel erhältlich. Informationen zu unserem internationalen Vertrieb erhalten Sie von Ihrem Buchhändler oder unter www.jovis.de.

ISBN 978-3-86859-683-0